ライブラリ 法学ライブ講義―4

ライブ講義
刑法入門

小林 憲太郎 著

新世社

はしがき

*

　本書は一般的な大学の法学部における「刑法入門」の講義をそのまま活字にしたものである。

**

　もっとも，白状すると，私自身はそのような入門講義を担当したことがない。そこで，「もし担当することになったら」という仮定のもとで，「このようなことを学生に話したい」と私が考える内容を，一から講義調でパソコンに打ち込んだというのが実情である。その結果，本書は次のような長所と短所をあわせもつことになってしまったが，やや自画自賛にはなるけれども，短所のほうもまたひとつの長所ととらえられるのではないかと思っている。

　まずは長所であるが，初歩的な内容といってもそれなりに網羅的なものになっていることである。同業者ならよく理解されると思うが，講義というものはあとのほうになるにつれて時間が足りなくなり，やむをえず重要な論点を端折らざるをえないことがしばしばである。そうすると，後半の内容が薄くなってしまいがちであることに加え，前半と濃淡の差がつきすぎ，全体としてバランスの悪いものとなりかねない。これに対して本書は，そのような現実の講義を活字で再現したものではなく，あくまで「フィクションとしての講義」であるから，最初から最後まで濃淡の差なく，重要論点を拾い上げるものとなっている。

　次に短所であるが，これまた同業者であれば共感されると思うけれども，学生は講義中にしばしば「よく分からない」という顔をする。教師はそれを見て前言を繰り返したり，分かりやすく言い換えたり，はたまた，事例を用いて敷衍したりするのである。しかし，本書の内容は現実には一度も行われたことのない，私の頭のなかにのみ存在する講義である。したがって，学生が躓いたところで進行をストップし，もう一度説明し直すなどといった作業はなされていない。もっとも，これは一見すると不親切に思われるかもしれないが，本書は

『講義』と銘打ちつつもあくまで書籍の形態をとっているのであるから，躓いたら数行前，あるいは，数段落前から自分で読み直せばよい。そして，もともと頭の回転が速い，躓かない学生にとっては，冗長さの回避がかえって長所になりうると思われる。

＊＊＊

　最後に，本書の読み方，使い方である。大学の講義，ことに法学部の講義は往々にして，学生に対し，数多くの文献や資料を手元におくことを要求する。教科書しかり，演習書しかり，判例集・判例解説書しかりである。しかし，『入門』を名乗っておきながら，そこまで用意させるのは酷というものであろう。そこで，本書においては最低限の判例を引用するとともに，他の文献や資料の参照を原則として不要とすることにした。

　ただし，読者のみなさんにおかれては，「（刑法）○条」という記載を目にしたとき，六法だけは必ずや引いていただきたい。本書はそのことを前提に，六法から特段の解釈作業を経ることなく取り出せる情報を省略している。典型的には，たとえば，犯罪の法定刑である。「殺人罪（199条）」と書かれていれば，したがって，みなさんのほうでその法定刑を調べる作業を負担しなければならない。

　これは教師が楽をするためではない。そうではなく，刑法解釈学というものの本質に根差しているのである。本書が扱おうとするのは刑法解釈学の講義であり，解釈とは完全な共通了解の存しないところではじめて要請される。そして，たとえば，「懲役3年」が意味するところは万人にとって共通である。

＊＊＊＊

　本書を刊行するにあたっては，前著に引き続き，新世社編集部の清水匡太氏，小林世奈氏に大変お世話になった。記して謝意を表する。

　もっとも，本書の諸所に挿入された私の手書きの板書は，両氏の卓抜した編集能力をもってしてもそれほどきれいなものにはならなかった。その原因がもっぱら元の字や絵の下手さに起因することを念のため付言しておきたい。

2016年8月

小林　憲太郎

目　次

はしがき ………………………………………………………………… i

第*1*部　刑法とその基本原理　1

1.1　刑法とは何か？ …………………………………………………… 1
1.2　刑法ないし刑罰の目的と構造 …………………………………… 3
1.3　刑法の基本原理 …………………………………………………… 7
　　1.3.1　法益保護主義 ……………………………………………… 7
　　1.3.2　罪刑法定主義 ……………………………………………… 8
　　1.3.3　責任主義 …………………………………………………… 11
　　1.3.4　罪刑均衡 …………………………………………………… 13

第*2*部　刑法総論　15

2.1　犯罪論の体系 ……………………………………………………… 15
2.2　構成要件要素 ……………………………………………………… 17
　　2.2.1　主　体 ……………………………………………………… 17
　　2.2.2　行為と結果 ………………………………………………… 19
　　2.2.3　因果関係 …………………………………………………… 21
　　2.2.4　不作為 ……………………………………………………… 24
　　2.2.5　特殊な主観的要素 ………………………………………… 31
2.3　違法性とその阻却 ………………………………………………… 32
　　2.3.1　違法性の本質 ……………………………………………… 32
　　2.3.2　違法性阻却の原理 ………………………………………… 34
　　2.3.3　法令・正当行為 …………………………………………… 36
　　2.3.4　正当防衛 …………………………………………………… 37
　　2.3.5　緊急避難 …………………………………………………… 45
　　2.3.6　被害者の同意 ……………………………………………… 47

目　次

- **2.4　責　任** ……………………………………… 51
  - 2.4.1　総　説 …………………………………… 51
  - 2.4.2　故　意 …………………………………… 52
  - 2.4.3　過　失 …………………………………… 64
  - 2.4.4　違法性の意識とその可能性 ……………… 71
  - 2.4.5　責任能力 …………………………………… 75
- **2.5　未遂犯** ……………………………………… 81
  - 2.5.1　総　説 …………………………………… 81
  - 2.5.2　実行の着手時期 …………………………… 83
  - 2.5.3　不能犯 ……………………………………… 88
  - 2.5.4　中止犯 ……………………………………… 91
- **2.6　共　犯** ……………………………………… 96
  - 2.6.1　総　説 …………………………………… 96
  - 2.6.2　共犯の処罰根拠 …………………………… 101
  - 2.6.3　共犯の従属性 ……………………………… 102
  - 2.6.4　共犯の因果性 ……………………………… 105
  - 2.6.5　共犯の諸類型 ……………………………… 106
  - 2.6.6　共犯の諸問題 ……………………………… 117
- **2.7　罪　数** ……………………………………… 135
  - 2.7.1　総　説 …………………………………… 135
  - 2.7.2　法条競合 …………………………………… 136
  - 2.7.3　包括一罪 …………………………………… 136
  - 2.7.4　科刑上一罪 ………………………………… 139
  - 2.7.5　併合罪 ……………………………………… 143
- **2.8　刑法の適用範囲** ……………………………… 144
  - 2.8.1　刑法の時間的適用範囲 …………………… 144
  - 2.8.2　刑法の場所的適用範囲 …………………… 145
- **2.9　刑罰論** ………………………………………… 147
  - 2.9.1　刑罰の種類 ………………………………… 147
  - 2.9.2　刑罰の適用および執行 …………………… 148

目　次　　　　　　　　　v

第3部　刑法各論　149

- **3.1** 刑法各論の意義 …………………………………………… 149
- **3.2** 個人的法益に対する罪 …………………………………… 150
    - *3.2.1* 生命に対する罪 …………………………………… 150
    - *3.2.2* 身体に対する罪 …………………………………… 155
    - *3.2.3* 自由に対する罪 …………………………………… 159
    - *3.2.4* 人格的法益に対する罪 …………………………… 165
    - *3.2.5* 信用および業務に対する罪 ……………………… 167
    - *3.2.6* 財産に対する罪 …………………………………… 170
- **3.3** 社会的法益に対する罪 …………………………………… 217
    - *3.3.1* 公共危険罪 ………………………………………… 217
    - *3.3.2* 取引等の安全に対する罪 ………………………… 221
    - *3.3.3* 風俗に対する罪 …………………………………… 229
- **3.4** 国家的法益に対する罪 …………………………………… 231
    - *3.4.1* 国家の存立に対する罪 …………………………… 231
    - *3.4.2* 国交に関する罪 …………………………………… 232
    - *3.4.3* 国家の作用に対する罪 …………………………… 232

講義の終わりに ………………………………………………………… 242

事 項 索 引 ……………………………………………………………… 244
判 例 索 引 ……………………………………………………………… 253
著 者 紹 介 ……………………………………………………………… 255

第1部　刑法とその基本原理

1.1　刑法とは何か？

　それでは講義を始めましょう。みなさんは刑法を勉強するためにこの講義をとったのだと思いますが，そもそも刑法とは何でしょうか。

　六法を開いてみると，刑法という法律が載っています。しかし，六法全体の厚みからすると，刑法の部分はものすごく薄いですよね。しかも，最初から最後まで目を通してみても，たしかに，殺人罪（199条）とか窃盗罪（235条）とか有名な犯罪はいくつも規定されていますけれども，それ以外の，みなさんがニュースなどでしばしば耳にする犯罪についてはどこにも定めがないようです。たとえば，酒酔い運転罪などは，いろいろなところで「処罰されます」というポスターを目にしますが，刑法のどこを探しても載っていません（実は道路交通法に規定されています）。違法薬物も同じです。覚せい剤や麻薬を使用すると処罰されるというのは誰でも知っていますし，現に，芸能人やミュージシャンがそうして捕まったという話はワイドショーなどでしばしば耳にしますが，これもまた刑法のどの条文にも書いてありません（こちらは覚せい剤取締法や麻薬取締法に規定があります）。

　「なんだ。それじゃあ，刑法という法律そのものを勉強してもあまり意味がないのか」とがっかりされたかもしれません。しかし，実は，それは大きな誤解なのです。そもそも，刑法は大きく分けて**総則**と**各則**という2つの部分から構成されています。そして，とくに前者の総則は，刑法以外のすべての罰則にも等しく適用されるという意味で非常に重要なものなのです。この総則の解釈（これを**刑法総論**といいます）を知らずに○○罪がどうこうというのは，ちょうど，サッカーのルールを知らないままパスやシュートの練習をしているようなものです。したがって，この講義でも，まずはこの刑法総論から勉強していきます。

　これに対して後者の各則（その解釈を**刑法各論**といいます）は，原理的には

刑法以外に定められているさまざまな犯罪と違いはありません。ですから，たとえば，酒酔い運転の罪を刑法に定めることが理論的に間違いだとはいえませんし，反対に，窃盗罪を刑法以外の法律に定めることも絶対に不可能とはいえません。もっとも，社会生活の幅広い領域において伝統的に重要なものととらえられてきた犯罪とその発展形態は，刑法そのものに規定するというのが共通了解となっています。したがって，たとえば，窃盗罪を刑法以外の法律に移すというのは実際には考えにくいでしょうね。

　もちろん，そのような伝統的に重要とされてきた犯罪と，それ以外の犯罪とが截然と区別できるとは必ずしもいえません。そのため，刑法そのものに規定すべきかが微妙な場合はいくらでも出てきます。たとえば，自動車の運転中にうっかり人をひき殺してしまったという過失運転致死罪は，自動車交通が社会生活の重要な部分を占めていることを強調すれば，刑法に規定すべきだということになるかもしれません。これに対して，自動車の運転によって人を死傷させることが薬物犯罪などと同様，独自の悪しき類型ととらえられている点にかんがみるならば，刑法とは別の法律にまとめて規定することが一貫しているともいえるでしょう。ちなみに，現行法では後者の方法が採用され，自動車運転死傷行為等処罰法という法律が作られています。

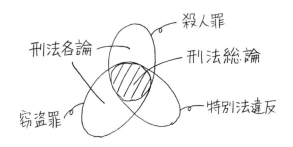

　それでは，さっそく刑法総論の勉強に入っていきましょう。といいたいところなのですが，実はもうひとつ，先に勉強しておかなければならないことがあります。それは，そもそもこの刑法（とくに総則）がいったい何のために，どのような発想に基づいて作られているのか，ということです。自分がこれから勉強しようとする法や制度がどのような目的と構造を有しているかを知らない

まま講義を聞くというのは，料理教室で何の料理を作ろうとしているかも分からない状態で，この調味料を入れるとどういう味になるか見当もつかないまま，ただ先生の指示どおりに調理を続けるようなものですよね。

ということで，まずは刑法ないし刑罰の目的と，そのために，刑法ないし刑罰がどのような構造を有するものとして構想されているかを分かりやすく説明していきましょう。

1.2 刑法ないし刑罰の目的と構造

　刑法は特定の行為類型を犯罪と定め，これに刑罰を科す法律です。そして，犯罪とは刑罰が科される行為類型のことなのですから，刑法の目的というのも突き詰めれば刑罰の目的と同じことです。

　みなさんは「刑罰の目的をいちいち議論する必要などない。人を殺したら死刑になったり，刑務所に入れられたりするのは当たり前ではないか」と思うかもしれません。というより，そう思う人のほうが圧倒的に多いでしょう。しかし，ここでは絶対に忘れてはならない重要なポイントがあります。それは，刑罰を科すことが「国家が国民の自由や利益を侵害する」側面をもっている，ということです。そして，国家が国民の自由や利益を侵害するためには，それを正当化するだけのしっかりした理由がなければならない，というのが現代の国家における重要な約束事です。したがって，いくら当たり前に感じられても，刑罰の目的をきちんと理論的に明らかにしておかなければなりません。そして，非常に興味深いことに，この刑罰の目的というものは，これをきちんと説明しようとすればするほど，意外にも不明瞭であることが分かるのです。

　刑罰の目的として，まずあげられるのは**応報**です。悪いことをしたらその報いを受けるのが当然であって，そのことは犯罪に対して国家が刑罰を科す場合であっても変わらない，と考えるのです。先ほど，「罪を犯したら刑務所に入れるのは当たり前であって，わざわざ議論するまでもない」と考えるのがふつうだろう，といいました。この考え方は，それをそのまま理論として主張する立場であり，**応報刑論**とよばれています。

　しかし，これだけだと，まだ何もいっていないのと同じことです。刑罰の目的とは何か，それを明らかにしなければ国家が国民に刑罰を科すことは正当化

されない、といっておきながら、刑罰の目的など観念する必要はなく、ただ、これを犯罪に科すのが当然だと答えているだけなのですから。

そこで、次に出てくるのが**一般予防論**という考え方です。これは、「犯罪をしたら刑罰を科するという決まりにしておけば、国民は刑罰を怖がって犯罪をしないだろう」という発想を前提にしています。むろん、なかには、万引きをしても捕まらないだろうと高をくくって、あるいは、たとえ刑罰を科されてでもあいつを殴りたいと考えて、犯罪をする人もいます。刑罰予告による「脅し」がきちんと機能していれば、本来、このような人は現れないはずであり、その意味で、これは脅しの「失敗例」です。しかし、だからといって、このような人を放置しておくと、今度は、それ以外の人たちまで「なんだ、犯罪をしても大丈夫なのか」と考え、犯罪に手を染めてしまいかねません。そこで、ことばは悪いですが、いわば「見せしめ」のためにこのような人を処罰しておくわけです。

このように、一般予防の要請に基づいて科せられる不利益を**制裁**とよんでいます。そして、刑罰がこの制裁としての性格を基礎においていることを表現するために、刑事制裁ということばが用いられることもあります。もっとも、裏を返すと、制裁としての性格から導かれる要件は、刑事制裁に限って妥当するわけではありません。たとえば、大学の学則に定められた懲戒処分を考えてみて下さい。講義中に騒いで講義を妨害したら、戒告を受けたり停学させられたりする、という例のあれです。この懲戒処分は明らかに制裁の一種ですから、停学等の脅しが効かない学生に対し、これを科すことはできません。したがって、たとえば、精神病を発症して衝動を抑えきれなくなり、講義中に騒いでしまったという学生には、懲戒処分を科すことが許されません。むしろ、懲戒処分とは別の、出講停止にして治療を受けさせるなどといった処分が、しかも、懲戒処分とは別の学則に基づいて科せられることになるわけです。

さて、こういった一般予防論は非常に分かりやすく、かつ、われわれにもなじみのある発想です。取締りにあってお金をとられるのが嫌だから違法駐車をしない、という人は多いでしょう。そして、実は、先にみた応報刑論も、その根底においてはこの一般予防論と同じことをいっているのだ、ととらえることも可能です。それはいったいどういうことなのでしょうか。

応報刑論とは,「殴ったら殴り返されるのが当たり前だ」という発想でしたよね。しかし,「当たり前」といいながら,実はその「殴り返し」には重要な機能があります。そして,よく考えてみると,その機能こそが「殴り返し」を正当化しているともいえるのではないでしょうか。それこそが一般予防論なのです。つまり,人は「殴ったら殴り返されるかも」というおそれから,他人を殴るのを差し控えているともいえます。そうすると,「殴り返し」はその「他人」の身を守る役割を果たしているわけです。むろん,**社会契約説**のもとで,実力を行使する権限は原則として国家に集中されています。したがって,たとえ身を守るためであっても,その「他人」自身が殴り返すことは正当化されません。そこで,国家が代わって殴り返してやる,すなわち,刑罰を科することになるわけです。

さて,ここまでのお話で,「刑罰の目的が一般予防論をベースにしており,応報刑論も結局は同じことをいっているのだ」ということがお分かりいただけたかと思います。しかし,もうひとつ,刑罰の目的として考慮しなければならないものがあります。それが**特別予防論**とよばれるものです。

この特別予防論とは,行為者が犯罪の中核である不法(たとえば,人を死なせること)に向かう特別な危険性を有していることに着目し,この危険性を除去しようとする発想のことです。典型的には,たとえば,重度の精神病に罹患しているために,人間が地球を滅ぼそうとする宇宙人に見えてしまい,地球を守るために,この「宇宙人」を多数,殺害したという場合ですね。このような場合,**医療観察法**という法律に基づいて,行為者は強制的に精神病院に入れられ,治療を受けさせられることになります。何のためにそのようなことをするかというと,精神病を治療して,一般社会に戻しても同じような状況で人を殺すことのないようにするためです。この行為者は精神病が原因で人の生命に対する敵対性を備えてしまっているわけですから,この病気を治すことこそが危険性の除去につながるわけですね。このように,特別予防の要請に基づいて,行為者の不法に対する傾向性を取り除くために科せられる不利益のことを,(制裁に対置するかたちで)**処分**とよんでいます。

ここで勘の良い方は,「そうか。刑罰の目的は一般予防であり,刑罰予告による『脅し』が効かない人に対しては,特別予防に基づいて強制治療などが行

$$\begin{cases} 応報 = 一般予防 \longrightarrow 制裁 < \begin{matrix} 不法 \\ 責任(主義) \end{matrix} \\ 特別予防 \longrightarrow 処分 \end{cases}$$

われるのだな」と頭のなかを整理されたでしょう。実は，それでほとんど正しいのです。しかし，100％正解ではありません。というのは，刑罰の目的のなかにも，この特別予防が補充的に入り込んでいるからです。

　たとえば，同じ賭博をするのでも，常習者だと重く処罰されます。罪名でいうと，単純賭博罪（185条本文）よりも，常習賭博罪（186条1項）のほうが刑が重いのです。しかし，賭博行為の社会的な有害性は，誰がこれをしようと変わりません。たとえば，賭博罪の処罰根拠として，ときおり，それが反社会的勢力の資金源になることがあげられます。もっとも，非常習者がギャンブルで1万円負けようが，常習者が1万円負けようが，反社会的勢力の懐に1万円が転がり込むという点にはなんら差がありませんよね。しかも，常習者のほうが刑罰威嚇に基づいて賭博を思いとどまりやすく，それゆえ，賭博をしてしまったときにはより重い非難が基礎づけられうる，などともいえません。職業的ギャンブラーであっても賭博が違法であることは十分に分かっており，かつ，（重度の依存症にでもならない限り）やめようと思えばやめられるはずだからです。そこで，常習賭博のほうが刑の重い理由は，むしろ，常習者は賭博をしようとする強い性向をもってしまっているため，これを刑務所に入れるなどして矯正してやる必要があるからだ，と説明するしかありません。

　わが国の刑罰制度のあり方がだいたいお分かりいただけたでしょうか。もう一度まとめると，まず，刑罰は一般予防論を基礎としていますから，刑罰予告による脅しが効かない人に刑罰を科すことはできず，せいぜい，強制的に精神病院に入院させて治療することが考えられるだけです。そして，この一般予防論が究極的には応報刑論と同じことをいっているのだ，という点もご説明しました。しかし，たとえそうであるとしても，刑罰というものを一般予防論によって基礎づけられる側面に純化することはできません。むしろ，強制治療と同質の特別予防論の観点も一定の限度で補充的に入り込んでくる，ということで

す。こういった刑罰の性格は，これから犯罪論を学んでいくなかで非常にしばしば登場します。したがって，よく理解できなかった人は，もう一度この講義を聞き直してみて下さい。

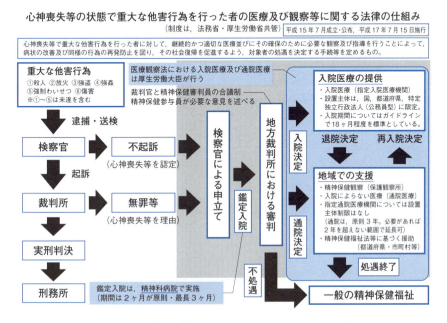

医療観察法制度の仕組み（厚生労働省のホームページより）

1.3 刑法の基本原理

1.3.1 法益保護主義

さて，ここまでの講義において，刑罰の目的が一般予防と（補充的に）特別予防に求められること，そして，それゆえ刑罰の構造としては，制裁としての性格を基礎としながらも，これに処分としての性格が補充的に付け加わる複合的で重層的なものであること，がお分かりいただけたかと思います。そこで次に，そのような刑罰ないしこれを規律する刑法に妥当する，いくつかの基本原理についてご説明したいと思います。いずれもこれまでのお話と密接に関連しているので（刑法の基本原理が刑法の目的と密接に関連しているのは当たり前

ですね），必要に応じて講義の前半部分を聞き直しながらついてきて下さい。

　刑法の基本原理として，まずあげなければならないのは**法益保護主義**です。「刑法は法益を保護するためにある」ということですね。この法益というのは，すべての人々が（社会）生活を送るにあたり有用と認める利益のことです。どのような人であっても，たとえば，生命や身体，自由，財産等を法によって保護してもらいたいと考えるでしょう。それは何も個人の利益には限らず，たとえば，通貨制度などといったものも万人にとって有用なものです。こちらは個人的法益に対し，社会的法益とよばれます（国家的法益というのもあるのですが，それは刑法各論で扱います）。そして，先に紹介した刑罰の目的に関するさまざまな議論は，「法益を刑罰がどのようにして守るべきか」に関する見解の対立だということもできるでしょう。

　もっとも，法律はつまるところ国会の多数決によって成立するものです。したがって，ややもすると特定の価値観をもっている人にだけ重要であるような利益が，そのような価値観が多数派になることで刑罰法規によって保護されることになってしまいかねません。たとえば，特定の宗教や思想が支配的となることで，それと対立する内容の本を発行することが処罰されるという事態が出現しかねないのです。しかし，そのような特定の価値観は法益ではありませんから，これを刑罰法規によって保護することも許されません。これもまた法益保護主義の重要な含意といえるでしょう。ちなみに，法哲学などではこの多数派の価値観にすぎないものを道徳とよび，これを法によって保護してはならないという趣旨で「**法と道徳の峻別**」などと表現したりします。

1.3.2　罪刑法定主義

　次にあげられる刑法の基本原理は**罪刑法定主義**です。これは「犯罪と刑罰はあらかじめ法律で定められていなければならない」とする原則のことです。そして，この罪刑法定主義には2本の柱があります。

　1つ目の柱は**自由主義的基礎**です。事前に何が犯罪でありどのような刑罰が科されるのかを知らせておいてくれないと，国民は処罰を恐れて何もできなくなってしまうから，これを防ぐために罪刑法定主義が必要なのだ，という発想です。そして，この自由主義的基礎は，先に述べた刑罰の制裁としての性格と

1.3 刑法の基本原理

通底しています。刑罰が脅しとして機能するのは，事前に「○○をしたら××の刑を科すぞ」と予告しておいた場合だけです。裏を返すと，はじめは何もいわず，○○をする人が現れたら突如として××の刑を科すなどということをしても，刑罰は国民の行動を制御する効果をもちえないでしょう。

この自由主義的基礎は，さらに，いくつかの下位原理から構成されています。いまあげた例はそのうちのひとつ，**遡及処罰（事後法）の禁止**とよばれるものですが，ほかにも，**明確性の原則**や**類推解釈の禁止**といったものがあげられます。法律家が読めば禁止行為の内容が分かるけれども，一般国民にはよく分からないという刑罰法規は，やはり許されません。また，条文には○と×だけを処罰すると書いてあるのに，△も同じくらい当罰的だという理由で，あとから裁判所が△を処罰するというのもいただけませんね。

2つ目の柱は**民主主義的基礎**です。もし自由主義的基礎だけが罪刑法定主義を支えているとすれば，事前に一義的なルールが定まっている限り，特段の問題は生じないことになるでしょう。しかし，刑罰権の行使というのは，国家がわれわれ国民の権利や自由を最も深刻に侵害するものです。死刑に至っては，国家が国民を殺すことまで正当化されてしまうのです。そして，そうだとすると，やはり，「犯罪と刑罰は事前に一義的に定まっていれば足りる」などとは到底いえません。これに加えて，そのようなルールをわれわれ国民の代表，国家機関でいえば国会が，熟議のもとに，法律というかたちで定めなければならないのです。これを**法律主義**とよび，民主主義的基礎の重要なあらわれといえるでしょう。

もっとも，この法律主義には重要な例外があります。それは端的にいうと，そのような例外を認めても，実質的にみて民主主義的基礎に反しない場合です。具体的には，まず，**条例**で罰則を定めることができます。むろん，地方自治体の刑事立法権は地方自治法という法律によって具体化されているのですが，いったん具体化されたならば，これを地方自治体が行使することは民主主義的基礎には反しません。そこには地方議会という，国会とは別の民主主義的基礎が存在するからです。

そのほか，国会が行政権の**命令**に対し，罰則の具体化を委任することもできます（憲法73条6号但書）。なぜ，そのようなことをする必要があるのでしょ

うか。それは簡単にいえば、国会の能力に限界があるからです。殺人罪などは、国会が独力で具体的に規定を設けることに特段の支障はないでしょう。しかし、専門的、技術的な知識を要する行政取締法規の罰則などについては、国会が個別に処罰の必要性と相当性を吟味して規定を整備することに、かなりの無理がともないます。そこで、国会は法律によって大枠を定めるにとどめ、細かな部分の具体化は、強大な情報収集、分析能力を有する行政権にこれを委ねるわけです。ただ、もちろん、民主主義的基礎が潜脱されることになっては元も子もありません。したがって、そのような委任は白紙委任であってはならず、委任事項を特定した、いわゆる**特定委任**でなければならないとされるのです。

```
罪刑法定主義 ｛ 自由主義的基礎 ← 制裁の構造
              民主主義的基礎 ← 法治主義
```

　このように、刑罰の基本的な要請である罪刑法定主義は、もちろん、研究者の間だけでなく、現実の判例においても承認されています。もっとも、判例のなかには、本当に罪刑法定主義が貫徹されているのか、やや疑問に感じられるものもあります。たとえば、次の判例において、刑罰法規の文言が（一般人にも可罰性の限界が読み取れるという意味で）十分に明確なものと本当にいえるでしょうか。みなさんも考えてみて下さい。

◆最大判昭和60・10・23刑集39巻6号413頁＝福岡県青少年保護育成条例事件

【事実】 被告人は、Aが18歳に満たない青少年であることを知りながら、ホテルの客室においてAと性交した。被告人は、18歳未満の青少年に対する「淫行」を禁止処罰する、福岡県青少年保護育成条例10条1項、16条1項により起訴された。

【判旨】「本件各規定の趣旨及びその文理等に徴すると、本条例10条1項の規定にいう『淫行』とは、広く青少年に対する性行為一般をいうものと解すべきではなく、青少年を誘惑し、威迫し、欺罔し又は困惑させる等その心身の未成熟に乗じた不当な手段により行う性交又は性交類似行為のほか、青少年を単に

自己の性的欲望を満足させるための対象として扱っているとしか認められないような性交又は性交類似行為をいうものと解するのが相当である。けだし，右の『淫行』を広く青少年に対する性行為一般を指すものと解するときは，『淫らな』性行為を指す『淫行』の用語自体の意義に添わないばかりでなく，例えば婚約中の青少年又はこれに準ずる真摯な交際関係にある青少年との間で行われる性行為等，社会通念上およそ処罰の対象として考え難いものを含むこととなつて，その解釈は広きに失することが明らかであり，また，前記『淫行』を目にして単に反倫理的あるいは不純な性行為と解するのでは，犯罪の構成要件として不明確であるとの批判を免れないのであつて，前記の規定の文理から合理的に導き出され得る解釈の範囲内で，前叙のように限定して解するのを相当とする。このような解釈は通常の判断能力を有する一般人の理解にも適うものであり，『淫行』の意義を右のように解釈するときは，同規定につき処罰の範囲が不当に広過ぎるとも不明確であるともいえないから，本件各規定が憲法31条の規定に違反するものとはいえ」ない。

1.3.3 責任主義

　刑法の基本原理の3つ目は**責任主義**とよばれるものです。一言でいうと，「責任がなければ刑罰は科されない」という原則のことです。しかし，これだけでは問いをもって問いに答えたことになりかねません。そこで，もう少し具体的に説明する必要があるでしょう。

　ここにいう責任とは，自身の行為によって不法を実現した，たとえば，人を死なせてしまった場合に，そのような行為をやめるべく自己の動機づけを制御しえたにもかかわらず，そうしなかったことに対する非難のことです。教科書類では，短いことばで**非難可能性**などと表記されていることもあります。そして，この責任ないし非難可能性がなければ刑罰が科されないことになります。

　それでは，なぜ刑罰が科されないのでしょうか。かつては法と道徳を混交させ，社会道徳に照らして冷たいまなざしを向けられるような行為であって，はじめて犯罪となるからだと説明されていました。みなさんがよく耳にする「法は最低限の道徳である」という法諺も，このような意味に理解することができるでしょう。しかし，法と道徳を峻別すべきであるとすれば，このような説明方法は使えません。そこで，刑罰の目的に照らしていま一度考え直してみると，

責任がなければ刑罰が科されない真の理由とは，単に「責任がない者に刑罰を科しても無駄だから」ではないでしょうか。

　責任を欠く者の典型例は，精神病等の生理的な原因によって自己の動機づけを制御しえない責任無能力者です。このような人に対して「○○をしたら××の刑罰を科すぞ」と脅しても，まったく意味がありません。したがって，このような人が○○をしたとき，「刑法は厳格だから，こんな人でも処罰するんだぞ」と宣言するために××の刑罰を科したとしても，将来，再びこのような人が現れたとき，この前例におそれをなして○○を差し控えるということもありえません。このように，責任主義の根拠は，責任のない者に刑罰を科しても刑罰の目的が達成されないところにあります。そして，ここにいう刑罰の目的とは，とくに，事前の威嚇によって○○をやめさせようとする，先に見た一般予防だということになります。

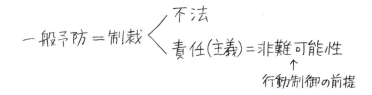

　刑法の他の基本原理と同様，この責任主義に表立って反する解釈を採用するものは，学説にも判例にも原則として存在しません。しかし，そのような解釈が，たとえば，判例のあらゆる局面から排除されているかというと，どうもそうは思えないところがあります。とりわけ，学説によってしばしば指摘されるのは結果的加重犯です。

　この**結果的加重犯**とは，基本犯を故意で実行した以上，そこから一定の加重結果が発生した場合には，それについても（相当程度に重い）罪責を負わせる犯罪のことです。その典型例は傷害致死罪（205条）ですね。これは，故意で暴行ないし傷害を犯した以上，そこから被害者の死亡結果が発生したら，かなり重い刑で処罰しようとするものです。

　むろん，ニュースでときおり報道されるように，ホームレスの人たちの頭部

等をバットやレンガで殴り死に至らしめたが、被告人らの「死ぬとは思わなかった」という供述の信用性が必ずしも排除できないというような事案であれば、「重い刑でいいじゃないか」と多くの人が感じるでしょう。しかし、実際に議論されているのは、たとえば、脳梅毒の既往があるものの、それが外見からはまったく分からない被害者を平手打ちしたところ、脳組織が崩壊してそのまま死亡してしまったというような事案です。判例は、このような事案においても傷害致死罪の成立を肯定しています（最判昭和25・3・31刑集4巻3号469頁。加重結果につき予見可能性を不要とする一般論については、最判昭和26・9・20刑集5巻10号1937頁などを参照）。

　このような結論は許されるでしょうか。ほとんどすべての学者は、この判例に反対しています。それは、ここで傷害致死罪の成立を肯定することが、行為者のまったく認識しえない死亡結果につき処罰することを意味し、責任主義に正面から反してしまうからです。実は、結果的加重犯という立法形態自体にも批判があります。しかし、ここではそういうレベルを超えて、明らかに刑法の基本原理に反する事態が承認されています。判例は、ただちにその立場を改めるべきでしょう。そして、裁判所にそのつもりがないのであれば、国会がイニシアティブをとって、加重結果につき行為者の予見可能性を必要とする旨の法改正を行うべきだと思われます。

1.3.4　罪刑均衡

　刑法の基本原理の4つ目は**罪刑均衡**です。たとえば、軽微な窃盗に死刑や無期懲役を科すことは許されません。それでは犯罪と刑罰のバランスを欠いてしまうからです。では、そもそもなぜこのようなバランスが必要とされるのでしょうか。刑が重ければ重いほど抑止力が強いこと、そして、犯罪が世のなかから減れば減るほど望ましいことにかんがみると、万引き犯を無期懲役で脅すというのが望ましいようにも思えます。しかし、そのような立法は許されません。

　このことを理解するためには、犯罪者が刑罰によって侵害される利益もまた正当なものであることを想起する必要があります。死刑囚の生命は法的に保護に値する利益でなくなる、などということはありえません。そうではなく、あくまで正当な利益なのだけれども、法益保護の目的を実現するため、やむをえ

ず国家がこれを侵すことを正当とする，これこそが刑罰の本質なのです。そうでないと，死刑囚は誰が殺してもかまわないことになりかねません。そして，これは刑事政策の講義で詳しく聞くと思いますが，死刑廃止論の柱のひとつは，たとえ法益保護に資するとしても人の命を犠牲にするのは許されない，ということなのです。

　そうすると，法益保護の目的に資するからといって，その法益より大きな利益を侵害してしまったのでは本末転倒です。あくまで，保護しようとする法益とアンバランスにならない程度でしか犯罪者の利益を刑罰によって侵害してはならないのです。このように，国家が一定の目的を実現するにあたり，それによって得られる利益とバランスを失するほど大きな利益を侵害してはならない，という考え方を**比例原則**とよんでいます。そして，講義をよく聞いてくれているみなさんはすぐに気づいたと思いますが，この比例原則は特別予防の要請に基づく処分にも同じように妥当します。ですから，本当は罪刑均衡という射程の狭い表現ではなく，比例原則のほうを用いるのがよいのかもしれませんね。

第2部　刑法総論

2.1　犯罪論の体系

　テレビの推理ドラマにおいて，犯人が被害者を刺し殺した。このようなシーンを見て「殺人罪だ！」と叫ぶだけであれば，ややこしい刑法の講義など聞かなくてもよいでしょう。しかし，世のなかはそれほど単純ではなく，被告人を本当に殺人罪で処罰してよいのか，かなり微妙な事案がたくさんあります。むろん，最終的には裁判官の良心に照らして有罪・無罪を判断しなければなりませんが，その過程がブラックボックスであっては，刑罰を矛盾なく平等に科していくことなどできません。そこで，刑法学は長い年月をかけて，そのブラックボックスを整合的かつ安定的な体系にまとめあげてきました。それこそが**犯罪論の体系**，または，**刑法体系**とよばれるものなのです。

　それでは，この刑法体系とは具体的にはどのようなものなのでしょうか。細かな学説の対立もありますが，現在，最も一般的なのは**三段階犯罪論体系**とよばれるものです。これは，犯罪の構成段階を構成要件該当性，違法性，有責性（責任）の3つに分け，この順に犯罪の成否を検討していこうとするものです。むろん，実際の裁判では，たとえば，責任の要件が欠けていることが一見して明白であり，それだけで速やかに被告人を無罪にできるような場合には，いきなり責任から検討するということもありえます。しかし，あくまで論理的には，この順番に検討していくということですね。

　以下，もう少し詳しく見ていきましょう。

　まず，第1の構成段階である**構成要件該当性**とは，問題となる行為が刑法の禁止する「悪い行為」の類型（これを不法類型といいます）に含まれている，ということです。たとえば，既婚者の不倫は民事上，損害賠償請求の対象とはなりますが，刑法でこれを禁止し，処罰する条文はありません。したがって，不倫は構成要件該当性を欠き，無罪ということになります。

　つづいて，第2の構成段階である**違法性**とは，構成要件に該当する行為につ

いて，それが実質的にみても刑法が禁止しようとしているものである，ということです。もっとも，構成要件というのは，人を死に至らしめるとか，これをだまして財物の占有を取得するなどといったように，特別な例外的事情がない限り，刑法が同時に禁止しようとする行為の類型であるはずです。したがって，この違法性というのは，積極的にそれがあることを確認するというよりも，先に述べた「例外的事情」がないかを念のため調べるという消極的な判断形態をとります。そして，このような「例外的事情」のことを**違法性阻却事由**ないし**正当化事由**とよびます。本屋さんで刑法の教科書の目次を見ると，「違法性」という章がある本と，「違法性阻却」という章がある本とがあります。これは，いまいったことに照らすと，実質的には同じ趣旨ですよね。ただ，厳密にいうと，後者のほうがより精確な表現だということになります。

　例をあげましょう。人を死に至らしめる行為は明らかに構成要件に該当します。しかし，違法性阻却事由があれば，それは例外的に違法性を欠く，つまり，適法な行為となります。以前，小学校の先生がテストで「人を適法に殺すことはできるか」という問題を出して，保護者の方々から抗議を受け新聞等でも話題になりましたよね。しかし，この問題は，大学の法学部生にとってはごく当たり前の問いかけです。刑法の講義でこの問題を考えさせない教授は，おそらく皆無ではないでしょうか。

　それでは，具体的にどのような違法性阻却事由が考えられるでしょうか。まず，法令行為（35条）がありえます。刑務官が死刑を執行することは明らかに前記構成要件に該当しますが，死刑を執行した刑務官が殺人罪の容疑で逮捕されたという話は聞きません。それは，法令によって死刑執行が許されているからです。この場合，その「法令に合致している」ことが違法性阻却事由となります。また，ほかにも，正当防衛（36条1項）というのは聞いたことがありますよね。殺されそうになったのでやむをえず相手を殺した，という場合でも，むろん構成要件には該当します。しかし，自分の命を守るためにやむをえずしたことであって，それは正当防衛という違法性阻却事由により違法性が阻却されるのです。

　最後に，第3の構成段階である**責任**とは，構成要件に該当し，違法な行為に出たことにつき非難することが可能だ，ということです。この非難可能性とい

うのは，もう少し具体的にいうと，そのような行為に出ないことも可能であったのにあえて出たという意味であり，**他行為可能性**とよばれることもあります。むろん，うっかり者がミスするのは必然である，殺人鬼が人を殺すのは避けられない，という人もいるでしょう。しかし，そのようなことを言い始めたら，誰も自分の行為につき法的責任をとらなくてよいことになってしまうでしょう。そこで，行為者の生理的能力や知識はそのまま前提とするにしても，そのうえで，刑法を守ろうとする規範に忠実な態度をとることに関しては誰もが同じくらい努力できるはずだ，という出発点に立つべきです。こうして，うっかり者も殺人鬼も，重度の精神病に罹患しているなどといった前記生理的能力の阻害要因がない限り，他行為可能であり，それゆえ非難可能だということになります。

ただし，一点だけ注意を要するのは，責任が非難可能性だけで構成されるわけではない，ということです。この非難可能性というのは，煎じ詰めれば，刑法が非難により行為者の行為をコントロールできたという一般予防の要請を具体化したものです。しかし，刑法ないし刑罰の目的は，補充的に，特別予防によっても基礎づけられるという話をしましたよね。そこで，責任には，この特別予防の要請を具体化した要素もまた補充的に付け加わることになります。その具体例は，これから講義を進めるなかでおいおい見ていくことにしましょう。

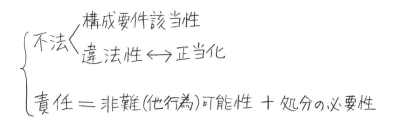

2.2 構成要件要素

2.2.1 主 体

2.2.1.1 法人処罰

それでは話を構成要件に戻し，これを構成するさまざまな要素を具体的に見

ていきましょう。まずは主体です。刑法の構成要件は，原則として「……した者は」となっています。たとえば，殺人罪（199条）の構成要件は「人を殺した者は」で始まります。この「者」が主体にあたるわけです。

「者」が何を指しているかは，実は，それだけを眺めていても明らかになりません。しかし，近代法の系譜や犯罪に対応して科される刑罰の種類から，それは自然人であることが分かります。もっとも，今日においては，法律によって人格を与えられた法人の行為をも刑法的に規律する必要性が高まっています。そこで，特別法の罰則の一部には，この法人を処罰する規定が設けられています。ただし，この講義では主として刑法典の解釈を学びますから，詳しい話は省略せざるをえません。

むろん，この講義で扱わないからといって，法人処罰の問題が実社会において重要でない，などというわけでは決してありません。みなさんのなかには，企業の法務部に入って仕事をする人もいるでしょう。そこでは，会社の活動が民事法上有する意義や行政制裁を受ける可能性にとどまらず，刑罰法規にふれることがないかも慎重に検討されます。弁護士さんらと一緒に検討することにはなるでしょうが，その際には，この法人処罰の理論や実務をわきまえておくことが必須になるはずです。したがって，この講義を聞き終えたら，詳しい教科書類で法人処罰の勉強を必ずしておいて下さい。

2.2.1.2 身分犯

さて，次に，構成要件のなかには，その主体が別の観点から限定されているものもあります。このように限定された主体を身分，そのような限定された主体を要素とする犯罪を身分犯とよんでいます。たとえば，収賄罪（197条1項前段）は構成要件上，公務員しか犯すことができませんから，それは公務員を身分とする身分犯だということになります。

みなさんのなかには，現行憲法下では身分社会など認められないのだから，身分などという不適切なことばを法律学で使うのはいかがなものか，と思った人もいるでしょう。実は，私もそう思っています。しかし，このことばは65条という，身分犯の共犯を定める現行法の規定に出てくるため，やむをえず使っています。本当は，65条そのものを変えたほうがよいのでしょうね。

この身分犯という犯罪は，実は，犯人がひとりしか登場しない場合にはそれほど大きな問題を生じません。単に，その犯人が身分の要件をみたすかどうかを審査すれば足りるからです。しかし，犯人が複数になると，途端に話がややこしくなってきます。というのも，とくに身分犯の実現に身分のない者が関わってきたとき，その者をおよそ不可罰にするのが妥当でないとすれば，なぜ，どのように，その者を身分犯の規定で処罰しうるのかを明らかにしなければならないからです。しかも，身分犯のなかには，身分があってはじめてその行為が犯罪となる**真正身分犯**（収賄罪はその典型例です）のほか，身分がなくても犯罪とはなるものの，身分がある場合とは重さの異なる刑罰が科される**不真正身分犯**（横領罪などがその例です）があります。このような場合をも考慮すると，犯人が複数の場合の規律方法はさらにややこしくなってきます。

このような問題領域を**身分犯の共犯**とよび，そのために作られた65条の趣旨が必ずしも明らかでないこともあり，重要な論点のひとつとなっています。これは，身分犯の共犯を扱う項目（*2.6.6.1*）で詳しく説明することにしましょう。

2.2.2 行為と結果
2.2.2.1 行　　為

犯罪は**行為**でなければなりません。人の身体が単なる自然物と同じようなはたらきしかしない場合には，それは行為ではなく，刑法の世界には登場してきません。たとえば，ビルの屋上から突き落とされて下にいる人にぶつかり，その人に大けがをさせてしまったとしましょう。突き落とすほうは明らかに行為をしていますが，突き落とされたほうは単に石が引力で落ちていくのとなんら変わりません。したがって，突き落とされた人が処罰されないのは当然のこととして，その理由は，そもそも行為をしていないからだということになります。

他方，夢遊病者が夢のなかで敵兵を絞殺したつもりだったが，実際には隣のベッドで寝ていた妻を殺害してしまっていた，という場合はどうでしょうか。これは，自分の意思で自分の行為をコントロールできなかったというだけであり，人が人として行為している（ロボットのはたらきと同じではない）ことは否定できません。そこで，そのような場合には，「行為はあるが責任を欠く」

というのが不可罰の理由となります。裁判例のなかには，同じような場合に行為自体を否定したものがありますが（大阪地判昭和37・7・24下刑集4巻7＝8号696頁），適切とはいえません。

2.2.2.2　結　果

　次に，犯罪は原則として結果をともないます。たとえば，殺人罪は人（被害者）の死亡という結果をともなっています。そして，このように，結果が（殺人罪における人の生命のような）保護法益の侵害である犯罪を侵害犯とよびます。これに対し，放火罪のように，保護法益である公共の安全を単に危険にさらすだけで成立する，つまり，結果が保護法益の危殆化にとどまる犯罪を危険犯とよびます。さらに，この危険犯のなかにも，危険の発生を裁判において具体的に認定する必要がある具体的危険犯と，危険の発生がまったくない，例外的な場合でないことが示されさえすればよいという抽象的危険犯とがあります。放火罪のなかでも，とくに，現住建造物放火罪（108条）は抽象的危険犯です。これに対し，自己所有の非現住建造物放火罪（109条2項）は具体的危険犯だということになります。

　もっとも，近年では，なんらの結果もともなわない犯罪の存在が指摘されています。たとえば，千円札を1枚，偽造しても，それだけでは，なんら通貨システムに対する危険は発生しません。ただ，そのようなことをみながし始めると，通貨システムはただちに破綻するでしょう。このように，同様の行為の蓄積によって，はじめて法益侵害や危殆化が発生するのですが，そのうちの一部だけを許すことはできないので，あらかじめ一括して禁止しておく必要が生じるわけです。そして，このような禁止の違反を蓄積犯とよんでいます。いま例

```
 ┌ 侵害犯                           → 法益の侵害
 │             ┌ 具体的危険犯
 ┤ 危険犯 ─┤                    → 法益の危殆化
 │             └ 抽象的危険犯
 └ 蓄積犯                           → ただ乗り
```

にあげた，通貨偽造罪（148条1項）がその典型例といえるでしょう。

なお，このような行為と結果の組み合わせによって，犯罪はいくつかの種類に分類されます。犯罪が成立すると同時に保護法益が消滅する**即成犯**（殺人罪など），犯罪が成立すると同時に終了する点では即成犯と同じですが，違法な状態が残存する**状態犯**（窃盗罪など），いったん犯罪が成立したのちも終了せず，継続して成立し続ける**継続犯**（監禁罪など）です。もっとも，近年では，このような分類にはあまり理論的な意味がないのではないか，という疑問も出されています。

2.2.3 因果関係

行為と結果との間に刑法上，要請される一定の関係のことを**因果関係**とよびます。その内容は大きく3つに分かれます。

1つ目は**事実的因果関係**です。これは，行為と結果との間に最低限度の法則的な結びつきがあることを意味します。たとえば，今朝，歯磨きをしていたら隣の家に住むお年寄りが亡くなったというとき，両者の間に時間的な先後関係はあるかもしれませんが，歯磨き行為とお年寄りの死亡との間には事実的因果関係が欠けるでしょう。もっとも，このような，事実的因果関係さえ欠ける疑いのある事案が起訴されることはまれです。せいぜい，公害事犯等で有害物質の薬理作用が精確に判明しない，というケースくらいでしょう。

2つ目は**結果回避可能性**です。これは，「行為がなければ結果も発生しなかったであろう」という関係のことです。たとえば，隣人の飼い犬の鳴き声がうるさいので病原菌をそのえさに混ぜたところ，1週間後にその犬は死んでしまったが，実はその犬はすでに別の重い病気にかかっていたので，そのようなことをしなくても同じ時期に同じように死亡したであろう，という事例を考えてみましょう。このような場合には結果回避可能性が欠け，器物損壊罪（261条）は成立しないことになります。

一部の学説は，結果回避可能性を問うことなく行為者を処罰すべきだといいます。しかし，行為をやめさせても法益の状態が良くならないのであれば，そもそも行為者は法益の状態を悪化させていない，つまり，結果を生じさせていないというべきではないでしょうか。また，この学説のように考えると，行為

者が結果回避可能性の欠如を知りながら行為に出た場合にも故意犯が成立することになりますが、それもまた妥当な結論とはいえないでしょう。

3つ目は**法的因果関係**です。あくまで刑法の目からみて、その結果がその行為のせいで生じたと評価しうるか、という問題です。学説では、相当因果関係とか危険の現実化などといった用語を使って議論されていますが、重要なのはそのようなラベルではなく、むしろ中身のほうです。

{ 事実的因果関係 → 自然科学的なつながり

結果回避可能性

法的因果関係 → 相当因果関係、危険の現実化

そして、この法的因果関係は次のような事例類型の処理において意味をもちます。

第1に、被害者が特殊な病気に罹患しているなど、すでに行為時において認識不可能な事情が存在する場合です。たとえば、被害者が脳梅毒に罹患していることを知らずに左眼の部分を蹴りつけたところ、脳組織が崩壊して死亡してしまったという事案において因果関係を認めた判例があります（あげるのは2回目ですが、最判昭和25・3・31刑集4巻3号469頁）。しかし、これに対しては、たしかに、神の目からみれば蹴りつけは被害者の生命に大きな危険を有するけれども、被害者が一見して普通の人と変わらない以上、蹴りつけが被害者の死亡に結実するなどというのは異常事態であるから、因果関係を否定すべきだという批判があります。

第2に、行為後に異常な事情が介在した場合です。たとえば、殺意をもって被害者を刺したところ、通行人の119番通報で駆けつけた救急車により被害者は緊急搬送されたものの、その救急車が交通事故に巻き込まれ、それが原因で被害者が死亡してしまった、という事例を考えてみましょう。このような事例においては、もはや、誰の目からみても異常な事態によって被害者の死が引き

2.2 構成要件要素

起こされたことは明らかですから，因果関係を否定することでほぼ見解の一致がみられます。むろん，ここでも「神ならば，その救急車の運命は見とおせたはずだ」という人がいるかもしれません。しかし，これと第1の事例とでは本質的に異なる点があります。それは，第1の事例においては事後的に鑑定をしさえすれば，人もまた神と同様，行為のもつ生命に対する重大な危険を認識しえます。これに対して第2の事例においては，たとえ鑑定を経たとしても，やはり，行為の時点においてその救急車が事故を起こすだろうとは確言できない，ということです。

ただし，ここで注意を要するのは，この第2の場合のなかにも因果関係を肯定してよいと思われるものが存在することです。たとえば，行為者が被害者に致命傷となる脳挫傷を負わせたのち，第三者がさらに被害者の頭部を殴打したため，被害者の死期が幾分早まった，という事例を考えてみましょう。たしかに，第三者がそのようなことをするのは行為後の異常な介在事情です。しかし，それは，すでに行為者の行為によって設定された重大な危険の実現を阻害したり，これを凌駕したりするものではありません。したがって，このような場合には，例外的に，因果関係を肯定してよいでしょう。まさに，そのようなことを述べた判例も出されています。

◆**最決平成2・11・20刑集44巻8号837頁＝大阪南港事件**

「原判決及びその是認する第一審判決の認定によると，本件の事実関係は，以下のとおりである。すなわち，被告人は，昭和56年1月15日午後8時ころから午後9時ころまでの間，自己の営む三重県阿山郡伊賀町大字柘植町所在の飯場において，洗面器の底や皮バンドで本件被害者の頭部等を多数回殴打するなどの暴行を加えた結果，恐怖心による心理的圧迫等によって，被害者の血圧を上昇させ，内因性高血圧性橋脳出血を発生させて意識消失状態に陥らせた後，同人を大阪市住之江区南港所在の建材会社の資材置場まで自動車で運搬し，右同日午後10時40分ころ，同所に放置して立ち去ったところ，被害者は，翌16日未明，内因性高血圧性橋脳出血により死亡するに至った。ところで，右の資材置場においてうつ伏せの状態で倒れていた被害者は，その生存中，何者かによって角材でその頭頂部を数回殴打されているが，その暴行は，既に発生していた内因性高血圧性橋脳出血を拡大させ，幾分か死期を早める影響を与え

るものであった，というのである。

　このように，犯人の暴行により被害者の死因となった傷害が形成された場合には，仮にその後第三者により加えられた暴行によって死期が早められたとしても，犯人の暴行と被害者の死亡との間の因果関係を肯定することができ，本件において傷害致死罪の成立を認めた原判断は，正当である」。

2.2.4　不　作　為
2.2.4.1　不作為の意義

　先ほど，犯罪は行為でなければならないといいました。そして，そこでは，もっぱら，人をナイフで刺すとか，人に嘘の投資話を持ち掛けてお金をだまし取るなどといった，積極的な動作が行為を構成するような事例を想定していました。しかし，厳密にいうと，行為はこのような積極的な動作，つまり作為に限られません。むしろ，刑法の期待する一定の作為をしないという消極的な態度，つまり不作為もまた行為に該当しえます。そして，このような不作為が犯罪を構成する場合を不作為犯とよんでいます。

　この不作為犯には2種類のものがあります。ひとつは不真正不作為犯であり，これは，不作為が作為と同一の構成要件の解釈によって処罰される場合です。たとえば，親が自分の子どもにミルクをあげずに餓死させてしまうことは，199条の作為をも捕捉する構成要件によって処罰されますから，殺人罪の不真正不作為犯ということになります。

　これに対して，いまひとつは真正不作為犯です。これは対応する作為犯を観念しえない不作為犯です。わが国の刑法典には，このような純粋な意味における真正不作為犯だけを定めた条文がありません。一方，わが国の刑法典の母法であるドイツの刑法典には不救助罪というものがあります。道を歩いていてたまたま事故に遭って死にそうな人がいるときは，それが容易である限り119番通報してあげないと処罰される，というものです。これなどは典型的な真正不作為犯ですね。ここからも分かるように，真正不作為犯とは，究極的には作為と同じく他人の利益を侵害する構造をもつ不真正不作為犯と異なり，積極的に他人の利益を増やしてあげるというサービスをしなかったことを処罰するものです。

$$\begin{cases} 「\sim する」= 作為犯 \\ 「\sim しない」= 不作為犯 \begin{cases} 真正不作為犯 \\ 不真正不作為犯 \end{cases} \end{cases}$$

　刑法の教科書類では，しばしば，真正不作為犯の例として不退去罪（130条後段）があげられます。たしかに，この犯罪は形式的には対応する作為犯をもっていません。しかし，たとえば，うっかり他人の住居に立ち入ってしまった人が，住居権者の意思に反してそこに居続けるという場合を考えると，それはもはや他人の利益（ここでは住居権）を侵害することですよね。そして，このような場合を取り出して，処罰範囲の明確化の観点から不退去罪として独自に構成要件化されたのだとすれば，それは前記サービスをしないという真正不作為犯の本質を備えていません。したがって，これはいわばニセモノの真正不作為犯ということができるでしょう。

　これに対して，たとえば，眠っているうちに他人の住居に放り込まれた人が，退去要求を受けたのに出て行かなかったという場合に成立する不退去罪は，ホンモノの真正不作為犯の特徴を備えています。その人がそこにいることは，自分の行為によって立ち入ったのではない以上，グラウンド上の石ころと価値的にみて同じです。したがって，そこから出て行ってあげるのは，他人の住居権を拡張する積極的なサービスにあたるでしょう。このように，不退去罪にはいわば真正な真正不作為犯と，不真正な真正不作為犯とがあわせて規定されていることになるわけです。

2.2.4.2　作為義務の発生根拠

　さて，理論刑法学上，さかんに議論されており，したがって，試験にもしばしば出題されるのは圧倒的に不真正不作為犯のほうです。というのも，刑法が一定の作為に出ることを期待するのは，作為に出ることを禁止する場合に比して，かなり限定された範囲にとどまります。そして，真正不作為犯の場合には，往々にして，その範囲がきちんと条文に書かれています。しかし，これに対し

て不真正不作為犯は，作為を処罰するのと同じ条文で，解釈によって処罰されているにすぎません。それゆえ，その範囲を解釈によって明確化しなければならないからです。

　たとえば，赤ちゃんを刺し殺すという作為による殺人の場合には，誰がやっても処罰されます。他方，これにミルクをあげないという不真正不作為による殺人の場合には，ミルクをあげることのできるすべての人が処罰されるわけではありません。そうではなく，たとえば，その赤ちゃんの親であるなどといった事情により，これを積極的に保護する地位にある人（これを**保障人**といいます）だけが処罰されるのです。しかし，そのようなことは199条の条文にはっきりと書かれていません。そこで，いったいどのような人がその赤ちゃんにミルクをあげなければならないか，もう少し抽象的にいうと，その赤ちゃんにミルクをあげるという作為義務を負うかを，裁判所や学説が解釈によって定めなければならないことになります。

　この問題についてはさまざまな見解の対立があるのですが，現在，有力な見解は，このような作為義務の発生根拠を（不作為に先行する作為による）**危険創出**に求めています。たとえば，家のなかで赤ちゃんをうっかり踏み，大けがを負わせたとしましょう。このとき，放っておくと赤ちゃんが内臓破裂で死亡してしまうとすれば，その人は，自分が作り出した内臓破裂の危険が赤ちゃんの死亡結果へと実現するのを止めなければなりません。そして，このことは，その人が赤ちゃんの親であろうとなかろうとなんら変わらないのです。

　そうすると，今度は，なぜ赤ちゃんにミルクをやらず餓死させるという不作為の場合には，親だけが作為義務を負うべきなのかが問題となります。しかし，これも，突き詰めると，同じく危険創出という観点から説明がつきます。親は赤ちゃんの保護を引き受けて自分の支配領域内においているのですから，他の人々はそう簡単には赤ちゃんの状態を知り，適時に救助のために介入するということができません。つまり，親は他所からの救助のチャンスを遮断するという意味で，赤ちゃんに対して餓死の危険を作り出しているのです。これこそが，親が赤ちゃんにミルクをあげなければならない，したがって，そうせずに餓死させれば不真正不作為による殺人罪が成立する根拠です。そして，そうだとすれば，厳密にいうと，親でなくても，同じように赤ちゃんの保護を引き受けて

2.2 構成要件要素

自分の支配領域内においた人であれば、同じく作為義務を負うことになります。

それでは、どうして危険創出が作為義務の発生根拠になるのでしょうか。それは作為犯の処罰と関係します。作為犯とは、作為により危険を作り出しそれを実現させるという意味で、積極的に他人の利益や自由を侵害していくという構造をもっています。そして、これと同じ条文、構成要件で処罰するためには、不作為による場合であっても、やはり、実現すべき危険を自分で作り出し、にもかかわらず元の状態に戻さなかった、という関係が必要と解されるのです。近時の最高裁判例にも、このような危険創出を作為義務の発生根拠としたものがあります。しかも、そのような発想は故意犯のみならず、過失犯においても同様に採用されているようです。

◆**最決平成 17・7・4 刑集 59 巻 6 号 403 頁＝シャクティパット事件（故意犯の場合）**

「1　原判決の認定によれば、本件の事実関係は、以下のとおりである。
(1) 被告人は、手の平で患者の患部をたたいてエネルギーを患者に通すことにより自己治癒力を高めるという『シャクティパット』と称する独自の治療（以下「シャクティ治療」という。）を施す特別の能力を持つなどとして信奉者を集めていた。
(2) Aは、被告人の信奉者であったが、脳内出血で倒れて兵庫県内の病院に入院し、意識障害のため痰の除去や水分の点滴等を要する状態にあり、生命に危険はないものの、数週間の治療を要し、回復後も後遺症が見込まれた。Aの息子Bは、やはり被告人の信奉者であったが、後遺症を残さずに回復できることを期待して、Aに対するシャクティ治療を被告人に依頼した。
(3) 被告人は、脳内出血等の重篤な患者につきシャクティ治療を施したことはなかったが、Bの依頼を受け、滞在中の千葉県内のホテルで同治療を行うとして、Aを退院させることはしばらく無理であるとする主治医の警告や、その許可を得てからAを被告人の下に運ぼうとするBら家族の意図を知りながら、『点滴治療は危険である。今日、明日が山場である。明日中にAを連れてくるように。』などとBらに指示して、なお点滴等の医療措置が必要な状態にあるAを入院中の病院から運び出させ、その生命に具体的な危険を生じさせた。
(4) 被告人は、前記ホテルまで運び込まれたAに対するシャクティ治療をB

らからゆだねられ，Aの容態を見て，そのままでは死亡する危険があることを認識したが，上記（3）の指示の誤りが露呈することを避ける必要などから，シャクティ治療をAに施すにとどまり，未必的な殺意をもって，痰の除去や水分の点滴等Aの生命維持のために必要な医療措置を受けさせないままAを約1日の間放置し，痰による気道閉塞に基づく窒息によりAを死亡させた。

2　以上の事実関係によれば，被告人は，自己の責めに帰すべき事由により患者の生命に具体的な危険を生じさせた上，患者が運び込まれたホテルにおいて，被告人を信奉する患者の親族から，重篤な患者に対する手当てを全面的にゆだねられた立場にあったものと認められる。その際，被告人は，患者の重篤な状態を認識し，これを自らが救命できるとする根拠はなかったのであるから，直ちに患者の生命を維持するために必要な医療措置を受けさせる義務を負っていたものというべきである。それにもかかわらず，未必的な殺意をもって，上記医療措置を受けさせないまま放置して患者を死亡させた被告人には，不作為による殺人罪が成立し，殺意のない患者の親族との間では保護責任者遺棄致死罪の限度で共同正犯となると解するのが相当である」。

◆最決平成28・5・25裁時1652号1頁＝温泉施設ガス爆発事件（過失犯の場合）

「1　原判決及びその是認する第1審判決の認定によれば，本件の事実関係は次のとおりである。

(1)　被告人は，不動産会社（以下「本件不動産会社」という。）から東京都渋谷区内の温泉施設（以下「本件温泉施設」という。）の建設工事を請け負った建設会社（以下「本件建設会社」という。）の設計部門に所属し，本件温泉施設の衛生・空調設備の設計業務を担当した者であり，建築設備に関する高度の知識と豊富な経験を有していた。

　本件建設会社では，施工部門の担当者が，発注者に対して，設備の保守管理につき説明する職責を負い，設計部門の担当者は，施工部門の担当者に対して，その点につき的確な説明がされるよう，設計上の留意事項を伝達すべき立場にあった。

(2)　本件温泉施設は，客用の温泉施設等があるA棟と温泉一次処理施設等があるB棟の2棟の建物で構成され，A棟で使用する温泉水をB棟地下機械室に隣接する区画にある井戸口からくみ上げていたが，メタンガスが溶存してい

2.2 構成要件要素

たため，同室内にあるガスセパレーターでメタンガスを分離させた後，温泉槽で一時貯留し，そこからA棟地下機械室へ温泉水を供給するとともに，ガスセパレーターないし温泉槽内で分離，発生したメタンガスをそれぞれに取り付けられたガス抜き配管を通してA棟側から屋外へ放出する構造がとられていた。各ガス抜き配管は，両棟の各地下機械室をつなぐ地下のシールド管内を通されていたが，シールド管内を通る各横管部分が最も低い位置にあり，そのため温泉水から分離された湿気を帯びたメタンガスが各ガス抜き配管内を通る際に生じる結露水は，その各横管部分にたまる構造となっていた。このようにしてたまった結露水を放置すれば，各ガス抜き配管が閉塞するおそれがあったため，結露水を排出する必要性が生じたが，被告人自身も，通気が阻害されることへの対応をとる必要性は認識しており，B棟側からシールド管に入る手前の各ガス抜き配管の横管部分の下部に，それぞれ水抜き配管及び水抜きバルブが取り付けられ，適宜各水抜きバルブを開いてたまった結露水を排出する仕組みが設けられることとなった。被告人は，メタンガスの爆発事故を防止するために，結露水の排出が重要な意義を有することを認識できたものである。

しかし，そのような結露水排出の仕組みの存在，その意義等について，本件建設会社から本件不動産会社に説明されることはなく，本件温泉施設で温泉水のくみ上げが開始されてから本件爆発事故に至るまでの間に，各水抜きバルブが開かれたことは一度もなかった。

(3) 本件爆発事故の具体的な因果経過は，結露水が各ガス抜き配管内にたまり，各ガス抜き配管が閉塞し，ないし通気を阻害されたことにより，行き場を失ったメタンガスが，B棟地下機械室内に漏出した上，同室内に設置された排気ファンも停止していたため滞留し，温泉制御盤のマグネットスイッチが発した火花に引火して，爆発が発生したというものであった。本件爆発事故の結果，B棟内において，本件温泉施設の従業員3名が死亡し，2名が負傷し，B棟付近路上において，通行人1名が負傷した。

(4) 本件温泉施設の温泉一次処理施設を単独で設計していた被告人は，本件建設会社の施工担当者に対して，排ガス処理のための指示書として，設計内容を手書きしたスケッチ（以下「本件スケッチ」という。）を送付したが，結露水排出の意義や必要性について明示的な説明はされなかった。また，本件スケッチには，ガスセパレーターから出た逆鳥居型（一旦下方に向きを変え，横に向かってから，上方に向きを変える形態）の配管構造，水抜きバルブ（ドレーン

バルブ)付きの配管が図示され，水抜きバルブを通常開いておくことを示す『常開』の文字等が記載される一方，水抜きバルブ付きの配管がガス抜き配管内に発生する結露水を排出する目的のものであることについての説明は記載されていなかった。

　その後，被告人は，本件温泉施設の施工を担う下請会社の担当者から，水抜きバルブを『常開』とすると硫化水素が漏れるので『常閉』にすべきではないかと指摘され，同人に対して，水抜きバルブを『常閉』に変更するように口頭で指示した。この指示により，本件温泉施設の保守管理の一環として，適宜手作業で各水抜きバルブを開いて各ガス抜き配管内の結露水を排出する必要性が生じたが，被告人は，下請会社の担当者に対して，水抜き作業が必要となることやそれが行われないと各ガス抜き配管の通気が阻害されて危険が生じることなどについて説明しなかった。また，本件建設会社の施工担当者に対しても，水抜きバルブの開閉状態について指示を変更したことやそれに伴って水抜き作業の必要性が生じることについての説明がされることはなかった。

2　そこで検討すると，本件は，上記のとおり，ガス抜き配管内での結露水の滞留によるメタンガスの漏出に起因する温泉施設の爆発事故であるところ，被告人は，その建設工事を請け負った本件建設会社におけるガス抜き配管設備を含む温泉一次処理施設の設計担当者として，職掌上，同施設の保守管理に関わる設計上の留意事項を施工部門に対して伝達すべき立場にあり，自ら，ガス抜き配管に取り付けられた水抜きバルブの開閉状態について指示を変更し，メタンガスの爆発という危険の発生を防止するために安全管理上重要な意義を有する各ガス抜き配管からの結露水の水抜き作業という新たな管理事項を生じさせた。そして，水抜きバルブに係る指示変更とそれに伴う水抜き作業の意義や必要性について，施工部門に対して的確かつ容易に伝達することができ，それによって上記爆発の危険の発生を回避することができたものであるから，被告人は，水抜き作業の意義や必要性等に関する情報を，本件建設会社の施工担当者を通じ，あるいは自ら直接，本件不動産会社の担当者に対して確実に説明し，メタンガスの爆発事故が発生することを防止すべき業務上の注意義務を負う立場にあったというべきである。

　本件においては，この伝達を怠ったことによってメタンガスの爆発事故が発生することを予見できたということもできるから，この注意義務を怠った点について，被告人の過失を認めることができる。

　なお，所論は，設計担当者である被告人は，施工担当者から本件不動産会社

に対して水抜き作業の必要性について適切に説明されることを信頼することが許される旨主張する。しかし，被告人は，本件建設会社の施工担当者に対して，結露水排出の意義等に関する記載のない本件スケッチを送付したにとどまり，その後も水抜きバルブに係る指示変更とそれに伴う水抜き作業の意義や必要性に関して十分な情報を伝達していなかったのであるから，施工担当者の適切な行動により本件不動産会社に対して水抜き作業に関する情報が的確に伝達されると信頼する基礎が欠けていたことは明らかである。

したがって，被告人に本件爆発事故について過失があるとして，業務上過失致死傷罪の成立を認めた第1審判決を是認した原判決は，正当である」。

2.2.5 **特殊な主観的要素**

多くの犯罪は，行為者がわざと不法を犯した場合だけを処罰しています。これを故意犯といいます。そして，この故意とは，原則として，不法の客観的な側面を認識しながらあえて行為に出た，ということを意味しています。しかし，犯罪のなかには，この故意にとどまらず，特殊な主観的要素を要求するものもあります。

1つ目は目的犯です。たとえば，通貨偽造罪（148条1項）は，単に額縁に入れて自分の部屋に飾るために偽札を作っても成立しません。そうではなく，「行使の目的」，つまり，流通におく目的をもって偽札を作り，はじめて成立するのです。ただし，この目的犯というのは，「故意を超えた目的が必要だ」という観点から犯罪を分類したものにすぎません。したがって，この目的の法的性質が何であるのか，という実質論のほうがはるかに重要です。しかし，これは目的犯によって異なるので，詳しくは刑法各論の講義で勉強して下さい。

2つ目は傾向犯です。判例によると，強制わいせつ罪（176条）は，行為者にわいせつの意図がなければ成立しません。したがって，嫌がらせのために女性を脅して裸にし，写真を撮っても，強要罪（223条1項）は成立するかもしれませんが，強制わいせつ罪は成立しないことになります。しかし，これに対しては批判が強く，このような判例が維持され続けるかは微妙です。通貨偽造罪における「行使の目的」とは異なり，このような意図は条文に書かれていません。しかも，そのような意図がなくても，被害者が著しく性的羞恥心を害されており，かつ，行為者もそのことを分かっていれば，強制わいせつ罪として

は十分であると考えられるからです。

◆**最判昭和 45・1・29 刑集 24 巻 1 号 1 頁**
「刑法 176 条前段のいわゆる強制わいせつ罪が成立するためには，その行為が犯人の性欲を刺戟興奮させまたは満足させるという性的意図のもとに行なわれることを要し，婦女を脅迫し裸にして撮影する行為であつても，これが専らその婦女に報復し，または，これを侮辱し，虐待する目的に出たときは，強要罪その他の罪を構成するのは格別，強制わいせつの罪は成立しないものというべきである」。

3 つ目は表現犯です。たとえば，偽証罪（169 条）にいう「虚偽の陳述」とは，記憶に反する陳述を意味すると解するのが支配的です。これを主観説といいます。そして，そうだとすると，行為者の記憶という特別な主観面に立ち入らなければ，そもそも実行行為の存否を確定できないことになります。もっとも，厳密に考えると，ここでは特殊な主観的要素が犯罪の成立要件とされているわけではありません。単に，「虚偽」性という構成要件要素を認定するにあたり，行為者の主観面に立ち入らなければならないというにすぎないのです。したがって，偽証罪を表現犯とする一般的な整理方法は，あまり適切なものとはいえません。

2.3 違法性とその阻却

2.3.1 違法性の本質

違法性とは，すでに説明したように，構成要件に該当する行為が刑法から受ける否定的評価のことです。もっとも，そのような否定的評価が実質的にみて，行為のもつどのような側面に着目して下されるものであるかについては，古くから論争がなされてきました。

第 1 の考え方は，その行為が社会生活において妥当するさまざまなルール（これを行為規範といいます）に違反している点に着目するものです。これを行為無価値論といいます。たとえば，殺人罪においても，刑法が直接的に禁止しているのは人を死なせるという事後的な結果というよりも，むしろ，「けん銃の銃口を人に向けて引金を引いてはいけない」などといった，行為の時点で

2.3 違法性とその阻却

妥当しているルールに違反することだ、というわけです。

しかし、社会生活上のルールというだけでは、その内容は無限定なものとなりかねません。この講義のはじめに「法と道徳は峻別しなければならない」という話をしましたが、道徳を構成するようなルールが混入してくる可能性もあるわけです。そこで、違法性の本質は、むしろ、主として道徳との区別を意識して定立された、法益の侵害または危殆化を引き起こすことである、と解しておくほうが安全です。そして、このような第2の考え方を**結果無価値論**とよんでいます。

$$\begin{cases} 行為無価値論 = 行為規範違反説 \\ 結果無価値論 = 法益侵害説 \end{cases}$$

対立点……結果は違法要素か？
　　　　　故意は違法要素か？

ところが、この結果無価値論に対しては、行為無価値論の側から辛らつな批判がなされています。つまり、たしかに、「刑法は道徳と峻別された法益の保護を目的としなければならない」という結果無価値論の出発点自体は正しい。しかし、刑法はあくまで行為をコントロールすることによってしか法益を保護することはできず、あとから「あなたの昨日の行為によって、本日、法益が侵害されたので、その行為をしてはいけなかったことにします」といわれても、もはやどうしようもない。それゆえ、行為の時点で確定できるルール違反をもって、行為を刑法的に禁止する根拠とすべきである、と。

一見すると、この批判は非常にもっともらしいですよね。しかし、よく考えると、そこには論点のすり替えがあります。たしかに、刑法はあくまで行為をコントロールしようとするものです。しかし、それは、ある行為が違法であると宣告することで達成されるものではありません。そうではなく、ある違法な行為に対して刑罰を宣告することで達成されるものなのです。そして、そうだ

とすると，たとえ行為の時点ではその違法性を確定できなくても，結果としてその行為が違法とされた場合に，そのことを算入して行為をやめようとする契機が行為の時点で与えられていた――すなわち，責任があった――限りにおいて刑罰が科されるというシステムが採用されている以上，「行為のコントロール」という発想とはなんら矛盾しないでしょう。

このように見てくると，違法性の本質に関する考え方としては，第2の，結果無価値論のほうが妥当だと思われます。

2.3.2 違法性阻却の原理

そして，違法性がこのようなものだとしますと，それが阻却される場合もまた，究極的には同様の発想に基づいて規律されなければなりません。

まず，行為無価値論は，違法性阻却の一般原理を**社会的相当性**に求めました。その推論過程は非常にシンプルで，違法性の本質が社会生活上のルールの違反であるとすれば，構成要件に該当する行為が同じく，これを例外的に許容する社会生活上のルールに合致している場合には，その違法性が阻却されるというわけです。そして，このような，行為を例外的に許容する社会生活上のルールとの合致を社会的相当性とよんでいます（実は，この社会的相当性を，構成要件該当性自体を制限するためのロジックとして用いる学説もありますが，ちょっと話がややこしくなるので省略します）。

しかし，社会的相当性ということばは，それ自体が曖昧模糊としたものです。したがって，それが独り歩きを始めると，判断者が違法性を阻却したいと思ったときに，あとづけで「この行為は社会的に相当だ」というだけの，単なるレッテルになってしまいかねません。また，社会的相当性が行為無価値の裏返しにとどまる以上，法と道徳の混交であるとの批判が再び降りかかってくるでしょう。

そこで，結果無価値論は法と道徳の峻別を意識しつつ，より実質的かつ明確な違法性阻却の原理を提供しようとします。それが利益欠缺原理と優越利益原理とよばれるものです。

まず，**利益欠缺原理**とは，ある法益の主体がその法益の侵害をむしろ望んでいた場合には，実質的にみて保護に値する利益が欠如しているから，そもそも

法益侵害自体が規範的に存在しない，という考え方です。たとえば，洋服の趣味が急に変わり，先週買った高価なドレスを捨ててしまう，というのは持ち主の自由です。そして，そうだとすれば，その持ち主が自分でこれを捨てるのではなく，他人に頼んでこれを捨ててもらうという場合であっても，そのドレスが捨てられてしまうことについて，持ち主が満足しているという点にはなんら差がありません。このとき，その他人は器物損壊罪（261条）における法益侵害を，そもそも引き起こしていないことになるわけです。

　もっとも，この講義をよく聞いてくれている方はお気づきのことと思いますが，この利益欠缺原理は，厳密にいうと違法性阻却のレベルの話ではありません。というのも，この原理が妥当する場合には，そもそも類型的にみて禁止されるべき事態，つまり法益侵害そのものが欠けており，それゆえ，構成要件該当性がはじめから存在しないからです。こうして，利益欠缺原理は違法性阻却の原理ではなく，**構成要件該当性阻却の原理**だということになります。

　次に，**優越利益原理**とは，たしかに法益侵害そのものは厳然として存在するけれども，それは当該法益以上に価値のある他の法益を保全するため，やむをえなかったという場合に機能する考え方です。すなわち，そのような場合には，全体としてみれば利益状況が改善しているから，その法益侵害を引き起こすことは違法でないと解するわけです。たとえば，道を歩いていたところトラックにひき殺されそうになったので，やむをえず道に面した他人の庭に逃げ込んだ，という事例を考えてみましょう。ここでは，命を守る唯一の方法として他人の住居権を侵害しているにすぎないため，（罪名には争いがありますが）住居侵入罪（130条前段）の違法性が阻却されることになります。

　ただし，ここで注意を要するのは，このような，大きなもののために小さなものを犠牲にしてよいという発想には一定の限界があるということです。たとえば，緊急に臓器を移植してもらわないと死んでしまう重病者が3人いたとしましょう。このとき，健康な1人を殺し，重病者が自分に必要な臓器をそれぞれ取り出して移植を受け，死を免れたとします。ここで，3人が生きるために1人が死んでいるにすぎないから，殺人罪の違法性が阻却されるなどというのはどう考えてもおかしいですよね。したがって，このような弱肉強食の発想は，弱者が命まで奪われ，あるいは，それに比肩する重大な損害をこうむりかねな

い場合には妥当しえないことになります。

さて、このように、結果無価値論は構成要件該当性阻却の原理としての利益欠缺原理と、違法性阻却の原理としての優越利益原理をあげるわけですが、よく考えると、とくに違法性阻却の原理がひとつしかないというのは根拠のない決めつけです。のちにもこの講義で扱いますが、たとえば、正当防衛は自分の腕を守るために相手の命まで奪ってよいというものですから、単純にプラスのほうが大きいことに着目する原理では違法性が阻却される根拠を説明できないでしょう。こうして、違法性阻却の原理という抽象的な理論に目を向けることは大切ですが、それは必ずしも単層的ではないという点に注意しておく必要があります。

2.3.3 法令・正当行為

それでは、これから刑法に定められている個々の違法性阻却事由について見ていきましょう。みなさんのなかには「あれ？ じゃあ、これまで見てきた違法性阻却の原理とはいったい何だったのだ。刑法に個々の事由が書いてあるのなら、原理など議論する必要はないではないか」と思った方もいるかもしれません。しかし、刑法に定められている違法性阻却事由は例示列挙にすぎず、**超法規的な違法性阻却事由**も認められると解されています。また、現に刑法に定められている場合であっても、その具体的な要件は必ずしも一義的に明らかではありません。したがって、結局は、より上位の原理を明らかにしたうえで、これにあてはまる場合には対応する違法性阻却事由の規定を探す、しっくりくるものがなければ超法規的違法性阻却事由とする、という方法を採用するしかないのです。

最初に扱う**法令・正当行為**も例外ではありません。35条を見てみましょう。

「法令又は正当な業務による行為は，罰しない」としか書かれていませんね。これだけでは，いったいどのような行為がこれに該当するのか分かりません。したがって，原理にさかのぼって検討する必要が生じるわけです。

たとえば，現行犯逮捕を考えてみましょう。刑訴法213条は「現行犯人は，何人でも，逮捕状なくしてこれを逮捕することができる」と定めています。こうして，逮捕罪（220条）の構成要件に該当する私人の行為が，例外的にその違法性を阻却されることになります。問題はその理由です。おそらく，1回きりのシチュエーションで，私人が現行犯を見つけて取り押さえることを禁止したとしても，社会全体にとって不都合な事態はとくに生じないでしょう。しかし，そういうシチュエーションが蓄積していくと，社会全体としてみたとき，被疑者の身柄確保が不十分なものとなってしまいます。そこで，法律が私人に対し，現行犯逮捕を一括して許容していると解されるのです。

繰り返しになりますが，35条という条文を単にあてはめればよいというものではなく，むしろ，その背後にある違法性阻却の実質的な原理を解明しなければなりません。ここでは，それは「現行犯逮捕を一括して許容することによる優越利益の実現」に求められるでしょう。これと同じような思考経路を，他の違法性阻却事由についてもたどっていく必要があります。

2.3.4 正当防衛
2.3.4.1 総説

次に，みなさんもよく知っている正当防衛を見てみましょう。36条1項を開いて下さい。次のように規定されています。「急迫不正の侵害に対して，自己又は他人の権利を防衛するため，やむを得ずにした行為は，罰しない」。

この「罰しない」というのは違法性阻却を意味すると解されていますが，なぜ違法性が阻却されるのでしょうか。これが原理の問題です。実は，学界では激しい論争があるのですが，私は，やはり，不正の侵害を排除して身を守ることがもともと個人の権利である，という点が重要だと考えています。むろん，国家がある以上，個々人の権利を実力で実現することは原則として禁止され（自力救済の禁止），国家が法の定める手続きを経てこれを行わなければなりません。しかし，不正の侵害が差し迫っており，もはや国家が手を差しのべられ

ない段階に至るとともに、すでに闘争状態に突入していることで、実力によるさらなる反撃を許しても新たに物騒な事態の生じることがない場合には、例外的に、個人が実力で身を守ることも許されるのではないでしょうか。そして、このような場合でないにもかかわらず、個人が実力で不正の侵害を除去しようとするのであれば、それはきわめて限定された要件のもとで、自力救済の禁止の例外としての**自救行為**という違法性阻却事由によらなければならないことになります。

さて、正当防衛の違法性阻却原理がこのようなものであるとすれば、それは正当防衛の個々の要件をも規律することになります。具体的に見ていきましょう。

まず、「急迫」というのは、国家による助力を求めるいとまがなく、かつ、もはや闘争状態に突入していることを基礎づける要件です。したがって、いまは朝で、午後になったら襲われそうだから念のため敵をやっつけておく、というのは許されません。

次に、「不正」です。これは、個人の利益や自由を侵害から保護すべきだ、という状況を基礎づける要件です。したがって、人から理由なく襲いかかられるというだけでなく、たとえば、他人の飼っている猛犬が襲いかかってきた場合であっても、この「不正」の要件をみたし、正当防衛をすることが可能です。これを**対物防衛**とよびます。しばしば教科書類で、「不正」と「違法」は同義かという問題が議論されていますが、「違法」が人の行為についてしか観念しえない以上、「不正」と「違法」は厳密には違うものです。

さらに、「自己又は他人の権利」です。先に説明した正当防衛の違法性阻却原理に照らすと、この「他人」とは**個人**でなければなりません。したがって、偽札作り（通貨偽造罪）の現場を目撃しても、現行犯逮捕ができるだけであり、正当防衛をすることはできません。

つづいて、「防衛するため」です。ここでは、とくに、行為者が正当防衛状況を認識していなければならないかが問題となります。たとえば、XがAをけん銃で撃ち殺したところ、実はAもXを撃ち殺そうとけん銃を構えていたところであった、という事例を考えてみましょう（このような事例を**偶然防衛**とよんでいます）。ここでは、Xは客観的には正当防衛と評価される状況にお

いて行為しており，ただ，そのことの認識（これを**防衛の意思**といいます）を欠いているにすぎません。そこで，たしかに X は悪しき意思，つまり故意をもって行為しているけれども，客観的には正当防衛が成立し，A に対する殺人未遂罪（203 条）が成立するのは格別，殺人既遂罪（199 条）は，正当防衛によって違法性が阻却され成立しないと解すべきでしょう。

最後に，「やむを得ずにした」です。最初に注意すべきなのは，この文言が不正の侵害からの退避を必ずしも要請しない，ということです（**退避義務の不存在**）。対等な利益どうしが二者択一の状況で衝突しているならば，一方が逃げることで双方の利益を守れる場合にはぜひそうすべきです。しかし，正当防衛においては，不正の侵害を現実化させない負担はもっぱら侵害者の側が担うべきです。そこで，被侵害者が逃げられる場合であっても，逃げずに反撃してよいことになります。

問題はその先であり，退避することなく侵害を排除しうる必要最小限度の実力行使ならば，常に「やむを得ずにした」の要件をみたすのか，それとも，保全利益と侵害利益があまりにもアンバランスな場合には，例外的にこの要件がみたされないと解すべきか，です。これはなかなか難しい問題ですが，少なくとも現在の判例は，反撃が生命等に対する重大な危険性を有するのでない限り，常にこの要件がみたされると解しているようです。

```
⎧ 急迫性   → 自力救済の禁止
⎪ 不正性   → 対物防衛の可否
⎨ 権利性   → 個人保護
⎪ 「防衛するため」→ 防衛の意思の要否
⎩ 「やむを得ずにした」→ 防衛行為の必要性(相当性)
```

2.3.4.2 相互闘争状況における正当化の制限

さて，ここまでで，正当防衛の違法性阻却根拠とその具体的な成立要件をお

話ししてきました。しかし，ちょっと考えてみて下さい。みなさんが夜道でいきなり背後から殴りかかられたとしたら，適時に反撃して相手を打ちのめせますか。そんなことができるのは，普段からかなりけんか慣れしているとか，格闘技を身につけているなどといった，（少なくとも私の周りでは）非常に例外的な人だけでしょう。ふつうは，おびえて必死に逃げ惑うのが関の山です。

　それでは，現実に反撃できた人がそれなりの数いて，（裁）判例も多いのはなぜでしょうか。それは，そういった人たちが，相手が襲いかかってくるかもしれないと予測しつつ，事前に反撃の準備を整えておいたからです。たしかに，殴りかかってくると分かっている相手であれば，たとえば，事前に準備しておいた武器で撃退することは，ある程度の力がある人であれば可能でしょう。しかし，そうだとすると，今度は別の問題が生じてきます。というのも，相手が襲いかかってくると分かっているにもかかわらず，わざわざ敵地におもむいて積極的に「けんかを買う」行為を，正当防衛，したがって，適法だと評価するのは奇妙だからです。このように，不正の侵害が現実化することにつき被侵害者の側も一役買っており，なおかつ，そうしないことを合理的に期待しえた場合には，不正の侵害への対抗行為の正当化を制限すべきではないでしょうか。この問題を「相互闘争状況における正当化の制限」とよび，古くから判例・学説上，さかんに議論されています。

　それでは，このような場合に，なぜ，どのような要件のもとで，いかなる範囲において正当化が制限されるのでしょうか。判例は2つあり，1つ目は，侵害を予期しながら積極的な加害意思をもって反撃する場合には急迫性が欠けるというもの，2つ目は，不正の先行行為により侵害を引き起こした場合には対抗行為の正当化が否定されるというもの，です。

◆最決昭和52・7・21刑集31巻4号747頁＝内ゲバ事件

「刑法36条が正当防衛について侵害の急迫性を要件としているのは，予期された侵害を避けるべき義務を課す趣旨ではないから，当然又はほとんど確実に侵害が予期されたとしても，そのことからただちに侵害の急迫性が失われるわけではないと解するのが相当であり，これと異なる原判断は，その限度において違法というほかはない。しかし，同条が侵害の急迫性を要件としている趣旨から考えて，単に予期された侵害を避けなかつたというにとどまらず，その

2.3 違法性とその阻却

機会を利用し積極的に相手に対して加害行為をする意思で侵害に臨んだときは，もはや侵害の急迫性の要件を充たさないものと解するのが相当である」。

◆最決平成 20・5・20 刑集 62 巻 6 号 1786 頁＝ラリアット事件

「1 原判決及びその是認する第 1 審判決の認定によれば，本件の事実関係は，次のとおりである。
(1) 本件の被害者である A（当時 51 歳）は，本件当日午後 7 時 30 分ころ，自転車にまたがったまま，歩道上に設置されたごみ集積所にごみを捨てていたところ，帰宅途中に徒歩で通り掛かった被告人（当時 41 歳）が，その姿を不審と感じて声を掛けるなどしたことから，両名は言い争いとなった。
(2) 被告人は，いきなり A の左ほおを手けんで 1 回殴打し，直後に走って立ち去った。
(3) A は，『待て。』などと言いながら，自転車で被告人を追い掛け，上記殴打現場から約 26.5 m 先を左折して約 60 m 進んだ歩道上で被告人に追い付き，自転車に乗ったまま，水平に伸ばした右腕で，後方から被告人の背中の上部又は首付近を強く殴打した。
(4) 被告人は，上記 A の攻撃によって前方に倒れたが，起き上がり，護身用に携帯していた特殊警棒を衣服から取出し，A に対し，その顔面や防御しようとした左手を数回殴打する暴行を加え，よって，同人に加療約 3 週間を要する顔面挫創，左手小指中節骨骨折の傷害を負わせた。
2 本件の公訴事実は，被告人の前記 1 (4) の行為を傷害罪に問うものであるが，所論は，A の前記 1 (3) の攻撃に侵害の急迫性がないとした原判断は誤りであり，被告人の本件傷害行為については正当防衛が成立する旨主張する。しかしながら，前記の事実関係によれば，被告人は，A から攻撃されるに先立ち，A に対して暴行を加えているのであって，A の攻撃は，被告人の暴行に触発された，その直後における近接した場所での一連，一体の事態ということができ，被告人は不正の行為により自ら侵害を招いたものといえるから，A の攻撃が被告人の前記暴行の程度を大きく超えるものでないなどの本件の事実関係の下においては，被告人の本件傷害行為は，被告人において何らかの反撃行為に出ることが正当とされる状況における行為とはいえないというべきである。そうすると，正当防衛の成立を否定した原判断は，結論において正当である」。

もっとも，これらは単に結論を述べただけであり，その実質的な根拠も，両

者の理論的な関係も不明です。そこで、学説がこの点を解明するしかないのですが、残念ながら通説とよべるようなものは存在しません。みなさんも将来、刑法のゼミをとるなどして深く勉強し、自分の考えをもってほしいと思いますが、現状、私は次のように考えています。

　不正の侵害者といっても、その人の利益が無価値になってしまうわけではありません。そうすると、不正の侵害はこの不正の侵害者の利益という、保護に値するものを反撃してつぶしてしまってよいという、社会的なマイナスを生じさせる契機となりかねません。そこで、この不正の侵害はできるだけないほうがよいのですが、そのためには、不正の侵害者を処罰するというだけでは足りません。というのも、不正の侵害者が返り討ちにあった場合には、不正の侵害それ自体を処罰しうるとは限らないからです。そこで、不正の侵害者以外の人にもはたらきかける必要が生じます。すなわち、不正の侵害をわざわざ引き起こした人については、その人の利益を守るための対抗（ないし転嫁）行為を正当化しないという罰を与えることで、不正の侵害を引き起こさないよう、その人の行為をコントロールするわけです。そして、正当化を制限する究極的な根拠がこのようなものであるとすれば、先に紹介したいずれの判例も、あくまで同じ原理を異なる事実関係に即して敷衍したものにすぎない、ととらえるべきでしょう。

　これは、やや技巧的な説明にみえるかもしれません。しかし、刑法体系全体と整合性がとれるかたちで正当化の制限を説明しようとすれば、このようにいうしかないのではないでしょうか。もっとも、みなさんのなかからもっとすばらしいアイデアが出てきたら、私は喜んで改説するつもりです。

2.3.4.3　過剰防衛

　以上が正当防衛に関する刑法の規律ですが、36条には2項もあって、そこでは次のように規定されています。「防衛の程度を超えた行為は、情状により、その刑を減軽し、又は免除することができる」。これは**過剰防衛**とよばれており、裁判所がその裁量によって、被告人の刑をそのままにしておくことも、減軽することも、はたまた免除することも可能である、というのがポイントです。

　ただし、裁量といっても、たとえば、被告人が好みのタイプだから刑を免除

してやる，などということは許されません．法学入門等の講義で聞いたと思いますが，裁量というのは考慮すべき事情が限定されているとともに，判断対象の趣旨に照らして合理的なものでなければならないからです．そうすると，なぜ刑法が過剰防衛にこのような任意的減免という効果を与えているか，その根拠を明らかにしなければなりません．そして，この点についても通説はないのですが，私は次のように考えています．

　過剰防衛が正当防衛の成立可能性を前提としつつ，その範囲を超えたというかたちで規定されている以上，その概念の大前提として，**違法性が減少**していることが求められるでしょう．しかし，そうだとしても，そのことだけをもって，実際に刑が減軽されたり免除されたりという「強烈」な効果は導き出せないと思います．被害者に大けがを負わせたとき，小さなけがを負わせるところまでは正当防衛になるはずだったというだけで，被告人の刑が減軽されたり免除されたりしたのでは，被害者としてはたまったものではないでしょうね．そこで，現実の刑の減免にとっては，「精神的な圧迫によってパニックに陥り，恐怖心からついついやりすぎてしまった」という**責任減少**のほうが決定的だと解すべきです．

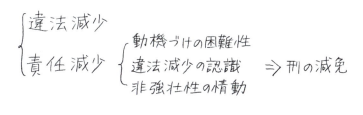

　むろん，このように裁量の中身を明らかにしたところで，そのような責任減少がどのくらいあれば刑が減軽され，あるいは免除されるのかという点については，どうしてもグレーな部分が残ります．それは裁量というものの本質に照らしてやむをえないことです．しかし，このような過剰防衛の減免根拠がはっきりと帰結の違いに結びつく局面も存在します．それが誤想過剰防衛とよばれる類型です．

　この**誤想過剰防衛**とは，急迫不正の侵害が存在しないにもかかわらず，これが存在するものと誤信し，しかも，パニックから行き過ぎた反撃をしてしまっ

た，という場合です。たとえば，友人が暗がりであいさつのために手をあげたのを襲いかかってくる暴漢と誤信し，しかも，突き飛ばせば足りそうな状況下で，あえて，たまたま所持していたナイフで胸を突き刺して殺した，というような事例ですね。このときは違法減少が存在しませんから，過剰防衛の規定を準用して刑を減免するためには，そこで責任減少のほうにこそ重点があることを論証しなければなりません。

判例は，過剰防衛の減免根拠そのものについては何も語っていません。もっとも，誤想過剰防衛にも過剰防衛の規定を適用し，刑の減軽を認めたものがあります。ただし，かりに免除まで行きうるとしても，急迫不正の侵害の誤想につき過失がある場合には，たとえば，被害者を死なせたとき（重）過失致死罪（210条，211条後段）だけは成立しえます。この点を忘れないようにして下さい。

◆最決昭和62・3・26刑集41巻2号182頁＝勘違い騎士道事件

「原判決の認定によれば，空手3段の腕前を有する被告人は，夜間帰宅途中の路上で，酩酊したMとこれをなだめていたHとが揉み合ううち同女が倉庫の鉄製シヤツターにぶつかつて尻もちをついたのを目撃して，HがMに暴行を加えているものと誤解し，同女を助けるべく両者の間に割つて入つた上，同女を助け起こそうとし，次いでHの方を振り向き両手を差し出して同人の方に近づいたところ，同人がこれを見て防御するため手を握つて胸の前辺りにあげたのをボクシングのフアイテイングポーズのような姿勢をとり自分に殴りかかつてくるものと誤信し，自己及び同女の身体を防衛しようと考え，とつさにHの顔面付近に当てるべく空手技である回し蹴りをして，左足を同人の右顔面付近に当て，同人を路上に転倒させて頭蓋骨骨折等の傷害を負わせ，8日後に右傷害による脳硬膜外出血及び脳挫滅により死亡させたというのである。右事実関係のもとにおいて，本件回し蹴り行為は，被告人が誤信したHによる急迫不正の侵害に対する防衛手段として相当性を逸脱していることが明らかであるとし，被告人の所為について傷害致死罪が成立し，いわゆる誤想過剰防衛に当たるとして刑法36条2項により刑を減軽した原判断は，正当である（最高裁昭和40年（あ）第1998号同41年7月7日第二小法廷決定・刑集20巻6号554頁参照）」。

2.3.5 緊急避難

正当防衛と並ぶ、緊急状況における違法性阻却事由が緊急避難です。37条1項本文は次のように規定しています。「自己又は他人の生命，身体，自由又は財産に対する現在の危難を避けるため，やむを得ずにした行為は，これによって生じた害が避けようとした害の程度を超えなかった場合に限り，罰しない」。

この緊急避難は正当防衛と異なり，純粋に優越利益原理に基づく違法性阻却事由であると解されています。そのため，次の3点において正当防衛と異なっています。

第1に，正当防衛においては侵害が時間的に切迫していることが要求されますが，緊急避難においては必ずしもそうではありません。したがって，いま行為に出ておかないと3日後の被害が避けられないという場合であっても，緊急避難は成立しえます。条文には「現在の」と書かれていますが，これは，したがって，あまり意味のない文言だということですね。

第2に，同じく「やむを得ずにした」と条文に定められていても，正当防衛においては退避義務が存在しないのに対し，緊急避難においては退避義務が課されます。正当な利益どうしが衝突していることを前提とする緊急避難状況においては，退避することで双方の利益を保全しうるのであれば迷わずそうすべきだからです。このように，緊急避難において要求される，「利益を保全するには他の利益を侵害するしかない」ことを補充性とよんでいます。退避義務はそのあらわれといえるでしょう。

第3に，正当防衛においては保全利益と侵害利益の均衡，具体的には，前者が後者以上であることは必要ありません。これに対して緊急避難においては，

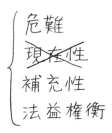

優越利益原理がその基礎にある以上，いわば当然のことですが，そのような利益の均衡が求められます。

ただし，ここで注意を要するのは，緊急避難に関するこのような要件をみたし，したがって優越利益原理があてはまる場合であったとしても，常に違法性阻却が肯定されるわけではない，ということです。たとえば，これは先にあげた例ですが，3人の重病患者が1人の健康な人を殺し，それぞれが必要な臓器を取り出して自分に移植し，生きながらえたという場合を考えてみましょう。このとき，その3人の助かる方法がほかにない以上，緊急避難の要件をみたし，優越利益原理によって違法性が阻却されそうにもみえます。しかし，これはどう考えてもおかしいですよね。

そこで，有力な見解はこのように考えます。すなわち，優越利益原理というのは，他の人を犠牲にしてでも社会全体として利益状況を向上させればよい，という発想である。むろん，犠牲になるのが回復可能な，典型的には金銭によってん補可能な程度の利益であれば，それでよいかもしれない。しかし，それを超えて，たとえば，生命まで犠牲にしていても，他のより多くの人が助かったからかまわないというのでは許されない人格の手段化にほかならない，と。こうして，**生命ないしこれに比肩する重要な利益**に対し，重大な危険を有する行為を緊急避難によって違法性阻却することは，原則として許されないことになります。

もっとも，これにもさらに例外があります。すなわち，保全利益と侵害利益が相互に危険源となりながら，対等な立場で生存競争をしていると評価しうる場合には，殺人であっても「他者人格を不当に犠牲にした」とはいえませんから，緊急避難によって違法性阻却してよいように思われます。たとえば，2人が生きようとすると12時間分の酸素しかない洞窟に2人が閉じ込められ，救助隊による救助が24時間後にしか期待できないときは，一方が他方を殺害して24時間生き延びることも，緊急避難によって違法性阻却される余地があります。このような，危難を危険源に差し戻すタイプの緊急避難を**防御的緊急避難**とよんでいます（これに対し，通常の，危難を危険源以外に転嫁するタイプの緊急避難を**攻撃的緊急避難**とよびます）。

なお，37条1項には但書があり，「ただし，その程度を超えた行為は，情状

> 攻撃的緊急避難＝危難転嫁 ← ~~生命の犠牲~~
> 防御的緊急避難＝危難差戻し

により，その刑を減軽し，又は免除することができる」と規定しています。これを<u>過剰避難</u>といいます。その法的性質ないし減免根拠や，誤想過剰避難への準用の可否についても議論がありますが，それは過剰防衛に関する議論の応用です。したがって，もう一度，該当箇所の講義を聞き直したうえ，自分たちで考えてみて下さい。

2.3.6 被害者の同意
2.3.6.1 不法阻却根拠と要件・効果

すでに説明したように，<u>被害者の同意</u>が不法を阻却する根拠は<u>利益欠缺原理</u>に求められます。したがって，それはすでに構成要件該当性を阻却することになります。

学説では，たとえば，傷害罪においては被害者の同意が違法性を阻却するにとどまる，と解する立場が有力です。しかし，自分の身体をどのように扱おうと，それを法益侵害とはよべないでしょう。むろん，「親からもらった大切な身体にピアスの穴をあけたり，入れ墨を施したりするのはけしからん」という人もいます。しかし，それは，かりに多数派であったとしてもひとつの価値観にすぎません。したがって，これを根拠に法益侵害を認めることはできないはずです。

ただし，傷害に対する被害者の同意には，他の場合にはみられない特別な考慮も必要です。それは，とりわけ，<u>生命に対して重大な危険をはらむ傷害</u>や，<u>身体の枢要部分を不可逆的に損なう傷害</u>においてです。というのも，そのような傷害は，将来における被覆決定の余地を奪ってしまうという意味で，むしろ法益主体の自由を損ねるものだからです。これを被害者の同意によって正当化するというのでは，その不法阻却根拠が法益主体による自律的な法益処分の自由に求められることと矛盾してしまうでしょう。そして，このことは，202条

が生命侵害に対する被害者の同意を認めず，承諾殺人罪等で処罰しているところにもあらわれています。

こうして，先の重大な傷害に対する被害者の同意は認められず，傷害罪の一種として204条で処罰されることになります。もっとも，いくら被害者の同意が認められないとはいえ，その意思にはかなっているわけですから，違法性は大きく減少しています。それは199条に比べ，202条の法定刑が非常に軽いのと同じです。したがって，「傷害罪の一種」とはいっても204条の刑をフルに使って処罰することはできず，少なくとも202条の法定刑を超えては処断しえないと解すべきでしょう。

2.3.6.2 瑕疵ある同意

このように，利益欠缺原理に基づいて行為の不法を阻却する被害者の同意ですが，それに瑕疵がある場合には問題が生じます。とくに，ここで重要なのは脅迫による場合と欺罔による場合です。

まず，**脅迫**による場合ですが，この「脅迫」とはいったい何でしょうか。みなさんが例としてすぐに思いつくのは「殺されたくなければ金を出せ」というやつですよね。ここで，被害者の意思に反する財物の占有移転によって構成される，窃盗罪（235条）の不法は被害者の同意によって阻却されるでしょうか。たしかに，被害者は進んでお金を差し出しているかもしれません。しかし，不法が阻却されるというのはいくらなんでもおかしいでしょう。だからこそ，この事例では，窃盗罪の不法を加重した強盗罪（236条1項）が成立しうると解されているのです。

それでは，なぜ阻却されないのでしょうか。それは被害者による財物の占有放棄が，生命侵害というより重大な被害を避ける唯一の方法として，やむをえず選択されているという関係があるからです。つまり，被害者はその自由な意思に基づいて，財物の占有を放棄することも，はたまた，しないことも同じように選べたにもかかわらず，あえて前者を選択した，という関係が存在しません。むしろ，被害者は，生命というより重要な利益を守ろうとすれば，前者の選択肢をとるしか道がなかったのです。これでは，財物の占有放棄に関して被害者の自律的な自由が行使されたとは到底いえないでしょう。

次に、**欺罔**による場合です。ここでは、しばしば**偽装心中**の事例があげられます。具体的には、男性が女性に対し、追死する気などないにもかかわらず追死すると嘘をつき、女性の承諾を得てこれを殺害する、あるいは、女性に自殺させる、というものです。そして、判例は、このような事例においては死が女性の真意に反している、つまり、真実、男性に追死する気がなかったことを知ったら決して死を決意することはなかったであろうから、承諾は無効であり男性には通常の殺人罪が成立するといいます。このような発想を**条件関係的錯誤説**とか**重大な錯誤説**などとよびます。

◆最判昭和33・11・21 刑集 12 巻 15 号 3519 頁＝偽装心中事件
「本件被害者は被告人の欺罔の結果被告人の追死を予期して死を決意したものであり、その決意は真意に添わない重大な瑕疵ある意思であることが明らかである。そしてこのように被告人に追死の意思がないに拘らず被害者を欺罔し被告人の追死を誤信させて自殺させた被告人の所為は通常の殺人罪に該当するものというべく、原判示は正当であつて所論は理由がない」。

たしかに、この男性はけしからん人間です。しかも、被害者が死亡するという深刻な事態が発生しているのですから、何としてでもこの男性を厳罰に処したいという気持ちは分かります。しかし、いったんこのような発想を認めてしまうと、たとえば、ピアスの穴をあければ女性にもてると嘘をつき（ピアスをするだけではもてませんよね……）、だまされた被害者が身体にピアスの穴をあけたというとき、嘘をついた人は傷害罪で処罰されることになります。これが妥当な結論であるとは到底思えません。やはり、このような、法益を処分するに際し、その動機においてだまされないという利益は、詐欺罪等の限られた構成要件においてのみ保護されていると解すべきでしょう。

学界では、このような観点から、被害者が自分の処分する法益を正確に認識している限り、たとえ真実を知れば同意しなかったであろう場合であったとしても、なおその同意を有効とする見解が有力になっています。これを、少し長い名前ですが、**法益関係的錯誤説**とよんでいます。ただし、この見解も万能ではなく、たとえば、法益を処分しないとより重大な被害をこうむるとだまされたときは、法益関係的錯誤がなくても同意を無効とすべきでしょう。近時では、

このような**緊急状態に関する錯誤**とよばれる事例類型に議論の重点が移りつつあります。

2.3.6.3 安楽死・尊厳死

被害者の同意と関係するものに安楽死・尊厳死があります。みなさんも新聞やニュースなどでおなじみのことばだと思いますが、実はきちんと理解している人は少ないのです。

まず、**安楽死**とは、苦痛の緩和・除去を目的として作為により患者の死を引き起こすことです。そのなかにも、まさに患者を殺すことで苦痛から解放する**積極的（直接的）安楽死**と、モルヒネの大量投与などの苦痛緩和措置が同時に生命の短縮をもたらす**間接的安楽死**があります。

次に、**尊厳死**とは、これまで継続してきた作為的な延命治療が患者の尊厳を害しているとして、さらなる治療を中止するという不作為によって患者の死を引き起こすことです。もっとも、一見すると至高の価値をもつかにみえる患者の尊厳ということばは、いきおい、外部からの「もう人工的な延命措置はやめてほしいはずだ」という価値観の押しつけにつながりがちです。したがって、尊厳死という表現はあまり適切でないかもしれませんね。

さて、これら安楽死・尊厳死が違法性を阻却される可能性、および、その要件を検討するにあたっては、最初に、「被害者自身もその生命までは処分できない」という大原則を確認しておかなければなりません。そうすると、冒頭でこれらが被害者の同意に関係するといいましたが、厳密にいうと、これらを被害者の同意そのものによって違法性阻却することは困難です。せいぜい、余命わずかの段階で、強固な信仰や信念、倫理的確信に基づいて、被害者が生命侵害を嘱託するような極限的な場合だけでしょう。裏を返すと、通常の場合には、耐えがたい苦痛の緩和という利益がわずかな生命短縮という損害を上回るかという、**優越利益**の判断を持ち込まなければならないわけです。

さらに、尊厳死の場合には、問題となるのが不作為犯であるところから、**治療義務の限界**論、つまり、作為義務が欠如する可能性も検討しなければなりません。これは厳密にいうと、違法性阻却よりも前に検討しなければならないことですね。もっとも、保護すべき利益が（余命わずかとはいえ）生命であるこ

と，人工呼吸器の装着や栄養，水分のチューブ補給が，医師である行為者にとって期待不可能なほど大きな負担であるとはいいがたいことなどに照らすと，作為義務が欠如するのは，そもそも治療行為の有効性が疑わしいような例外的な事例に限られるでしょう。

$$\begin{cases} 安楽死 \begin{cases} 直接的安楽死 \\ 間接的安楽死 \end{cases} \\ 尊厳死 = 治療中止 \rightarrow \begin{cases} 患者の自己決定権 \\ 治療義務の限界 \end{cases} \end{cases}$$

2.4 責　任

2.4.1 総　説

この講義のはじめにお話ししたように，**責任**とは，不法を実現する行為に出たことにつき行為者を非難可能であることを意味しています（**責任①**）。もっとも，厳密にいうと，責任とはそのような非難可能性を含意するにとどまりません。すなわち，行為者が不法に対する傾向性を外部化したことに着目し，その観点から責任を加重する要素も存在します（**責任②**）。

本屋さんに行くと，さまざまな刑法の教科書がおいてあります。そしてそういった教科書で「責任」の章を調べると，実にヴァリエーションに富んだ用語法が飛び出してきます。しかし，それらはすべて，煎じ詰めれば，先ほど説明した2種類の責任要素のいずれかに分類できます。

例をあげましょう。**制裁**の観点から要請される責任要素。これはまさに責任①ですね。**他行為可能性**というのも同じです。さらに，**責任主義**の要請というのも責任①です。実は，ここまでは以前の講義で説明しました。そのほかにも，**自由意思**に基づく責任，**規範的責任**ということばがあります。これも責任①です。行為に出ないことも可能であったにもかかわらず，あえて行為に出たというのは，行為者が自由な意思で行為を選択したということですね。あるいは，規範的責任というのも難しい表現ですが，「刑法の期待どおりの態度を備えれ

ば」という規範的な要請が入ってくる点で，責任①がそうよばれているわけです。

以上に対して，責任②が議論の俎上にのぼることはあまりありません。そのため別名もそれほどないのですが，行為者のもつ不法への傾向性を正すのが処分であり，また特別予防という目的です。したがって，責任②は**処分の必要性を基礎づける責任**とか，**特別予防の観点から要請される責任**などとよばれることもあります。

① 制裁，他行為可能性，責任主義，自由意思，規範的責任 etc.

② 処分の必要性，特別予防の必要性 etc.

それでは抽象的な話はこれくらいにして，具体的な責任要素の説明に入っていきましょう。

2.4.2 故　意
2.4.2.1 故意の本質とその種類
2.4.2.1.1 故意の本質

故意とはざっくりいうと，行為に出る際，それにより不法が実現されるかもしれないと分かっていることです。たとえば，目の前にあるボタンを押す際，そのすぐ上に「炭鉱の爆破スイッチ」と書かれていて，炭坑内に残っている作業員が死亡するかもしれないと分かっていれば，殺人罪（199条）の故意が認められます。これに対して，その記述をうっかり見落とし，面白半分にボタンを押しただけであれば，故意が欠け，せいぜい（重）過失が認められるにとどまります。

そして，刑法が実際にこの故意をどのように扱っているかというと，ほとんどの犯罪の成立にとって故意が要求され，過失で足りるとされる例外的な場合であっても，故意があると刑が大幅に加重されます（その具体的な規律方法は，過失を扱う項（とくに *2.4.3.1*）で説明します）。問題は，なぜ故意がこのように扱われるかです。私が大学生だったころ，刑法の試験で次のような問題が

2.4 責任

出ました。「放っておいても実際に殺人を犯す者はほとんどいない。これに対し，たとえば，自動車を運転する者がうっかり人をひき殺してしまうことはよくある。そうすると，過失犯のほうが刑罰によって抑止する必要性は高いようにもみえる。にもかかわらず，なぜ刑法は故意犯のほうを過失犯より重く処罰しているのか」と。

この試験問題は，刑法をまったく勉強したことのない人がこれを見ても，「何を当たり前のことを聞いているんだ。殺人の刑が重いのは当たり前じゃないか」という印象をもつにとどまるでしょう。しかし，このことを理論的に説明しようとすると，学説の激しい対立に首を突っ込むことになります。先ほど違法性の本質に関し，行為無価値論と結果無価値論の激しい対立があるといいましたが，それがここでも頭をもたげることになるのです。

まず，**行為無価値論**は，故意犯のほうが刑の重い理由を不法の大きさに求めます。殺人犯は「人を殺すな」という，法益保護に直接的に結びついた中核的な行為規範に違反している。これに対し，過失犯は「スピードを落とせ」，「左折時には巻き込み確認しろ」などといった，もう少し辺縁的な行為規範に違反しているにとどまる。だからこそ，故意犯にはより重大な行為規範違反が認められ，それゆえ不法が重いのだ。このようにいうわけです。

しかし，**結果無価値論**はこのように考えます。行為規範というのは，あくまで不法を前提としながら，これを避けさせるべく行為者の行為を制御しえたかを問うものである。そして，不法において決定的なのは，むしろ被害者の視点，被害者がどのくらい被害をこうむったかである。実際に自動車にひき殺される被害者にとっては，わざとひき殺されようがうっかりひき殺されようが，生命を奪われるという決定的な損害をこうむる点ではなんら差がない。したがって，故意犯も過失犯も不法の大きさは同じである。ただ，故意犯においては，行為者が「人が死ぬ」と分かっていながらあえて行為に出ているという点で，行為者の生命侵害的な性向がはっきりと外部にあらわれている。したがって，これ

故意 〈 行為無価値論 → 重大な行為規範違反
　　　 結果無価値論 → 責任②の加重

を矯正するために重い刑を科さなければならない。それは特別予防ないし処分の観点からくる責任加重の発想である，と。

　行為無価値論と結果無価値論のどちらがよいかについては，以前にもお話ししたように激しい学説の対立があります。これは刑法全体を勉強したのちに改めて考えてほしい問題でもありますが，私自身は結果無価値論の説明方法のほうが，道徳違反などの不純物が紛れ込みにくい点で理論的にすっきりしているのではないかと考えています。

2.4.2.1.2　故意の種類

　諸外国では，この故意が認められる場合をさらに細分化し，それぞれに異なる法定刑を結びつけるのが一般的です。しかし，わが国では，故意は基本的に1種類しか認められていません。もっとも，そうだとしても，実際に刑を言い渡す際，被告人がどのようなタイプの故意を有していたかによって，その重さが異なってくるのが通例です。

　まず，故意のタイプとして確定的故意と未必の故意があります。さらに，前者は意図と確知に分類できます。

　意図とは，不法の実現を行為の積極的な目的とすることです。たとえば，被害者に狙いを定めてけん銃で撃つ場合ですね。これはまさに不法を積極的に求めているわけですから，行為者の不法に対する傾向性が非常に強くあらわれているといえるでしょう。ここから責任の重さが導かれます。

　つづいて，**確知**とは，不法の実現を確実ないしそれに準ずる事態として認識していることです。たとえば，同じく人混みに向けてけん銃の引金を引く場合であっても，弾が発射される確率を100分の1と認識しているのと，全弾が込められている（つまり，確率が1）と認識しているのとでは，後者すなわち確知のほうが責任は重いといえるでしょう。これもまた，行為者の不法に対する強度の傾向性をあらわしています。

　以上は，なんらかの意味で不法に対する行為者の強い傾向性があらわれている場合であり，**確定的故意**とよぶことができます。これに対して，故意を認めるに足りる最小限度の傾向性しかあらわれていない場合もあり，これを**未必の故意**とよんでいます。具体的には，たとえば，狩猟中に非常に珍しい獣を発見

し，すぐそばに人がいたものの，この機を逃すと永遠にその獣は捕えられないと考え，「人に命中するかもしれないが，それもやむをえない」と思いながら猟銃を発射する場合ですね。このときでも，たしかに故意は認められるでしょうが，人の命という法益に対する行為者の敵対的態度は，確定的故意の場合ほどはっきりあらわれているとはいえません。

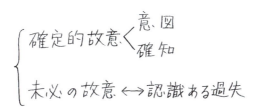

なお，以上のほかにも，故意にはさまざまなタイプを観念することができるのですが，レベルが高くなりすぎてしまうので，この先はもっと詳細な教科書類で勉強して下さい。あるいは，刑法のゼミをとって勉強するのもおすすめです。

2.4.2.2 故意の対象

故意の対象は何であるかと問われれば，不法であるとしか答えようがありません。しかし，その具体的な内実に関しては，次の2つの点がさかんに議論されています。

第1は**事実の錯誤と法律の錯誤の区別**です。詳しくは将来勉強しますが，事実の錯誤があればただちに故意が阻却されるのに対し，法律の錯誤がある場合には，それを回避しえなかったときだけ超法規的に責任が阻却されるにとどまります。たとえば，暗がりで人をかかしだと勘違いし，これを面白半分に撃った場合には事実の錯誤でしょう。これに対し，死刑囚を死刑執行に先んじて殺害した者が，「死刑囚は私人が殺しても許される」と法律を誤解していたら，それは法律の錯誤にすぎません。

むろん，この例だけを見れば，「論点というほど大した問題ではないだろう」と感じるかもしれません。しかし，ある構成要件要素の意味を確定するのに実質的な「解釈」作業が必要となる場合には（このような要素を**規範的構成要件**

要素といいます），事実の錯誤と法律の錯誤を区別することは途端に困難となります。たとえば，わいせつ物を頒布することが処罰対象とされるとき（175条1項前段），自分の売っている本が「わいせつ」でないと勘違いしたことは事実の錯誤でしょうか，それとも法律の錯誤にとどまるのでしょうか。ここでは「解釈」の結果，重要とされた属性を行為者が認識していたかを慎重に判定しなければなりません（認識していれば法律の錯誤にとどまります）。

　第2は**違法性阻却事由（正当化事情）の錯誤**です。先にお話しした誤想防衛が典型ですね。つまり，暗がりで友人があいさつのために手をあげているのを暴漢が襲いかかってくるものと勘違いし，これを撃退するために殴りつけた，という場合です。そして，通説はこのような場合に，行為者としては結局のところ刑法が適法と判断した事実しか認識しておらず，対処を要すべき不法に対する傾向性があらわれていないとして故意を阻却します。

　もっとも，これに対して少数説は，行為者があくまで人を殺そうとしている以上，故意は存在するのであり，あとは法律の錯誤として責任が阻却されうるにとどまる，といいます。このような見解を**厳格責任説**とよんでいます。これはもともと，**目的的行為論**という特別な考え方の人たちが自説の論理的帰結として主張したものです。しかし，具体的な結論が明らかにおかしいのに，自分の刑法体系を守るためにやむをえないというのでは，被告人その他の当事者は納得しないでしょう。その意味で，このような見解には方法論的な疑問があります。

2.4.2.3 具体的事実の錯誤
2.4.2.3.1 客体の錯誤

　故意に関する最も論争的な問題は，行為者に勘違い，すなわち錯誤があった場合に生じます。このうち，行為者の認識した事実と客観的に実現された事実の齟齬が同一の構成要件内に収まっている場合を**具体的事実の錯誤**，異なる構成要件間にまたがっている場合を**抽象的事実の錯誤**といいます。先に述べた違法性阻却事由の錯誤も厳密にいうと具体的事実の錯誤に分類できるのですが，ここで通説が故意を阻却していることは説明したとおりです。

　さて，具体的事実の錯誤のなかでも，行為者が結果を発生させようとした客

体と客観的に結果が発生した客体とが一致しており、ただ、その他の属性において錯誤があるにすぎない場合を**客体の錯誤**とよんでいます。たとえば、暗がりで恋敵を背後から襲って殺害したものの、被害者の顔をよく見たら自分の親友であった、という事例ですね。

この客体の錯誤に関しては、古く、「親友なら殺さなかった」という意味で、真実を知れば行為の動機に本質的な欠落が生じる場合には、故意を阻却する見解も主張されました。しかし、今日の定説は故意を肯定します。殺人罪は動機のいかんを問わず、人をわざと殺せば成立すると解されているからです。

2.4.2.3.2 方法の錯誤

具体的事実の錯誤のいまひとつの類型は、行為者が狙ったのとは異なる客体に結果が発生した**方法の錯誤**とよばれるものです。たとえば、行為者が殺意をもって左方の恋敵を狙い、けん銃を発射したものの、思いがけず弾がそれて右方の親友に命中し、これを死に至らしめたという場合ですね。

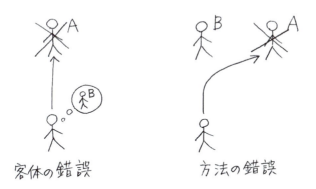

そして、ここでは深刻な見解の対立が存在します。

第1の見解は**抽象的法定符合説**であり、「人を殺そうとして人を殺した以上、(恋敵に対する殺人未遂罪に加えて)親友に対する殺人罪が成立する」と主張します。そして、殺人罪の構成要件が恋敵も親友も区別して書き分けていないことからすれば、このように解するほうが客体の錯誤の処理とも平仄が合うというわけです。判例もこのような考え方を採用しているといわれています。

◆最判昭和 53・7・28 刑集 32 巻 5 号 1068 頁＝びょう打ち銃事件

「犯罪の故意があるとするには，罪となるべき事実の認識を必要とするものであるが，犯人が認識した罪となるべき事実と現実に発生した事実とが必ずしも具体的に一致することを要するものではなく，両者が法定の範囲内において一致することをもつて足りるものと解すべきである（大審院昭和 6 年（れ）第 607 号同年 7 月 8 日判決・刑集 10 巻 7 号 312 頁，最高裁昭和 24 年（れ）第 3030 号同 25 年 7 月 11 日第三小法廷判決・刑集 4 巻 7 号 1261 頁参照）から，人を殺す意思のもとに殺害行為に出た以上，犯人の認識しなかつた人に対してその結果が発生した場合にも，右の結果について殺人の故意があるものというべきである。

これを本件についてみると，原判決の認定するところによれば，被告人は，警ら中の巡査 T からけん銃を強取しようと決意して同巡査を追尾し，東京都新宿区西新宿 1 丁目 4 番 7 号先附近の歩道上に至つた際，たまたま周囲に人影が見えなくなつたとみて，同巡査を殺害するかも知れないことを認識し，かつ，あえてこれを認容し，建設用びよう打銃を改造しびよう 1 本を装てんした手製装薬銃 1 丁を構えて同巡査の背後約 1ｍに接近し，同巡査の右肩部附近をねらい，ハンマーで右手製装薬銃の撃針後部をたたいて右びようを発射させたが，同巡査に右側胸部貫通銃創を負わせたにとどまり，かつ，同巡査のけん銃を強取することができず，更に，同巡査の身体を貫通した右びようをたまたま同巡査の約 30ｍ右前方の道路反対側の歩道上を通行中の K の背部に命中させ，同人に腹部貫通銃創を負わせた，というのである。これによると，被告人が人を殺害する意思のもとに手製装薬銃を発射して殺害行為に出た結果，被告人の意図した巡査 T に右側胸部貫通銃創を負わせたが殺害するに至らなかつたのであるから，同巡査に対する殺人未遂罪が成立し，同時に，被告人の予期しなかつた通行人 K に対し腹部貫通銃創の結果が発生し，かつ，右殺害行為と K の傷害の結果との間に因果関係が認められるから，同人に対する殺人未遂罪もまた成立し（大審院昭和 8 年（れ）第 831 号同年 8 月 30 日判決・刑集 12 巻 16 号 1445 頁参照），しかも，被告人の右殺人未遂の所為は同巡査に対する強盗の手段として行われたものであるから，強盗との結合犯として，被告人の T に対する所為についてはもちろんのこと，K に対する所為についても強盗殺人未遂罪が成立するというべきである。したがつて，原判決が右各所為につき刑法 240 条後段，243 条を適用した点に誤りはない」。

しかし，本当にそうでしょうか。暗がりで目の前の人を殺せば，その人が恋敵だろうが親友だろうが同じ殺人罪の構成要件が実現されている，というのはたしかにそのとおりでしょう。しかし，左右に1人ずついて，左方を狙ったが右方を殺してしまったという場合には，ある殺人罪の構成要件の充足を思い描いて行為に出たが，別の殺人罪の構成要件を充足することになってしまった，というほうが正確ではないでしょうか。そして，そうだとすると，やはり，親友に対してはせいぜい（重）過失致死罪しか成立しないと解すべきです。このような第2の見解を**具体的法定符合説**とよんでいます。

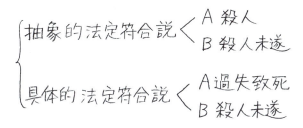

2.4.2.4 抽象的事実の錯誤

事実の錯誤の2つ目は，抽象的事実の錯誤，すなわち，主観面と客観面のずれが異なる構成要件にまたがっている場合です。たとえば，隣人のことを嫌っている行為者がそのかかしを壊してやろうと考え，夜間，畑に行ってかかしを散弾銃で撃ったところ，それはかかしではなく畑の見回りに来た隣人本人であった（死亡した），という事例があげられます。

学界の一部には，このような場合においても罪を犯そうとして罪を犯しているのだから，少なくとも軽いほうの故意犯である器物損壊罪（261条）は成立しうるというものもあります。これを**抽象的符合説**といいます。そして，そのような解釈は，38条2項が「重い罪に当たるべき行為をしたのに，行為の時にその重い罪に当たることとなる事実を知らなかった者は，その重い罪によって処断することはできない」と定めていることとも整合的だ，というわけです。

しかし，そのような見解は刑法の基本的な立場と齟齬してしまうのではないでしょうか。というのも，刑法がせっかく不法類型を細かく分けて規定してい

るのに，このように解したのでは，不法類型の違いが刑の重さの違いに一元化されてしまうからです。また，条文に関しても，38条2項は「軽い罪によって処断することはできる」とまで定めているわけではありません。むしろ，解釈によってそのように定めていることにしてしまうのは罪刑法定主義違反の疑いがあります。

　こうして，不法類型それ自体に実質的な重なり合いがある場合に限り，軽いほうの故意犯の成立を認める**法定的符合説**が妥当です。先ほどの事例では，器物損壊罪に未遂犯処罰規定がない以上，故意犯は成立せず，せいぜい隣人に対する（重）過失致死罪が成立しうるにとどまります。むろん，悪質な行為者に対応するのにこれでは刑が軽すぎる，と怒る人もいるでしょう。しかし，よく考えて下さい。かかしは壊れていないんですよ。この事例を少し修正し，「かかしを狙ったところ弾が外れた」，「翌日，狩猟中にうっかり隣人を撃ち殺してしまった」という2つの事実から構成されるものとしてみましょう（ここでは〔重〕過失致死罪しか成立しえないことに争いはありません）。この修正事例に比べて，もともとの事例における行為者のほうが悪質だと本当にいえるでしょうか。

　ただし，法定的符合説をそのままあてはめるとおかしな結論が出てきそうにみえる事例もあります。これは刑法ではなく覚せい剤取締法と麻薬取締法という特別法の話ですが，たとえば，行為者が麻薬だと思って所持していた薬物が実は覚せい剤だったと判明したらどうでしょうか。このときも，やはり故意犯は成立しないということになってしまうのでしょうか。しかし，いくらなんでもそれはおかしいですよね。

　そこで，法定的符合説はこのように説明します。たしかに，覚せい剤所持罪と麻薬所持罪は，これを定める条文も法律も別である。しかし，両者は，依存性や幻覚作用のある薬物の所持によって引き起こされかねない保健衛生上の危害を防ぐという，同一の法益を保護するために設けられた並列的な犯罪であるから，実質的には不法類型として重なり合っている，と。このように解すれば，少なくとも軽いほうの故意による所持罪は成立しえますね。判例も実質的にはこのような発想を採用しています。

2.4 責任

◆最決昭和 61・6・9 刑集 40 巻 4 号 269 頁

「まず，本件において，被告人は，覚せい剤であるフエニルメチルアミノプロパン塩酸塩を含有する粉末を麻薬であるコカインと誤認して所持したというのであるから，麻薬取締法 66 条 1 項，28 条 1 項の麻薬所持罪を犯す意思で，覚せい剤取締法 41 条の 2 第 1 項 1 号，14 条 1 項の覚せい剤所持罪に当たる事実を実現したことになるが，両罪は，その目的物が麻薬か覚せい剤かの差異があり，後者につき前者に比し重い刑が定められているだけで，その余の犯罪構成要件要素は同一であるところ，麻薬と覚せい剤との類似性にかんがみると，この場合，両罪の構成要件は，軽い前者の罪の限度において，実質的に重なり合つているものと解するのが相当である。被告人には，所持にかかる薬物が覚せい剤であるという重い罪となるべき事実の認識がないから，覚せい剤所持罪の故意を欠くものとして同罪の成立は認められないが，両罪の構成要件が実質的に重なり合う限度で軽い麻薬所持罪の故意が成立し同罪が成立するものと解すべきである（最高裁昭和 52 年（あ）第 836 号同 54 年 3 月 27 日第一小法廷決定・刑集 33 巻 2 号 140 頁参照）。

次に，本件覚せい剤の没収について検討すると，成立する犯罪は麻薬所持罪であるとはいえ，処罰の対象とされているのはあくまで覚せい剤を所持したという行為であり，この行為は，客観的には覚せい剤取締法 41 条の 2 第 1 項 1 号，14 条 1 項に当たるのであるし，このような薬物の没収が目的物から生ずる社会的危険を防止するという保安処分的性格を有することをも考慮すると，この場合の没収は，覚せい剤取締法 41 条の 6 によるべきものと解するのが相当である」。

2.4.2.5 早すぎた構成要件の実現

これまで説明してきた錯誤の問題は，いずれにせよ，行為者が不法を実現すべき行為をなし終えた場合に関するものでした。しかし，主観と客観のずれは，行為者が不法を実現すべき行為をなし終える前に不法が実現されてしまった，という場合にも観念しえます。このような場合，行為者が思っていたより早く構成要件が実現されたことになりますから，**早すぎた構成要件の実現**とよばれています。

この問題は近年の判例をきっかけに議論されているものですが，実はかなり難解な構造を有しています。というのも，行為者は不法の実現に必要と考える

行為をすべてなし終えて，はじめて故意とよぶに足る危険性を完全に外部化したといえるのが原則ですが，この原則を常に貫徹しようとすると明らかにおかしな結論が生じてしまうからです。たとえば，テロリストの仲間から公共の場所に仕掛けられた爆弾の起爆スイッチを渡され，「1～3のボタンを順に押せば爆発が起きる」といわれたとしましょう。このとき，その行為者が「1～4のボタン」と聞き間違いをし，（行為者にとっては）予想外にも3のボタンを押したところで爆発が起き，多数の人が即死したとします。ここで先ほどの原則を貫徹すると，この行為者にはせいぜい殺人未遂罪しか成立しないことになってしまいます。これはどう考えても変ですよね。

そこで，通説はこの原則を少し緩めます。具体的には，不法の実現に必要と考える行為をすべてなし終えなくても，ある程度，重要なところまで歩を進めていれば十分だというのです。先の事例では，1～4のボタンを押す行為のうち3を押すところまで進んでいれば，まあ，明らかに十分でしょうね。判例も実質的には同じような解釈を採用しています。具体的には，不法の実現に必要と考える行為のうち中核的な部分を一連の実行行為ととらえ，それに着手していれば既遂犯の故意を認めるのに十分だと解しています。

◆最決平成16・3・22刑集58巻3号187頁＝クロロホルム事件
「1　1，2審判決の認定及び記録によると，本件の事実関係は，次のとおりである。
(1) 被告人Aは，夫のVを事故死に見せ掛けて殺害し生命保険金を詐取しようと考え，被告人Bに殺害の実行を依頼し，被告人Bは，報酬欲しさからこれを引受けた。そして，被告人Bは，他の者に殺害を実行させようと考え，C，D及びE（以下「実行犯3名」という。）を仲間に加えた。被告人Aは，殺人の実行の方法については被告人Bらにゆだねていた。
(2) 被告人Bは，実行犯3名の乗った自動車（以下「犯人使用車」という。）をVの運転する自動車（以下「V使用車」という。）に衝突させ，示談交渉を装ってVを犯人使用車に誘い込み，クロロホルムを使ってVを失神させた上，最上川付近まで運びV使用車ごと崖から川に転落させてでき死させるという計画を立て，平成7年8月18日，実行犯3名にこれを実行するよう指示した。実行犯3名は，助手席側ドアを内側から開けることのできないように改造した

2.4 責任

犯人使用車にクロロホルム等を積んで出発したが，Ｖをでき死させる場所を自動車で１時間以上かかる当初の予定地から近くの石巻工業港に変更した。
(3) 同日夜，被告人Ｂは，被告人Ａから，Ｖが自宅を出たとの連絡を受け，これを実行犯３名に電話で伝えた。実行犯３名は，宮城県石巻市内の路上において，計画どおり，犯人使用車をＶ使用車に追突させた上，示談交渉を装ってＶを犯人使用車の助手席に誘い入れた。同日午後９時30分ころ，Ｄが，多量のクロロホルムを染み込ませてあるタオルをＶの背後からその鼻口部に押し当て，Ｃもその腕を押さえるなどして，クロロホルムの吸引を続けさせてＶを昏倒させた（以下，この行為を「第１行為」という。）。その後，実行犯３名は，Ｖを約２km離れた石巻工業港まで運んだが，被告人Ｂを呼び寄せた上でＶを海中に転落させることとし，被告人Ｂに電話をかけてその旨伝えた。同日午後11時30分ころ，被告人Ｂが到着したので，被告人Ｂ及び実行犯３名は，ぐったりとして動かないＶをＶ使用車の運転席に運び入れた上，同車を岸壁から海中に転落させて沈めた（以下，この行為を「第２行為」という。）。
(4) Ｖの死因は，でき水に基づく窒息であるか，そうでなければ，クロロホルム摂取に基づく呼吸停止，心停止，窒息，ショック又は肺機能不全であるが，いずれであるかは特定できない。Ｖは，第２行為の前の時点で，第１行為により死亡していた可能性がある。
(5) 被告人Ｂ及び実行犯３名は，第１行為自体によってＶが死亡する可能性があるとの認識を有していなかった。しかし，客観的にみれば，第１行為は，人を死に至らしめる危険性の相当高い行為であった。
２　上記１の認定事実によれば，実行犯３名の殺害計画は，クロロホルムを吸引させてＶを失神させた上，その失神状態を利用して，Ｖを港まで運び自動車ごと海中に転落させてでき死させるというものであって，第１行為は第２行為を確実かつ容易に行うために必要不可欠なものであったといえること，第１行為に成功した場合，それ以降の殺害計画を遂行する上で障害となるような特段の事情が存しなかったと認められることや，第１行為と第２行為との間の時間的場所的近接性などに照らすと，第１行為は第２行為に密接な行為であり，実行犯３名が第１行為を開始した時点で既に殺人に至る客観的な危険性が明らかに認められるから，その時点において殺人罪の実行の着手があったものと解するのが相当である。また，実行犯３名は，クロロホルムを吸引させてＶを失神させた上自動車ごと海中に転落させるという一連の殺人行為に着手して，

その目的を遂げたのであるから，たとえ，実行犯3名の認識と異なり，第2行為の前の時点でVが第1行為により死亡していたとしても，殺人の故意に欠けるところはなく，実行犯3名については殺人既遂の共同正犯が成立するものと認められる。そして，実行犯3名は被告人両名との共謀に基づいて上記殺人行為に及んだものであるから，被告人両名もまた殺人既遂の共同正犯の罪責を負うものといわねばならない。したがって，被告人両名について殺人罪の成立を認めた原判断は，正当である」。

2.4.3 過 失
2.4.3.1 過失の刑法的規律

　犯罪は故意犯が原則です。38条1項は「罪を犯す意思がない行為は，罰しない。ただし，法律に特別の規定がある場合は，この限りでない」と規定していますね。このうち，本文が**故意犯処罰の原則**を規定しており，但書は例外的に，**過失犯処罰規定**のありうることを定めたものと解されています。みなさんのなかには，「特別の規定」と書いてあるだけなのだから無過失行為の処罰だってありうるはずだ，と思った人もいるでしょう。しかし，のちに説明しますが，過失とは予見可能性を意味しており，そうだとすれば，無過失行為の処罰は**責任主義**に反して許されません。このあたりは刑法の基本原理のところでお話ししましたので，よく復習しておいて下さい。

　もちろん，過失犯処罰規定がある場合でも，その法定刑は故意犯よりずっと軽いです。その理由はすでに故意のところでお話ししましたが，一言でいえば「故意がないから」です。つまり，過失犯においては行為者の不法に対する傾向性が外部化されていることを要せず，ただ，不法を犯さないことも可能であったのに犯してしまったことだけをその内容としているため，刑が軽いのです。しばしば，過失犯は故意犯と異なり，善良な市民であっても犯してしまいがちだといわれますが，それはこのようなことを意味しているのですね。

　ところで，過失犯処罰規定といっても，その具体的な定め方は一枚岩ではなく，過失にはいくつかの種類が設けられています。まずは，通常の過失に対する**重過失**ですね。これは過失の程度が重大であることですが，その具体的な内容は過失概念を明らかにしなければ決められませんから，このあとの講義を聞いて考えてみて下さい。次に，通常の過失に対する**業務上過失**です。これも重

過失と同様，刑が重いのですが，それがなぜであるのかは，実はよく分かっていません。判例でも詳細な定義がなされており，刑法各論のほうで勉強してほしいと思いますが，学界ではこの業務上過失の規定を廃止し，重過失に統合すべきであるという主張も有力です。

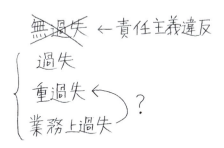

2.4.3.2 過失構造論

さて，過失が他行為可能性を基礎づける責任の基礎的部分であるとすれば，それは**予見可能性**だととらえるのが自然でしょう。私もそのように考えています。しかし，これに対しては，違法性の本質のところでお話しした行為無価値論の側から激しい批判が投げかけられています。それは大要，次の2点に分けられます。

第1に，私のように考えると，一般人に対し，違法性のレベルで「このようにふるまいなさい」という行動基準の提示がなしえず，刑法が機能まひに陥るという批判です。もっとも，これは過失構造論に関する批判というよりも，結果無価値論そのものに対する批判ですから，すでに反論しておいたところです。すなわち，刑法は責任のレベルまで含めて人々の行動をコントロールできれば足りるのであって，そのほうが体系的にもすっきりするということですね。

第2に，私のように考えると，予見可能性が認められるだけで過失犯が成立してしまうが，そうすると，社会的に有用な活動まで萎縮させられてしまうという批判です。たとえば，たとえ大地震が起きたら倒壊して人が死傷するかもしれないと予見できても，一定の耐震基準を守ってマンションを建てることを許すべきである（つまり，実際に大地震が起きて人が死傷しても過失犯の成立を否定すべきである）。そうでないと，マンションが不足しすぎて社会はもっ

と困ってしまうだろう，というのです。

　こちらはまったくそのとおりですが，実は私もそのようなマンション建築を許すべきだと思っています。しかし，それは違法性阻却のところでもお話ししたように，許すほうが社会的厚生を増加させる，つまり，マイナスに比してプラスのほうが大きいからであって，過失犯の構造そのものとはなんら関係がありません。その証拠に，たとえ建築主につき故意犯が問題となる，たとえば，建築主が「大地震が起きたら倒壊して人が下敷きになるかもな」と未必的に思っていた場合であっても，なおその建築主は不可罰とすべきです。それは，過失がないからではなく不法がないからなのです。

　このように，あくまで過失は予見可能性として責任に位置づけるとともに，社会的有用性の達成は利益衡量による不法阻却によって図るべきです。そして，学説では，リスクと有用性の衡量により行為の遂行を許容する，この発想のことを**許された危険**とよんでいます。

2.4.3.3　予見可能性の諸問題

　過失の実体が予見可能性に求められるとして，その具体的な判断方法についても，主として判例をきっかけに，いくつかの問題が議論されています。

　第1に，予見可能性の**標準**です。たとえば，生来のうっかり者は過失を犯すべくして犯しているから，常に予見可能性が欠けることになるのか，という問題ですね。もっとも，当たり前ですが，「うっかり者は常に無罪放免」などということはありえません。そこで，刑法が要請する慎重さの程度については，うっかり者であろうが心配症の人であろうが統一的な基準を用いるべきだといわれています。

　第2に，予見可能性の対象としての**客体**です。たとえば，トラックの助手席に人を乗せて走行中に，うっかり事故を起こし，その人にけがを負わせたが，実は，荷台にも2人，こっそり乗車していた者がおり，その2人は死亡してしまった，という事例を考えてみましょう。助手席の人に対して過失運転傷害罪が成立しうるのは明らかですが，問題は荷台の2人についてです。この2人の存在については，行為者に超能力や透視能力でもない限り，およそ認識できないでしょう。

実は，このような事案を扱った判例があり，そこでは，そんな無謀運転をしたら，およそ人を死傷させるような交通事故を起こすことは予見可能であるとして，荷台の2人についても過失運転致死罪（当時は業務上過失致死罪）の成立を肯定しました。しかし，このような解釈は**責任主義**に違反するのではないでしょうか。というのも，その2人を死なせたことがそれぞれ独立の不法を構成する以上，そのおのおのについて予見可能性が肯定されなければ刑罰の制裁としての構造が担保されないからです。こうして，この判例には学説からの批判が強くなっています。

◆最決平成元・3・14刑集43巻3号262頁＝荷台事件
「1，2審判決の認定するところによると，被告人は，業務として普通貨物自動車（軽四輪）を運転中，制限速度を守り，ハンドル，ブレーキなどを的確に操作して進行すべき業務上の注意義務を怠り，最高速度が時速30kmに指定されている道路を時速約65kmの高速度で進行し，対向してきた車両を認めて狼狽し，ハンドルを左に急転把した過失により，道路左側のガードレールに衝突しそうになり，あわてて右に急転把し，自車の走行の自由を失わせて暴走させ，道路左側に設置してある信号柱に自車左側後部荷台を激突させ，その衝撃により，後部荷台に同乗していたH及びOの両名を死亡するに至らせ，更に助手席に同乗していたSに対し全治約2週間の傷害を負わせたものであるが，被告人が自車の後部荷台に右両名が乗車している事実を認識していたとは認定できないというのである。しかし，被告人において，右のような無謀ともいうべき自動車運転をすれば人の死傷を伴ういかなる事故を惹起するかもしれないことは，当然認識しえたものというべきであるから，たとえ被告人が自車の後部荷台に前記両名が乗車している事実を認識していなかつたとしても，右両名に関する業務上過失致死罪の成立を妨げないと解すべきであり，これと同旨の原判断は正当である」。

第3に，予見可能性の対象としての**因果経過**です。Aという因果経過をたどって結果が発生することは予見しえたが，実際にはBという因果経過をたどって結果が発生したというとき，予見可能性を肯定しうるでしょうか。これについては判例の立場がはっきりしませんが，肯定してよいと思います。というのも，予見可能性の対象である不法が法的因果関係の要件をみたす因果経過を

たどって結果が発生してさえいれば肯定されうる以上，AとかBとかいった細かな違いは規範的に重要とはいえないからです。

◆最決平成 12・12・20 刑集 54 巻 9 号 1095 頁＝生駒トンネル事件
「原判決の認定するところによれば，近畿日本鉄道東大阪線生駒トンネル内における電力ケーブルの接続工事に際し，施工資格を有してその工事に当たった被告人が，ケーブルに特別高圧電流が流れる場合に発生する誘起電流を接地するための大小 2 種類の接地銅板のうちの 1 種類を Y 分岐接続器に取り付けるのを怠ったため，右誘起電流が，大地に流されずに，本来流れるべきでない Y 分岐接続器本体の半導電層部に流れて炭化導電路を形成し，長期間にわたり同部分に集中して流れ続けたことにより，本件火災が発生したものである。右事実関係の下においては，被告人は，右のような炭化導電路が形成されるという経過を具体的に予見することはできなかったとしても，右誘起電流が大地に流されずに本来流れるべきでない部分に長期間にわたり流れ続けることによって火災の発生に至る可能性があることを予見することはできたものというべきである。したがって，本件火災発生の予見可能性を認めた原判決は，相当である」。

2.4.3.4 信頼の原則

過失犯の応用問題として，**信頼の原則**というものが議論されています。これは，第三者や被害者の過誤により結果が発生してしまった場合，その結果について行為者は責任を負わない，とする考え方のことです。たしかに，みなさんが自動車を運転しているとき，青信号の交差点でいちいち左右を確認したりしませんよね。そこで，万が一，信号無視をして交差点に突っ込んできた交差道路の走行車両があり，これと衝突して誰かが死傷しても，みなさんに過失運転致死傷罪は成立しない，というのが常識的な結論です。それは，交差道路の走行車両も信号を守るものだと「信頼」してよいからです。しかし，問題は，そのような常識的な結論，畢竟，そのような「信頼」の許容性が，刑法理論上どのように説明されうるかです。

1 つ目の方法は，特別な理論的説明をしない，というものです。つまり，赤信号を無視して交差点に突っ込んでくる車両などめったになく，そのため，は

じめから予見可能性自体が欠けている。信頼の原則はこのことをリマインドするという事実上の意味を有するにとどまる，と。かなりクールな見解ですね。

　実は，大抵の場合にはこの1つ目の方法で説明がつきます。しかし，予見可能性は否定しえないものの，他者への「信頼」を許さないとまずい，という事例が存在することは否定できません。たとえば，大きな交通事故が発生し，付近の救急病院が手いっぱいになり，執刀医が新米の看護師を助手につけて患者の手術をしなければならなくなったとしましょう。このとき，執刀医としては，おそらく，看護師がミスをするかもしれないと予見しうるでしょう。そして，現にミスをして患者が死亡してしまったとします。このとき，執刀医は業務上過失致死罪になるでしょうか。

　1つ目の方法に頼るだけでは，執刀医に看護師のミスが予見可能である以上，有罪といわざるをえません。しかし，みなさんが執刀医の立場におかれたらたまったものではないですよね。だって，ほかにどうしろというのでしょうか。執刀医は自身のおかれた状況で最善を尽くしているのですから，なんとか無罪にしなければなりません。そこで登場するのが信頼の原則です。ここでは，看護師がミスをしないと信頼してよいから執刀医は不可罰である，と。

　この「信頼」の許容性を説明するのが2つ目の方法です。要するに，「信頼」を許したほうがむしろ患者のためになるから信頼の原則が妥当する，ということです。むろん，患者は最終的には死亡してしまったのですが，それは結果論にすぎません。手術の時点におかれれば，その患者だって，無為に放置されるくらいなら，「新米の看護師を助手につけてもいいから手術してくれ」と執刀医に頼むのではないでしょうか。

2.4.3.5 管理・監督過失

　最後に，過失犯の成否が問題となる特殊な事例類型をご紹介しましょう。それは管理・監督過失とよばれるものです。すなわち，ホテルやデパートなどの大規模施設に火災等が発生し，客が死傷したような事例において，経営者や従業員に過失犯（業務上過失致死傷罪）が成立しうるかが問題となるのです。具体的には，防火シャッターやスプリンクラーがきちんと設置されていなかった，避難誘導訓練等が行われていなかった，などといった事情の存在することが前

提となります。

　この管理・監督過失という名前の由来は、過失を問われる対象がどこにあるかに存在します。すなわち、防火設備や避難誘導体制という防火安全管理に過失がある場合を管理過失、そういった管理が上位者から下位者に委ねられているとき、上位者が下位者をきちんと監督しなかった場合を監督過失とよんでいるわけです。ここからも分かるように、管理・監督過失とは何も特別な過失理論ではなく、単に、「こういう事例類型がありますよ」という社会的事実のほうに着目した概念といえるでしょう。

　では、このような事例類型において、具体的にはどのような問題が生じるのでしょうか。

　まず、管理過失に関しては、いい加減なホテルの営業を続け、客を引き入れたという作為を処罰すべきか、それとも、安全体制を確立しなかったという不作為犯ととらえるべきかが問題となりえます。加えて、後者だとしたとき、かりに安全体制を確立していれば本当に客の死傷結果は回避できたのかも争われうるでしょう。さらに、火事などめったに起きないのだから予見可能性がないのではないか、という学者もいます。また、これはかなり発展的な問題ですが、出火の原因が殺意や傷害の故意をともなう放火であったとき、当初の管理過失は共犯にとどまる（つまり、過失犯においては不可罰となる）のではないか、という疑問もあります。

　つづいて、監督過失に関しては、被監督者が適切に安全体制を確立しているものと信頼してよいか、という信頼の原則が問題となりえます。学者のなかには、「被監督者を信頼できないからこそ監督が要るのだ」という方もいます。しかし、それなら人を使う意味はありません。「ある程度は被監督者を信頼し

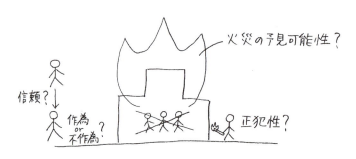

てよい」という必要があるでしょう。

このように，管理・監督過失は重要論点の宝庫です。司法試験のようなハイレベルな刑法の試験にはしばしば出題されますから，よく勉強しておいて下さい。

2.4.4 違法性の意識とその可能性
2.4.4.1 総　説
さて，不法の予見可能性が肯定されたとしても，それだけで，行為者の行為を制御する前提がすべてそろったわけではありません。たしかに，たとえば，注意すれば「自分の行為から人の死亡結果が発生するかもしれない」と分かることは大事です。しかし，それだけでは足りず，そのような人の死亡結果を発生させる行為が違法という，刑法による否定的評価を与えられていることまで認識できなければなりません。

むろん，「人を死なせても刑法上は OK だ」と考えている人はいないでしょうから，この場合にはあまり問題がありません。しかし，行為の違法性を認識するのに必要な法的知識が著しく欠けていたり，あるいは，公務所の誤った回答により誤導されたりした場合には，違法という認識に到達できないこともあるでしょう。こうしたときには**違法性の意識の可能性**が欠けるとされ，行動制御の前提は損なわれます。つまり，違法性の意識の可能性は**責任主義**が要請する責任要素のひとつであることになります。これを**責任説**といいます。

ちょっと具体例を考えてみましょう。賭博が完全に許容されている国から日本へ旅行に来た人が，宿泊先のホテルで旅行仲間と賭けポーカーをしたとします。このとき，その人はギャンブルをしていることは分かっているので，賭博罪の故意があることは否定できません。しかし，日本では賭博が刑法上，禁止されていると認識できたかというと，微妙かもしれませんね。あるいは，企業が監督官庁に「○○をしたいが適法か」と問い合わせ，「適法である」という回答を得たので安心して○○をしたところ，検察官に起訴され，裁判所も違法と判断したとしましょう。このとき，その企業，行為者に違法性の意識の可能性があったかといわれたら，おそらくないでしょうね。こうして，責任阻却により無罪となります。

なお，38条3項は「法律を知らなかったとしても，そのことによって，罪を犯す意思がなかったとすることはできない。ただし，情状により，その刑を減軽することができる」と規定しています。このうち，本文は責任説と非常に整合的です。それは「違法性の意識がなくても故意は否定されない」という当然の事理を規定したものだからです。これに対して但書は，違法性の意識の可能性が低かったとき，刑法による行動制御の可能性が十分には担保されていなかったとして刑を減軽する余地を認めるものとなります。そして，その可能性が失われたときは責任が阻却されることになりますが，その明文の定めまではありません。そこで，違法性の意識の不可能性は，但書の先にある**超法規的な責任阻却事由**ととらえることになるでしょう。

2.4.4.2　他説の検討

これに対して学説には，いまお話しした責任説を中庸として，両極端の発想を支持するものもあります。

一方の極は，違法性の意識はもちろん，その可能性も不要だ，という発想です（**不要説**）。古い判例は，このような発想を採用していたといわれています。それは，「国民は法を知るべきである」という権威主義的な考え方に基づくものといえるでしょう。もっとも，そのような権威主義を振りかざしたところで，現実に行為者の行為をコントロールできないのであれば，これに刑罰を科すことを正当化するのは不可能です。最近の判例は，明言はしていませんが，その発想を変更し，違法性の意識の可能性を要求するようになった，と分析するのが一般的です。

◆最決昭和62・7・16刑集41巻5号237頁＝百円札模造事件

「第1審判決及び原判決の認定によれば，本件の事実関係は，以下のとおりである。すなわち，被告人Hは，自己の経営する飲食店『五十三次』の宣伝に供するため，写真製版所に依頼し，まず，表面は，写真製版の方法により日本銀行発行の百円紙幣と同寸大，同図案かつほぼ同色のデザインとしたうえ，上下2か所に小さく『サービス券』と赤い文字で記載し，裏面は広告を記載したサービス券（第1審判示第1，1のサービス券）を印刷させ，次いで，表面

2.4 責任

は，右と同じデザインとしたうえ，上下2か所にある紙幣番号を『五十二次』の電話番号に，中央上部にある『日本銀行券』の表示を『五十三次券』の表示に変え，裏面は広告を記載したサービス券（同第1,2のサービス券）を印刷させて，それぞれ百円紙幣に紛らわしい外観を有するものを作成した。ところで，同被告人は，右第1,1のサービス券の作成前に，製版所側から片面が百円紙幣の表面とほぼ同一のサービス券を作成することはまずいのではないかなどと言われたため，北海道警察本部札幌方面西警察署防犯課保安係に勤務している知合いの巡査を訪ね，同人及びその場にいた同課防犯係長に相談したところ，同人らから通貨及証券模造取締法の条文を示されたうえ，紙幣と紛らわしいものを作ることは同法に違反することを告げられ，サービス券の寸法を真券より大きくしたり，『見本』，『サービス券』などの文字を入れたりして誰が見ても紛らわしくないようにすればよいのではないかなどと助言された。しかし，同被告人としては，その際の警察官らの態度が好意的であり，右助言も必ずそうしなければいけないというような断言的なものとは受け取れなかつたことや，取引銀行の支店長代理に前記サービス券の頒布計画を打ち明け，サービス券に銀行の帯封を巻いてほしい旨を依頼したのに対し，支店長代理が簡単にこれを承諾したということもあつてか，右助言を重大視せず，当時百円紙幣が市中に流通することは全くないし，表面の印刷が百円紙幣と紛らわしいものであるとしても，裏面には広告文言を印刷するのであるから，表裏を全体として見るならば問題にならないのではないかと考え，なお，写真原版の製作後，製版所側からの忠告により，表面に『サービス券』の文字を入れたこともあり，第1,1のサービス券を作成しても処罰されるようなことはあるまいと楽観し，前記警察官らの助言に従わずに第1,1のサービス券の作成に及んだ。次いで，同被告人は，取引銀行でこれに銀行名の入つた帯封をかけてもらつたうえ，そのころ，右帯封をかけたサービス券1束約100枚を西警察署に持参し，助言を受けた前記防犯係長らに差出したところ，格別の注意も警告も受けず，かえつて前記巡査が珍しいものがあるとして同室者らに右サービス券を配付してくれたりしたので，ますます安心し，更に，第1,2のサービス券の印刷を依頼してこれを作成した。しかし，右サービス券の警察署への持参行為は，署員の来店を促す宣伝活動の点に主たる狙いがあり，サービス券の適否について改めて判断を仰いだ趣旨のものではなかつた。一方，被告人Nは，被告人Hが作成した前記第1,1のサービス券を見て，自分が営業に関与している飲食店『大黒

家』でも、同様のサービス券を作成したいと考え、被告人Hに話を持ちかけ、その承諾を得て、前記写真製版所に依頼し、表面は、第1の各サービス券と同じデザインとしたうえ、上下2か所にある紙幣番号を『大黒家』の電話番号に、中央上部にある『日本銀行券』の表示を『大黒家券』の表示に変え、裏面は広告を記載したサービス券（第1審判示第2のサービス券）を印刷させて百円紙幣に紛らわしい外観を有するものを作成した。右作成に当たつては、被告人Nは、被告人Hから、このサービス券は百円札に似ているが警察では問題ないと言つており、現に警察に配付してから相当日時が経過しているが別になんの話もない、帯封は銀行で巻いてもらつたなどと聞かされ、近時一般にはほとんど流通していない百円紙幣に関することでもあり、格別の不安を感ずることもなく、サービス券の作成に及んだ。しかし、被告人Nとしては、自ら作成しようとするサービス券が問題のないものであるか否かにつき独自に調査検討をしたことは全くなく、専ら先行する被告人Hの話を全面的に信頼したにすぎなかつた。

　このような事実関係の下においては、被告人Hが第1審判示第1の各行為の、また、被告人Nが同第2の行為の各違法性の意識を欠いていたとしても、それにつきいずれも相当の理由がある場合には当たらないとした原判決の判断は、これを是認することができるから、この際、行為の違法性の意識を欠くにつき相当の理由があれば犯罪は成立しないとの見解の採否についての立ち入つた検討をまつまでもなく、本件各行為を有罪とした原判決の結論に誤りはない」。

　他方の極は、違法性の意識の可能性では足りず、現実の違法性の意識までが必要だ、という発想です（**厳格故意説**）。これは、自分の行為が違法だと知りながら、あえて法秩序に逆らうところに重い責任を見出そうとするものです。しかし、このように法秩序への反抗を強調することこそ権威主義的なのではないでしょうか。故意の重い責任は法秩序云々以前に、たとえば、人の命という法益に対し、それを害することを知りつつ行為に出ることをとおして攻撃性を示したところに求められるべきです。そして、違法性の意識は行為者の行為をコントロールする前提条件にすぎないのですから、努力すれば違法と分かるというだけで十分なのです。

2.4.5 責任能力
2.4.5.1 責任能力の本質

39条は，1項で「心神喪失者の行為は，罰しない」と，2項で「心神耗弱者の行為は，その刑を減軽する」と規定しています。このように，**責任無能力**であれば責任が阻却され，**限定責任能力**であれば刑が必要的に減軽されることになります。

それでは，責任能力が失われる（責任無能力）とは，具体的にはどのようなことを意味しているのでしょうか。判例・通説によると，それは①**精神の障害**により，②弁識ないし制御能力（または，その両方）が失われたことを意味しているとされます。

弁識能力とは，行為の違法性を認識する能力のことです。ここでは，とくに，違法性の意識の可能性が生物学的要因によって排除されたかが問題とされます。これに対して，先ほど責任説との関連で説明した違法性の意識の可能性とは，それが法的知識の不足によって排除されたかを問題とするものです。つまり，違法性の意識をもちえない原因が違うだけで，本質的には，弁識能力も違法性の意識の可能性も同じことを議論しているのですね。

次に，**制御能力**とは，行為が違法であるとの認識に基づいて，それをやめるべく自身の動機づけを制御する能力のことです。こちらについては，知識が足りないからそういう能力が失われるなどといったことは考えられません。したがって，制御無能力というのは，生物学的要因によって行為に出る衝動を抑えられない場合に限られるでしょう。

さて，以上の弁識（無）能力と制御（無）能力を，あわせて**心理学的要素**とよびます。これに対して，精神の障害というのは**生物学的要素**とよばれます。

そして，責任無能力は，生物学的要素によって心理学的要素が生じた状態を指称する，ということになります。これを**混合的方法**といいます。もっとも，有力な見解は同時に，弁識・制御能力が欠けるときは常に精神の障害が認められるともいいます。いいかえると，精神の障害という要件には規範的な意味がなく，せいぜい，「病気であることが弁識・制御無能力の間接事実になりうる」という認定論上の意味しかないということですね。

　たしかに，弁識・制御能力には刑法理論上，確固とした意義があります。これに対して，ある精神病名がついていることそれ自体が特段の刑法的意義を有する根拠は不明です。むしろ，精神病者それ自体を特別扱いすることは，そういった人たちへの差別につながるのではないでしょうか。また，責任能力が理論的に弁識・制御能力へと純化されると，たとえば，裁判員への説示に支障があるといわれることもあります。しかし，これを一般国民に分かりやすく伝えることは十分に可能だと思います。また，生物学的要素も認定論上は重要な意義があるのですから，裁判員が精神鑑定の扱いに困るという懸念も杞憂にすぎないでしょう。こうして私も，先にお話しした有力な見解が妥当だと考えています。

　ところで，近年では**医療観察法**における**強制医療**との関係を視野に入れて，責任無能力制度には刑罰ではなく治療のコースを優先しようとする刑事政策的意義があるのだ，という主張も聞かれます。しかし，治療に対して適応性のある精神疾患があることと責任無能力であることとは，医療観察法それ自体においても区別して扱われています。したがって，責任無能力制度を精神病者に（刑罰ではなく）医療を受ける特権を与えたものととらえるような発想は，ユートピアとしてはともかく，現行法の解釈としては採用しえないでしょう。

2.4.5.2 原因において自由な行為
2.4.5.2.1 構成要件モデルと例外モデル

　以上のように，責任無能力者の行為は不可罰とされ，限定責任能力者の行為は刑が必要的に減軽されます。しかし，このルールをそのままあてはめると非常におかしな結論が出てくる事例もあります。

　たとえば，アルコールに弱く，すぐに責任能力を失ってしまうくせに，その一方で酒癖が非常に悪く，お酒を飲むと人に暴力をふるいがちな人がいたとしましょう。この人が刑法の講義を聞いて，責任無能力者の行為は不可罰だと知り，それならばと，自分の嫌いな人を酒席に誘ってどんどんお酒を飲み，案の定，責任無能力になって，その嫌いな人を殴ってけがをさせたとします。このとき，その殴った人が無罪だというのはいかにもおかしな結論です。やはり，きちんと傷害罪の責任を負ってもらわないと困りますよね。

　このように，直接的な法益侵害行為，ここでは，被害者を殴ることを**結果行為**，責任無能力状態でそのような結果行為に出る原因を作り出す，ここでは，酒席でどんどんお酒を飲む行為を**原因行為**といいます。そして，この事例においては，結果行為の時点では責任無能力であり意思の自由がありませんが，原因行為の時点では意思の自由があります。そこで，このような場合を**原因において自由な行為**とよんでいます。

　問題は，この原因において自由な行為の事例において，どのようにして行為者に完全な責任を問うかです。そして，ここではその方策として，2つの理論モデルが提示されています。

　1つ目は**構成要件モデル**です。これは要するに，原因において自由な行為とは，責任無能力状態の自分自身を道具のように利用して犯罪を実行しているだけであり，特別な理論を考え出す必要はないという考え方です。たとえば，幼子を唆して万引きをさせれば，背後の大人が窃盗を行ったものと評価することが可能です。これを間接正犯とよんでいます。そして，原因において自由な行為は，道具が幼子という第三者ではなく自分自身であるという違いがあるにすぎない，というわけです。

　この構成要件モデルは，ふつうの刑法理論を使って処罰できるものは処罰しようという発想ですから，基本的に反対する人はいません。しかし，問題は，

それだけでは十分な処罰範囲を確保できない可能性があるということです。たとえば，先ほどの人がたまたま酒席の日にアルコールがあまり回らず，心神耗弱状態にとどまっていたとしましょう。このときは，いまだ結果行為時に責任能力が残存していますから，原因行為を傷害の実行行為ととらえることはできません。そうすると，刑は減軽されざるをえないようにも思えますが，それはあんまりですよね。また，ほかにも，お酒を飲みながら被害者を殴り続け，途中から責任能力が低下していたが，被害者の重大な傷害や死亡結果は責任能力の低下以降に発生した，という場合はどうしましょうか。これも，当初の殴打を幼子の使嗾行為になぞらえるのは困難です。

　そこで出てくるのが例外モデルです。これは，たしかに，原則として責任能力が低減した状態における行為に完全な責任を問うことはできないが，そのような状態を引き起こしたこと自体が行為者の責任である場合には，例外的に完全な責任を問いうるという発想です。たとえば，ふつうに生活しているなかで，突然，なんらかの病的症状に襲われて責任能力が低減し，被害者を刺し殺した場合には，本人になんら責任がないため不可罰ないし刑が減軽されます。これに対し，覚せい剤を使用してそのような事態を引き起こした場合には，完全な責任を問いうることになるでしょう。

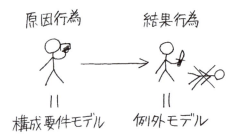

2.4.5.2.2　その他の補助モデル

　このような例外モデルは，一見すると，妥当な可罰範囲を確保できるすばらしい発想にも思えます。しかし，この講義で何度もお話ししているように，ある行為について責任を問うためには，まさにその行為に出るにあたり，そこから不法が生じうると予見できること，その違法性を弁識し，その行為をやめる

べく動機づけを制御しうること等が必要です。そして，そうだとすると，まさに，その「被害者を刺す」行為を完全に問責しようとするのであれば，その段階で完全な責任能力の備わっていることが必要となるはずでしょう。

また，例外モデルにはこのような理論的難点のほかに，結論の妥当性に関しても問題が含まれています。たとえば，原因行為時には過失しかなく，結果行為時に故意があるという場合には，やはり，過失犯の責任を問うにとどめるのが妥当でしょう。判例もそう解しているようです。しかし，例外モデルによると，そのような場合でも故意犯の完全な責任が成立してしまうのです。論者のなかには，そのような場合に過失犯の責任だけを肯定しようとする人もいます。それはそれで結構なのですが，それはつまるところ，原因行為を問責する構成要件モデルの発想を認めてしまっているのではないでしょうか。

◆最大判昭和26・1・17刑集5巻1号20頁
「本件殺人の点に関する公訴事実に対し，原判決の判示によれば『然しながら，……被告人には精神病の遺伝的素質が潜在すると共に，著しい回帰性精神病者的顕在症状を有するため，犯時甚しく多量に飲酒したことによって病的酩酊に陥り，ついに心神喪失の状態において右殺人の犯罪を行つたことが認められる』旨認定判断し，もつてこの点に対し無罪の言渡をしているのである。しかしながら，本件被告人の如く，多量に飲酒するときは病的酩酊に陥り，因つて心神喪失の状態において他人に犯罪の危害を及ぼす危険ある素質を有する者は居常右心神喪失の原因となる飲酒を抑止又は制限する等前示危険の発生を未然に防止するよう注意する義務あるものといわねばならない。しからば，たとえ原判決認定のように，本件殺人の所為は被告人の心神喪失時の所為であつたとしても（イ）被告人にして既に前示のような己れの素質を自覚していたものであり且つ（ロ）本件事前の飲酒につき前示注意義務を怠つたがためであるとするならば，被告人は過失致死の罪責を免れ得ないものといわねばならない。そして，本件殺人の公訴事実中には過失致死の事実をも包含するものと解するを至当とすべきである。しからば原審は本件殺人の点に関する公訴事実に対し，単に被告人の犯時における精神状態のみによつてその責任の有無を決することなく，進んで上示（イ）（ロ）の各点につき審理判断し，もつてその罪責の有無を決せねばならないものであるにかかわらず，原審は以上の点につき判断を

加えているものと認められないことは，その判文に照し明瞭である。しからば原判決には，以上の点において判断遺脱又は審判の請求を受けた事件につき判決をなさなかつた，何れかの違法ありというの外なく，即ち論旨はこの点において理由ありといわねばならない」。

　と，厳しいことばかりいいましたが，さはさりながら，先ほどもお話ししたように，構成要件モデルでは可罰性が不十分に感じられる事例が存在することも，また否定できません。そこで，次のような補助モデルを用いることも考えてよいのではないでしょうか。
　第1に，先にあげた，心神耗弱にとどまった場合です。そこでは，たしかに結果行為を暴行・傷害行為ととらえるほかなく，それゆえ刑を減軽せざるをえないようにもみえます。しかし，それは行為者のたくらみどおり，つまり，まさに，責任能力が低減した状態を利用して被害者を殴ろうとする原因行為の結果として生じた事態ですよね。そこで，その2つをあわせて完全な責任を問う，いわば「**あわせて一本**」の構成をとることができるかもしれません。
　この構成に対しては，例外モデルの側から「単に景気づけのため酒をひっかけたところ，責任能力が低減した場合には，刑を減軽せざるをえず不都合だ」という批判がなされています。しかし，さすがにそこでは減軽しないとまずいでしょう。それは，犯行の元気をつけるためエネルギードリンクを飲んだつもりが，実は強力な酒であり責任能力が低減してしまった，という場合と差がないからです。そして，このことを推し及ぼすと，「心神耗弱状態で被害者を殴ろうと飲酒したところ，体調の関係で思いがけず心神喪失になってしまった」という場合にも「あわせて一本」の構成をとることはできず，せいぜい過失犯の完全な責任を問いうるにとどまるでしょう。
　第2に，同じく先にあげた，被害者を殴っている途中で責任能力が低下した場合です。とくに，被害者の傷害や死亡結果が責任能力低下後の暴行を原因として生じたときは，深刻な問題が発生します。もっとも，このような場合には往々にして，責任能力低下前後の行為を**包括してひとつの行為**ととらえることが可能です。そして，そうだとすれば，たとえ当該行為のなかに責任能力低下部分が含まれていたとしても，当該行為をやめるべく動機づけを制御する可能

性が当該行為に出る段階で完全に保障されていたのであれば，当該行為の全体について完全な責任を問うてよいのではないでしょうか。おそらく，これと同じ趣旨に理解できる裁判例もあります（ただし，有力な学説は，この事案ではそもそも包括してひとつの行為ととらえられない，と主張しています）。

◆**長崎地判平成 4・1・14 判時 1415 号 142 頁**
「本件は，同一の機会に同一の意思の発動にでたもので，実行行為は継続的あるいは断続的に行われたものであるところ，被告人は，心神耗弱下において犯行を開始したのではなく，犯行開始時において責任能力に問題はなかったが，犯行を開始した後に更に自ら飲酒を継続したために，その実行行為の途中において複雑酩酊となり心神耗弱の状態に陥ったにすぎないものであるから，このような場合に，右事情を量刑上斟酌すべきことは格別，被告人に対し非難可能性の減弱を認め，その刑を必要的に減軽すべき実質的根拠があるとは言いがたい。そうすると，刑法39条2項を適用すべきではないと解するのが相当である」。

2.5 未遂犯

2.5.1 総説

これまで講義で扱ってきたのは犯罪の基本類型です。殺人でいえば，「行為者が被害者を刺し殺した」というようなケースですね。しかし，刑法は，このような基本類型だけを処罰していたのでは不十分だと考えています。そこで，「殺意をもって刺したものの，被害者が一命をとりとめた」，あるいは，「行為者に刺殺用のナイフを調達してやった」というケースまで，基本類型を拡張して処罰することにしているのです。このような基本類型の修正のうち，前者を未遂犯，後者を共犯とよんでいます（処罰時期を未遂からさらに前倒しするときは予備罪等が用いられます。ただし，これは基本類型の修正ではなく，既遂到達を目的とする独立の犯罪です）。裏返していうと，基本類型とは正犯の既遂を指すことになります。

まずは未遂犯から見ていきましょう。刑法で未遂犯を定めているのは 43 条です。本文はこう定めています。「犯罪の実行に着手してこれを遂げなかった

者は，その刑を減軽することができる」。教科書類には，未遂犯のことを「**実行の着手**」と表現しているものもありますが，それはこの条文の文言にならったものです。そして，刑法は未遂犯を任意的減軽，すなわち，裁判所の裁量によって減軽することもしないこともできると定めています。

さらに，44条を見ると「未遂を罰する場合は，各本条で定める」となっていますね。つまり，**未遂犯処罰規定**のない犯罪については，既遂に達しない限り処罰されないことになります。たとえば，器物損壊罪には未遂犯処罰規定がありませんから，他人の壺を叩き割ろうとバットを振り下ろしたが，狙いが外れて空振りしたという場合，処罰されることはありません。もっとも，多くの重要な犯罪は未遂犯処罰規定をもっていますから，実際には，実行の着手が認められるかどうかが犯罪の成否を決します。

さて，ここで鋭い人は，こういうふうに思ったのではないでしょうか。殺人既遂では現に被害者が死亡している。これに対して殺人未遂では，たとえば，被害者の背後から発射したけん銃の弾がそれた場合のように，被害者は傷ひとつ負わず，あまつさえ，行為者の存在にすら気づいていないということもしばしばである。そして，そうだとすると，殺人未遂が殺人既遂の任意的減軽にとどまるというのは，いくらなんでも刑が重すぎるのではないか，と。

このような疑問を抱いた人は，これまでお話ししてきた刑法の考え方を非常によく理解してくれていると思います。そう，たしかに，人を実際に死なせるのと死の危険性にさらすにとどめるのとでは，不法の大きさが全然違います。ですから，既遂到達の可能性，危険性という観点だけを考慮したのでは，既遂の法定刑はおろか，これを減軽した刑さえ重すぎるということになりかねません。

しかし、ここで忘れてはならないのは責任の大きさです。たしかに、未遂犯の不法は既遂犯のそれより小さいですが、責任は同等の大きさになりえます。とくに、故意という行為者の不法への傾向性をあらわす責任要素に関しては、けん銃を発射した結果、弾が被害者に命中しなくても、実際に命中してこれを死に至らしめた場合とまったく同じですよね。さらに、死の危険性の大きさという未遂犯の不法をただちに加重するものではありませんが、たとえば、弾が命中して被害者が植物状態になるなど重大な傷害が発生したような場合には、犯情が非常に重くなるでしょう。とはいえ、繰り返しになりますが、被害者が死亡していないという事実もまた無視できません。そこで、間をとって、未遂犯の刑は原則として減軽するとともに、たとえ犯情が重くても、既遂犯の最高刑、殺人でいえば死刑まで科すべきではないと考えられます。

2.5.2 実行の着手時期
2.5.2.1 終了（実行）未遂

それでは次に、具体的にはどの時点で未遂犯が成立する、いいかえれば、実行の着手が認められるのでしょうか。この問題は学説上、2つの場合に分けて議論されています。

1つ目は**終了（実行）未遂**です。これは、行為者が既遂到達に必要と考えるすべての行為をなし終えた場合です。被害者を背後からけん銃で撃つという先ほどの事例は、まさにこの終了未遂ですね。何しろ行為者としては、引金を引いたが最後、できることといえば「弾が命中してくれ」と祈るくらいなのですから。

もちろん、この事例では、どれだけ遅くても引金を引き終えた時点で実行の着手が認められることは明らかです。しかし、行為と既遂到達とが時間的にもっと離れている場合には（これを**離隔犯**とよびます）、なかなか難しい問題が発生します。たとえば、被害者を毒殺しようと考え、郵便局から被害者宛てに毒まんじゅうを発送したとしましょう。この国の郵便事情からすれば、それは九分九厘被害者宅に届き、被害者がよほどの甘いもの嫌いでない限り、中身に手をつけるでしょう。しかし、非常にまれなことに、当該毒まんじゅうが局内で紛失され、被害者宅に届くことはなかったとしたらどうでしょうか。

行為時説という考え方は，行為時，つまり，毒まんじゅうを発送した時点で，すでに実行の着手が認められるといいます。それは2つの発想によって支えられており，第1に，未遂犯は「毒まんじゅうなど送るな」という行為規範の違反をその本質とすること，第2に，時間がかかろうと被害者の死亡する可能性が非常に高かったのであれば，すでに発送の時点において既遂到達の重大な危険性が生じていること，です。

　しかし，結論からいえば，いずれの発想も説得力がありません。第1に，未遂犯も既遂犯と同じく国家刑罰権を発生させるものなのに，未遂犯だけ，単なるルール違反行為のみで成立するというのは一貫しません。第2に，いくら既遂到達の危険性が高いといっても，予測される既遂到達の時点があまりにも先のことであれば，それは未遂犯に結びつけられた重い刑罰を正当化しえないのではないでしょうか。3秒後に爆発する手榴弾を投げつけられるのと，10年後に爆発する時限爆弾を自宅の軒下に設置されるのとでは，かりに爆死する可能性自体が同じであったとしても，被害者にとっての事態の重大性，深刻さはまったく違うはずです。

　こうして，**結果時説**，すなわち，既遂到達が時間的にも差し迫った段階で，はじめて実行の着手を認める考え方のほうが妥当です。判例も，自分は結果時説を採用すると明言しているわけではありませんが，おそらくこの考え方を採用していると思われます。

◆ **大判大正7・11・16刑録24輯1352頁**

「他人カ食用ノ結果中毒死ニ至ルコトアルヘキヲ豫見シナカラ毒物ヲ其飲食シ得ヘキ状態ニ置キタル事實アルトキハ是レ毒殺行爲ニ著手シタルモノニ外ナラサルモノトス原判示ニ依レハ被告ハ毒藥混入ノ砂糖ヲＳニ送付スルトキハＳ又ハ其家族ニ於テ之ヲ純粋ノ砂糖ナリト誤信シテ之ヲ食用シ中毒死ニ至ルコトアルヲ豫見セシニ拘ラス猛毒藥昇汞一封度ヲ白砂糖一斤ニ混シ其一匙（十グラム）ハ人ノ致死量十五倍以上ノ効力アルモノト爲シ歳暮ノ贈品タル白砂糖ナルカ如ク裝ヒ小包郵便ニ付シテ之ヲＳニ送付シ同人ハ之ヲ純粋ノ砂糖ナリト思惟シ受領シタル後調味ノ爲メ其一匙ヲ薩摩煮ニ投シタル際毒藥ノ混入シ居ルコトヲ發見シタル爲メ同人及其家族ハ之ヲ食スルニ至ラサリシ事實ナルヲ以テ右毒藥混入ノ砂糖ハＳカ之ヲ受領シタル時ニ於テ同人又ハ其家族ノ食用シ得ヘ

2.5 未遂犯

キ状態ノ下ニ置カレタルモノニシテ既ニ毒殺行為ノ著手アリタルモノトイフヲ得ヘキコト上文説明ノ趣旨ニ照シ寸毫モ疑ナキ所ナリトス」

もっとも，結果時説にはひとつ難点があります。それは，未遂犯を定める条文（43条本文）の文言が「実行に着手」となっているのに，実行行為が終了し，さらに時間が経ったあとで，はじめて未遂犯の成立が認められることになってしまうことです。この点については結果時説からさまざまな対応策が提案されていますが，私としては，端的に，既遂到達の時間的切迫性（および既遂到達の可能性）を未遂犯の書かれざる構成要件要素ととらえれば足りるのではないか，と考えています。

おいおい，それじゃあ「実行に着手」のほうは無意味な文言なのか，という疑問をもたれた方もいるかもしれません。しかし，もちろんそんなことはありません。これは，未遂犯の処罰対象行為を実行行為そのものよりもさかのぼらせる重要な意味を有しているのです。たとえば，被害者をけん銃で撃つという事例で考えてみると，既遂に到達したとき，実行行為となるべき行為は引金を引くことです。しかし，だからといって，引金を引き始めたところではじめて殺人未遂になるのかというと，そんなことはないですよね。それではいくらなんでも遅すぎます（実は，この「遅すぎる」見解も歴史的には主張されたことがあり，形式的客観説とよばれています）。そこで，たぶん，懐にあるけん銃に手をかけたところで殺人未遂になりますが，手をかけるだけでは，まだ実行行為ではありません。まさにそのとき，「実行に着手」という文言が登場し，実行行為の前までさかのぼってよいというのです。

もう少し具体的に説明しましょう。「着手」というのは「とりかかる」という意味ですよね。そして，あることがらに「とりかかる」というのは，その準備作業が終わったという広い意味に理解することができます。たとえば，われわれが原稿の執筆に「とりかかる」というのは，何も，パソコンのキーボードを叩き始めることだけを指しているわけではありません。そうではなく，たとえば，文献や判例を渉猟し，プロットを練り終えたのち，パソコンの前に座ったり，それを起動したり，あるいはまた，遅くとも，ワープロソフトを立ち上げたりするところまで時間的にさかのぼりうるのです。そして，これと同じよ

うに，実行行為に着手するというのもまた，実行行為そのものより時間的に前の段階までさかのぼりうることになるわけです。

2.5.2.2 未終了（着手）未遂

もっとも，実行行為の前でもよいとして，問題は，具体的にどこまでさかのぼってよいかです。これこそまさに，行為者が既遂到達に必要と考える行為をなし終えていない，いわゆる**未終了（着手）未遂**をめぐる議論です。未遂犯の2つ目の場合ですね。そして，この未終了未遂に関しても，さまざまな見解が主張され，実に多様な判例が出されています。もっとも，ざっくりいうと，これらは以下の2つの発想に分類することができます。

1つ目は，実行行為のどのくらい前までさかのぼってよいかを，純粋に，既遂到達の具体的・現実的危険性の観点から定めようとするものです。これを**実質的客観説**といいます。そして，このような発想によると，たとえば，被害者をけん銃で撃つ事例では，被害者がけん銃で撃たれて死亡する危険が具体的・現実的になった時点までさかのぼってよい，ということになります。

この発想は，根拠も基準もはっきりしているので非常に説得力があります。しかし，そこには致命的な難点もあります。というのも，そのような既遂到達の具体的・現実的危険性のみを標準としたのでは，実行の着手時期があまりにも早くなりすぎてしまうケースがあるからです。たとえば，『ルパン三世』には次元大介という早撃ちの名手が出てきますね。あの次元であれば，別に，けん銃に手をかけたり，あるいは，手をかけようとしたりしなくても，撃とうと思えばすぐ次の瞬間に相手を撃ち殺せるわけです。しかし，そうだとすると，次元はひげを触ったり，煙草を吸ったりしている段階ですでに殺人未遂となるはずですが，それはさすがにおかしいでしょう。あるいは，判例のなかには，離れたところで強姦する目的で，被害者の女性をダンプカーに引きずり込もうとした段階において，強姦罪の実行の着手を認めたものがあります。しかし，もし成功率が同じであれば，甘言を弄して被害者をダンプカーに乗り込ませようとした段階であっても，同じように強姦未遂罪が成立してしまいますが，これもやはり変です。

2.5 未遂犯

◆**最決昭和 45・7・28 刑集 24 巻 7 号 585 頁**

「原判決ならびにその維持する第 1 審判決の各判示によれば，被告人は，昭和 43 年 1 月 26 日午後 7 時 30 分頃，ダンプカーに友人の Y を同乗させ，ともに女性を物色して情交を結ぼうとの意図のもとに防府市内を徘徊走行中，同市八王寺 1 丁目付近にさしかかつた際，1 人で通行中の T（当時 23 歳）を認め，『車に乗せてやろう。』等と声をかけながら約 100 m 尾行したものの，相手にされないことにいら立つた Y が下車して，同女に近づいて行くのを認めると，付近の同市佐波 1 丁目赤間交差点西側の空地に車をとめて待ち受け，Y が同女を背後から抱きすくめてダンプカーの助手席前まで連行して来るや，Y が同女を強いて姦淫する意思を有することを察知し，ここに Y と強姦の意思を相通じたうえ，必死に抵抗する同女を Y とともに運転席に引きずり込み，発進して同所より約 5000 m 西方にある佐波川大橋の北方約 800 m の護岸工事現場に至り，同所において，運転席内で同女の反抗を抑圧して Y，被告人の順に姦淫したが，前記ダンプカー運転席に同女を引きずり込む際の暴行により，同女に全治まで約 10 日間を要した左膝蓋部打撲症等の傷害を負わせたというのであつて，かかる事実関係のもとにおいては，被告人が同女をダンプカーの運転席に引きずり込もうとした段階においてすでに強姦に至る客観的な危険性が明らかに認められるから，その時点において強姦行為の着手があつたと解するのが相当であり，また，T に負わせた右打撲症等は，傷害に該当すること明らかであつて（当裁判所昭和 38 年 6 月 25 日第三小法廷決定，裁判集刑事 147 号 507 頁参照），以上と同趣旨の見解のもとに被告人の所為を強姦致傷罪にあたるとした原判断は，相当である」。

そこで，最近では，実質的客観説をベースにしながらも，2 つ目の発想をあわせて要求しようとする立場が有力です。すなわち，未終了未遂は刑法上，終了未遂と同じく扱われているのですから，未終了未遂においても終了未遂と同じくらい，既遂到達の危険性と行為者の不法への傾向性が大きくなければなりません。このうち，既遂到達の危険性の同等性を基礎づけるのが実質的客観説です。これに対し，行為者の不法への傾向性の同等性を基礎づけるのが，この 2 つ目の発想というわけです。具体的には，それにとりかかればごく自然に実行行為へと移行するという点で，**実行行為に密接する行為**がなされなければなりません。そうすると，たとえば，殺人未遂だと武器であるけん銃に手をかけ

る行為が，強姦未遂だと被害者を支配下におこうとする暴行・脅迫が，それぞれ要求されることになるでしょう。

2.5.3 不能犯

もっとも，事態の外形だけをみれば実行の着手に至っているように思われても，より実質的に観察すれば，既遂に到達する可能性がゼロ，または，きわめて低いというケースも考えられます。これを**不能犯**とよびます。たとえば，蝋人形館にそれと知らずに泥棒に入った者が，暗がりのなかで蝋人形を人と誤信し，犯行を目撃されたと考えて，口封じのためナイフでその胸を刺した，という事例を考えてみましょう。ここでは，遠目に見れば「人殺し」が行われているようにも思われます。しかし，蝋人形をいくら刺しても「人が死ぬ」という事態は絶対に発生しませんよね。

諸外国においては，この不能犯を通常の未遂犯と同じく処罰する立法例もあります。それは，未遂犯を「行為者が既遂に到達する危険を作り出す」罪ではなく，「行為者が自身の危険性を，行為に出ることをとおして既遂と同じだけ外部にあらわした」罪ととらえているからでしょう。しかし，それならば，たとえ任意的であっても，未遂犯の刑を既遂犯のそれから減軽することは一貫しないでしょう。また，そもそも，未遂犯に限ってであれ，刑罰を特別予防の観点に純化することは，刑法の一般理論に関する今日の基本的な発想と齟齬します。そこで，わが国の通説・判例は，厳密にいうとその旨の明文の規定はないのですが，不能犯を不可罰と解しています。

しかし，本当に難しいのはそこから先です。というのも，神の目から見れば，既遂に到達しなかったのはすべてあらかじめ定められた運命であって，未遂犯はすべからく不能犯でなければならない，ということにもなりかねないからです。そこで，既遂に到達しなかった事例のうち，いかなる場合が不能犯であり，また，いかなる場合が可罰的な未遂犯であるのかを，適切に切り分ける基準を考案する必要があります。言い方を換えれば，既遂到達の危険性を判断する合理的な方法を編み出さなければならないのです。

この点について，伝統的に有力であってきたのは**具体的危険説**とよばれる考え方です。これは，一般人に認識可能な事情と（現実に存在する）行為者がと

くに認識した事情をとりあげ，それらを基礎として，既遂に到達する可能性が認められるかを判断するものです。先の事例でいうと，室内がかなり暗く，かつ，蝋人形が非常に精巧に作られていたことにより，一般人であっても客体が人ではないと認識しえなかったのであれば，既遂に到達する可能性が認められ，よって，殺人未遂罪が成立することになるでしょう。

さて，たしかに，一般人がそれを見てぎょっとする場合には刑法をもって禁圧すべきであるという発想は，われわれが一般人の一員であり，平穏のうちに暮らしたいと思っている以上，容易に受け容れられるものでしょう。しかし，ちょっと待って下さい。未遂犯は周囲に不安を与える罪ではありません。あくまで，既遂到達の可能性を作り出す罪ですよね。そして，既遂到達の有無については，一般人が何といおうと科学的な判断が優先されます。たとえば，殺意をもって殴られ，失神した被害者が文字どおり「死んだように」眠っているとしても，医師がこれを診断して「眠っているだけだ」といえば，殺人既遂にはなりません。そうすると，既遂到達の可能性についても，やはり，一般人の単なる印象ではなく，むしろ，科学的な判断が決定的とされるべきではないでしょうか。

こうして，あくまで科学的な観点から既遂到達の可能性を判断する**客観的危険説**のほうが支持されるべきです。もっとも，科学者の目と神の目は（事実関係の詳細が明らかな事例においては）まさに紙一重です。たとえば，裁判例の事案には，殺意をもって倒れている人を刺したが，実は，その人は少し前に息を引き取っていた，というものがあります。ここで殺人未遂ではなく不能犯だというのは，やはり明らかにおかしいでしょう。しかし，科学的に観察すれば，死体は蝋人形と同様，いくら刺しても殺せる可能性はゼロです。

◆広島高判昭和 36・7・10 高刑集 14 巻 5 号 310 頁＝死体殺人事件
「論旨は被告人 T は S の死体に対し損傷を加えたに過ぎないから，その所為は死体損壊罪に該当すると主張するのである。なるほど同被告人が S に対し原判示傷害を加えたときには同人は既に死亡していたものであることは前認定のとおりであるが，原判決挙示の証拠によれば，被告人 T は原判示 K 組事務所玄関に荷物を運び入れていた際屋外で拳銃音がしたので，被告人 F が S を

銃撃したものと直感し，玄関外に出てみたところ，被告人FがSを追いかけており，次いで両名が同事務所東北方約30米のところに所在するM歯科医院邸内に飛び込んだ途端2発の銃声が聞えたが，被告人Fの銃撃が急所を外れている場合を慮り，同被告人に加勢してSにいわゆる止めを刺そうと企て，即座に右玄関付近にあつた日本刀を携えて右医院に急行し，被告人Fの銃撃により同医院玄関前に倒れていたSに対し同人がまだ生命を保つているものと信じ殺意を以てその左右腹部，前胸部その他を日本刀で突き刺したものであることが認められる。そして原審鑑定人Uの鑑定書によれば『Sの直接の死因は頭部貫通銃創による脳挫創であるが，通常同種創傷の受傷者は意識が消失しても文字どおり即死するものでなく，真死に至るまでには少くとも数分ないし十数分を要し，時によつてはそれより稍長い時間を要することがあり，Sの身体に存する刺，切創は死後のものとは認め難く生前の頻死時近くに発生したものと推測される』旨の記載があり，一方当審鑑定人Oの鑑定書によれば『Sの死因はM歯科医院前で加えられた第2弾による頭部貫通銃創であり，その後受傷した刺，切創には単なる細胞の生的反応は認められるとしても，いわゆる生活反応が認め難いから，これら創傷の加えられたときには同人は死に一歩踏み入れていたもの即ち医学的には既に死亡していたものと認める』旨の記載があり，当裁判所が後者の鑑定を採用したものであることは前に記述したとおりである。

このように，Sの生死については専門家の間においても見解が岐れる程医学的にも生死の限界が微妙な案件であるから，単に被告人Tが加害当時被害者の生存を信じていたという丈けでなく，一般人も亦当時その死亡を知り得なかつたであろうこと，従つて又被告人Tの前記のような加害行為によりSが死亡するであろうとの危険を感ずるであろうことはいづれも極めて当然というべく，かかる場合において被告人Tの加害行為の寸前にSが死亡していたとしても，それは意外の障害により予期の結果を生ぜしめ得なかつたに止り，行為の性質上結果発生の危険がないとは云えないから，同被告人の所為は殺人の不能犯と解すべきでなく，その未遂罪を以て論ずるのが相当である」。

そこで，あくまで科学的な観点を前面に出しながらも，前提となる事実関係そのものが別の態様であった可能性を斟酌することによって，既遂到達の可能性を認定する手法が主張されています。これを修正された客観的危険説とよびます。先の死体殺人の例でいうと，被害者の心臓や肺がもう少し長く動いてい

た可能性自体は十分に存在しますよね。そうすると,「行為者は生体を刺し殺していた可能性もあった」ということになります。こうして科学的な観点からも,殺人未遂罪の成立を肯定することができるのです。

具体的危険説 → 一般人基準
　　　　　　　　　　↑修正された客観的危険説
客観的危険説 → 科学的基準

2.5.4　中 止 犯
2.5.4.1　中止犯の減免根拠
　さて,ここまでは,未遂犯を定める43条のうち,もっぱら本文のほうを見てきました。しかし,この条文には重要な但書がついています。ちょっと読んでみましょう。
　「ただし,自己の意思により犯罪を中止したときは,その刑を減軽し,又は免除する」。
　要するに,未遂は未遂でも,犯罪が未遂に終わった,いいかえれば,既遂に到達しなかった原因が自身の中止行為に基づくときは,それ以外の未遂の場合に比べて刑が非常に軽くなっているということです。このような未遂のことを**中止未遂**ないし**中止犯**とよんでいます。これに対して,それ以外の,通常の未遂犯は**障害未遂**とよばれます。
　たとえば,殺意をもって被害者をけん銃で撃ったところ,弾が急所を外れ,腹部に命中したとしましょう。むろん,急所でないといっても,放っておいたら失血死するのは間違いないですし,被害者自身が救急車をよぶ体力は,もはや残っていなかったものとします。このとき,たまたま通りかかった第三者が119番通報し,被害者が救急搬送され一命をとりとめたとすれば,それは障害未遂にすぎず,行為者の刑は任意的に減軽されうるにとどまります。これに対して,苦しむ被害者の姿を目の当たりにし,反省した行為者自身が119番通報したとすれば,それは中止未遂となり,行為者の刑は必ず減軽されるか,また

は免除されることになるわけです。

それでは、なぜ中止犯はこのような寛大な扱いを受けられるのでしょうか。ひとつの考え方は、中止犯の場合、刑を大きく減じても十分に刑罰目的を達成できるからだ、というものです（**刑罰目的説**）。せっかく実行行為をしたのに、あとで反省して自分で被害者を救うなどというのは、厳罰をもって抑止すべき「悪い例」とはいえません。みなさんも中止犯の刑が軽いからといって、「それなら自分も中止犯をしよう」などとは思わないですよね。さらに、特別予防という点からみても、反省して被害者を救うような行為者は、すでにその危険性を十分に喪失しているともいえるでしょう。

しかし、この考え方には致命的な難点があります。それは、もしこの考え方が正しいとすれば、中止犯のような規定は既遂犯にも同じく設けなければならないはずであるのに、現実には未遂犯にしか設けられていない、ということです。たとえば、コンビニで店員の目を盗み、パンをいったんポケットに入れたものの、反省して元の棚に戻したという場合、刑罰目的説の発想を前提とするならば、やはり刑を減免してやらなければならないはずです。しかし、現行法は、その場合には窃盗が既遂に達してしまっているという理由から、処断刑が法定刑までフルに及ぶことにしているのです（むろん、反省してパンを戻したことは量刑上考慮されうるでしょうが）。

そこで、今日、通説的なもうひとつの考え方は、中止犯の規定が行為者に対し、あと戻りのための黄金の橋をかけてやるものだ、といいます（**刑事政策説**）。これはもともとドイツの刑法学において用いられた表現ですから、ちょっと分かりにくいかもしれません。日本風にいえば、「そこで既遂におもむくのをやめたら刑をうんと軽くしてあげるよ」と、行為者を後ろから飴で釣るといったところでしょうか。むろん、そのようなことをするのにはちゃんと意味があります。すなわち、行為者を既遂方向とは逆向きに誘導することによって、

{ 刑罰目的説 → 不法・責任の減少
{ 刑事政策説 → 減免による利益誘導

未遂の危険にさらされた法益を守るわけです。

　ここで、鋭い方は次のように思ったのではないでしょうか。刑事政策説のような考え方に立ったとしても、やはり、未遂犯についてだけ中止犯の規定が設けられていることは合理的に説明できない。たとえば、犯罪が予備の段階にあっても、同じように行為者の後ろに飴をおくべきではないか、と。

　実は、予備にも中止犯の規定を準用すべきだという少数説もあります。しかし、判例・通説はこれを否定しています。それはなぜでしょうか。その理由は端的にいうと、中止犯の恩典が当該法益の保護にとって、あくまで補充的なものにとどまるからです。いくら行為者を誘導して法益を擁護するためとはいえ、中止以前の行為が立派な犯罪である以上、それがどうしても必要だというのでもない限り、刑を軽くしすぎることには別の刑事政策的な問題があります。そして、予備と未遂の刑にはかなりの開きがありますから、予備行為者をわざわざ後ろから飴で釣らなくても、前方の鞭、つまり、重い刑で威嚇して未遂に進むのを断念させることができるでしょう。これに対して、未遂の刑は既遂のそれの任意的減軽にとどまり、さほどの差がありません。したがって、中止犯の恩典を投入し、未遂行為者の後ろに飴をおくことで、既遂に進むのをやめさせる必要があるわけです。

2.5.4.2　犯罪の中止

　それでは、「犯罪を中止した」というのは具体的にはどのような意味なのでしょうか。この問題は中止犯の減免根拠から解決されるべきでしょう。そして、それは刑事政策説、すなわち、そのままでは既遂に至ってしまう自己の設定した危険を除去したら、刑の必要的減免という恩典を与える制度を採用することにより、未遂行為者を後ろから飴で釣る、というものでした。そうすると、「犯罪を中止した」というためには、まさに、行為者自身がそのような危険を除去したことが必要となります。

　そして、このような危険除去行為は作為と不作為、2とおりのあらわれ方をします。具体的には、爾後、なんらの作為に出なくても、単なる不作為だけで既遂到達の危険が失われる場合には**不作為による中止**で足ります。たとえば、行為者が被害者の心臓を狙い、けん銃を構えて引金に指をかけた段階では、中

止行為にとって，爾後，引金を引くことをしないという不作為だけで十分です。これに対して，引金を引いたところ，発射された弾が被害者の腹部に命中し，ただちに救急搬送しなければ失血死するおそれが強いという場合には，119番通報するなどの，積極的な**作為による中止**までが要請されることになるでしょう。

　もっとも，学説には，さらに次のような修正を施すものもあります。すなわち，なんらの作為に出なくてもどのみち既遂には到達しなかったであろうという場合であっても，行為者がそのことを知らずに既遂到達を防止しようと**真摯に努力**したときは，例外的に「犯罪を中止した」といえるというのです。たとえば，毒薬と取り違えて単なる小麦粉を被害者に飲ませたのち，反省して被害者を救急病院に連れて行ったときは中止犯になるとされます。

　しかし，このような学説には疑問があります。その発想を裏返すと，死体を生体だと誤信して必死にナイフを突き立てた場合にも，殺人既遂罪で処罰するのが一貫した結論となってしまうからです。殺人罪が人を必死に殺そうと努力することでただちに成立するわけではないのと同様，その中止未遂もまた，人を必死に救命しようと努力することでただちに成立するわけではない。そのことを示すためにこそ，立法者は「殺した」，「中止した」という表現を用いているのではないでしょうか。

　ところで，先ほど出てきた真摯な努力という概念は，たしかに，論者のいうような意味においては用いるべきではありません。しかし，この概念がおよそ意味をもたないかというと，必ずしもそうではありません。たとえば，行為者が放火の意図で媒介物に点火したあと，急に怖くなり，隣人に「放火したのでよろしく頼む」とだけ言い残して逃走し，隣人が消し止めたため既遂を防止できたとしたら，放火未遂の中止犯は成立するでしょうか。たしかに，隣人は行為者に声をかけられたからこそ火に気づいたわけですし，また，隣人ならば自分の家に燃え移っては困るでしょうから，そんなことをいわれたら必死に消火するでしょうね。しかし，そうだとしても，この場合の行為者が「犯罪を中止した」ものと評価するのはどう考えても変です。

◆ 大判昭和 12・6・25 刑集 16 巻 998 頁

「刑法第四十三條但書ニ所謂中止犯ハ犯人カ犯罪ノ實行ニ著手シタル後其ノ繼續中任意ニ之ヲ中止シ若ハ結果ノ發生ヲ防止スルニ由リ成立スルモノニシテ結果發生ニ付テノ防止ハ必スシモ犯人單獨ニテ之ニ當ルノ要ナキコト勿論ナリト雖其ノ自ラ之ニ當ラサル場合ハ少クトモ犯人自身之カ防止ニ當リタルト同視スルニ足ルヘキ程度ノ努力ヲ拂フノ要アルモノトス今本件ヲ觀ルニ原判決ノ確定シタル事實ニ依レハ被告人ハ本件放火ノ實行ニ著手後逃走ノ際火勢ヲ認メ遽ニ恐怖心ヲ生シ判示 I ニ對シ放火シタルニ依リ宜敷賴ムト叫ヒナカラ走リ去リタリト云フニ在ルヲ以テ被告人ニ於テ放火ノ結果發生ノ防止ニ付自ラ之ニ當リタルト同視スルニ足ルヘキ努力ヲ盡シタルモノト認ムルヲ得サルカ故ニ被告人ノ逃走後該 I 等ノ消火行爲ニ依リ放火ノ結果發生ヲ防止シ得タリトスルモ被告人ノ前示行爲ヲ以テ本件犯罪ノ中止犯ナリト認ムルヲ得ス」

そこで，先ほどの真摯な努力が出てきます。すなわち，「犯罪を中止した」というためには，自身の行為と既遂到達防止との間に単なる因果関係があるだけでは足りません。そうではなく，あくまでそのような既遂防止に至る因果経過において，まさに**主役**（いわば〔**共同**〕**正犯**）**としての役割**を果たしたことが要請されるべきでしょう。そして，このことを称して「真摯な努力が必要だ」ということも可能です。判例においても，このような用語法がときおりみられるところです。

真摯な努力 { 責任減少 / 具体的不能の中止 / 中止行為の(共同)正犯性

2.5.4.3 任 意 性

中止犯の成立要件として，最後に，「自己の意思により」という部分が問題となります。これは講学上，**任意性**とよばれています。

問題は，それが具体的にはどのような内容を有するかです。これまであげてきた例では，「反省して」と繰り返し述べてきました。しかし，未遂行為者が犯罪を中止するとき，常にそのような「高尚な」動機に基づいているとは限り

ません。血を見て足がすくみ，犯罪を続行できなくなったとか，パトカーのサイレンが聞こえたので捕まるのが怖くなった，あるいは，法学部生なら，中止減免のことを思い出したという動機もありうるかもしれません。そのほか，教科書類でしばしばあげられる例としては，やむをえずお金のなさそうな被害者に対する強盗に着手したところ，お金を持っていそうな人が歩いてきたので中止してそちらに標的を変えた，というものもあります。これらの場合，自己の意思によりやめているといえなくもないですし，実際にも，任意性を肯定すべきだという学説がないわけではありません。しかし，ふつうは任意性を否定すべきだと感じられるでしょう。

　この任意性の問題についても，中止減免の根拠にさかのぼって解決されるべきです。具体的には，中止減免という飴を投入しないと，行為者に対し，既遂に進むことをやめさせるインセンティブが過少になるという場合にこそ，中止減免がなされるべきだという発想ですね。これを中止減免の**補充性**といいます。そして，そうだとすると，任意性が否定されるのは，中止減免がなくてもはたらくであろう動機に基づいて，犯罪を中止したと評価しうる場合であることになります。個々の事例にあてはめる作業はみなさん自身でやっていただきたいと思いますが，たとえば，パトカーのサイレンが聞こえたために中止したという事例では任意性が否定されるでしょう。というのも，この事例で未遂行為者が犯罪を中止したのは警察に捕まるのが怖いからであって，そのような動機は，かりに中止減免という飴が規定されていなくてもまったく同じようにはたらくものだからです。

2.6　共　犯

2.6.1　総　説

2.6.1.1　共犯の種類と限縮的正犯論

　さて，構成要件を修正して処罰範囲を拡張する不法類型の2つ目は，**共犯**です。そして，刑法にはいくつかの種類の共犯が規定されています。

　まずは**教唆犯**です。61条1項を見て下さい。「人を教唆して犯罪を実行させた者には，正犯の刑を科する」と規定されていますね。要するに，他人を唆して犯罪をする気にさせる，という形態の共犯です。もともと犯罪をする気がな

かった人をその気にさせるという重い形態ですから，正犯と同じ刑まで科されうることになります。

つづいて**幇助犯**です。62条1項は「正犯を幇助した者は，従犯とする」と，そして，63条は「従犯の刑は，正犯の刑を減軽する」と規定していますね。こちらは正犯の手助けをするという軽い形態ですから，正犯の刑が必要的に減軽されることになります。

最後に**共同正犯**です。条文が戻りますが，60条は「2人以上共同して犯罪を実行した者は，すべて正犯とする」と規定しています。

「正犯」という名前がついており，条文にも「正犯とする」と書かれていますから，学説には，共同正犯が正犯の一現象形態にすぎず，60条は確認規定にすぎないというものもあります。たしかに，2人一緒に被害者を狙撃し，一方の弾が右のこめかみに，他方の弾が左のこめかみに命中したという場合などは，60条がなくても，両行為者を殺人罪の正犯とすることができるでしょう。しかし，たとえば，強盗罪の共同正犯で，一方が暴行・脅迫を，他方が財物奪取を行ったという場合には，いずれの行為者も単独では強盗罪の正犯とはなれません。あくまで60条を介することによって，はじめて強盗罪の共同正犯となりうるのです。したがって，このような学説は適切ではありません。

ところで，ここまでは，共犯が「正犯では処罰範囲が不足する場合に，これを拡張する規定」であることを当然の前提にしてきました。これを**限縮的正犯論**といいます。もっとも，厳密に考えると，このような発想とは逆向きの発想も絶対に成り立ちえないわけではありません。具体的には，不法を客観的に帰属可能な行為はもともと正犯であり，ただ，法が設けた共犯の規定に該当する場合だけ処罰が縮減される，と考えることも絶対に不可能とはいえないのです。このような発想を**拡張的正犯論**といいます。

この拡張的正犯論は，なぜ共犯に相当する場合だけ処罰を縮減しなければならないのか，その根拠がまったく不明であるという致命的な難点があるため，表立ってはほとんど支持されていません。みなさんのなかには，共犯は直接的な行為者の背後に退いているため処罰が縮減されるのだ，と考えた人もいるかもしれません。しかし，その共犯のさらに背後にいる者は原則に返って正犯とされるわけですから，このような根拠は成り立たないでしょう。もっとも，特

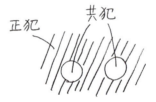

殊な事例類型においては、この拡張的正犯論の発想を取り入れなければ適切な処罰範囲が確保できないと感じられることもあります。それが**正犯の背後の正犯**とよばれるものです。

　たとえば、防火設備を整えないままホテルを営業していたところ、ある日、火災が発生して逃げ遅れた宿泊客が死亡したが、出火の原因は殺意をともなう放火であった、という事例を考えてみましょう。ここで、防火設備を整える作為義務を負う行為者を業務上過失致死罪で処罰したいと考えたとき、限縮的正犯論では壁にぶつかります。というのも、放火犯人の背後にいる行為者は、宿泊客の死亡結果に対してせいぜい共犯にしかなりえないところ、過失犯には共犯を処罰する規定がないため、この行為者を処罰することができなくなってしまうからです。そこで拡張的正犯論を持ち出すと、このような行為は原則に返って正犯を構成するため、処罰が可能となるわけです。

　もっとも、これでは処罰したいときだけ便宜的に、普段とはまったく逆の位置づけを共犯に与えることになってしまいます。そこで、先ほどの行為者は処罰できなくても仕方がない、どうしてもというなら消防法等の行政取締法規違反を使うしかない、と考えることにも一理あります。

2.6.1.2　間接正犯

　このように、限縮的正犯論に立つと、まずは正犯の範囲を定めることが共犯規定の適用を論ずる前提となります。それは当然ですよね。共犯が処罰拡張事由であるとすれば、それが登場するのは「正犯とはなりえないが、なお処罰を肯定すべき」場合だからです。

　さて、正犯として通常、想定されるのは、たとえば、被害者の心臓めがけて

けん銃を発射するような場合です。これは，正犯とされる行為から純粋な物理的，生理的プロセスだけを経て不法が実現される場合であり，**直接正犯**とよばれています。むろん，純粋な物理的，生理的プロセスというのは，人間の行為が介在していないという趣旨にすぎません。したがって，自分の飼っている猛犬を使って被害者をかみ殺させるのも立派な殺人の直接正犯です。

これに対して，人間の行為が介在してはいるものの，それがあたかも道具のように用いられていることにより，背後者がなお正犯となりうる場合もあります。これを**間接正犯**といいます。たとえば，幼子に「あそこのお店のおもちゃを取っておいで」と唆し，幼子がそのとおりにしたとしましょう。幼子といっても，おもちゃを取ってくるのは明らかに行為です。しかし，この場合に背後者を処罰するため共犯の規定が必要かというと，そうではないでしょう。というのも，幼子には自身の行為の違法性を認識し，これに従って動機づけをコントロールする能力がなく，それゆえ，ロボットを使ったのと同じく，あくまで背後者の道具として機能しているからです。

もっとも，このような場合に間接正犯が成立しうることは明らかですが，なかなか微妙な事例も存在します。たとえば，XがYに対して「あそこにあるAの貴重な屏風を矢で射抜いて壊してしまえ」と唆したが，実は——Xだけが知っていることには——その屏風の背後にA自身が立っており，Yが放った矢に屏風もろとも射抜かれて死亡した，という場合はどうでしょうか。ここではYが弁識・制御能力を備えた大人であり，かつ，少なくとも自分が器物損壊罪（261条）という犯罪を実行していることを分かっています。そうすると，このようなYの行為を道具と評価することには少なからず疑問が残るかもしれません。

あるいは，13歳の子どもを使って窃盗をさせた場合はどうでしょうか。たしかに，行為媒介者は責任が阻却され，処罰されることはありません。しかし，それは責任年齢（41条）という多分に刑事政策的な制度によるものにすぎません。つまり，実質的には弁識・制御能力を備えながら，それと知りつつ窃盗を犯しているわけです。こうして，背後者が行為媒介者の**意思を抑圧**していたなど特別な付加的事情のない限り，このような場合の子どもを道具と評価するのは難しいでしょう。

◆最決平成 13・10・25 刑集 55 巻 6 号 519 頁

「原判決及びその是認する第1審判決の認定によると，本件の事実関係は，次のとおりである。

スナックのホステスであった被告人は，生活費に窮したため，同スナックの経営者C子から金品を強取しようと企て，自宅にいた長男B（当時 12 歳 10 か月，中学1年生）に対し，『ママのところに行ってお金をとってきて。映画でやっているように，金だ，とか言って，モデルガンを見せなさい。』などと申し向け，覆面をしエアーガンを突き付けて脅迫するなどの方法により同女から金品を奪い取ってくるよう指示命令した。Bは嫌がっていたが，被告人は，『大丈夫。お前は，体も大きいから子供には見えないよ。』などと言って説得し，犯行に使用するためあらかじめ用意した覆面用のビニール袋，エアーガン等を交付した。これを承諾したBは，上記エアーガン等を携えて一人で同スナックに赴いた上，上記ビニール袋で覆面をして，被告人から指示された方法により同女を脅迫したほか，自己の判断により，同スナック出入口のシャッターを下ろしたり，『トイレに入れ。殺さないから入れ。』などと申し向けて脅迫し，同スナック内のトイレに閉じ込めたりするなどしてその反抗を抑圧し，同女所有に係る現金約 40 万 1000 円及びショルダーバッグ1個等を強取した。被告人は，自宅に戻って来たBからそれらを受け取り，現金を生活費等に費消した。

上記認定事実によれば，本件当時Bには是非弁別の能力があり，被告人の指示命令はBの意思を抑圧するに足る程度のものではなく，Bは自らの意思により本件強盗の実行を決意した上，臨機応変に対処して本件強盗を完遂したことなどが明らかである。これらの事情に照らすと，所論のように被告人につき本件強盗の間接正犯が成立するものとは，認められない。そして，被告人は，生活費欲しさから本件強盗を計画し，Bに対し犯行方法を教示するとともに犯行道具を与えるなどして本件強盗の実行を指示命令した上，Bが奪ってきた金品をすべて自ら領得したことなどからすると，被告人については本件強盗の教唆犯ではなく共同正犯が成立するものと認められる。したがって，これと同旨の第1審判決を維持した原判決の判断は，正当である」。

ほかにも，行為媒介者を道具と評価しうるかに争いがあり，それゆえ，間接正犯の成否につき見解が一致していない事例類型はたくさんあります。この講義でそれらをすべて扱うことはできませんが，もし興味のある人がいたら，間

接正犯の限界に関する論文や判例を渉猟してみると，いろいろな発見があるかもしれません。

2.6.2　共犯の処罰根拠

　それでは話を戻しましょう。限縮的正犯論に立つと，行為者が間接正犯にさえなりえない場合には，処罰拡張事由としての共犯規定が視野に入ってくる，という流れでしたよね。もっとも，共犯規定が処罰拡張事由であるとして，そもそもなぜ処罰を拡張してよいのでしょうか。「正犯だけでは処罰が不足するからだ」と言い放つだけでは，素人が「処罰したいから処罰するのだ」というのと大差ありません。そこで，共犯の規定を設けて処罰を拡張してよい実質的な根拠を理論的に解明する必要が生じてくるわけです。この問題を**共犯の処罰根拠**論とよびます。

　この問題に関する1つ目の見解は，**責任共犯論**とよばれるものです。これは，共犯が正犯を罪責に陥れた，つまり，犯罪者という悪しき存在を作り出したから，正犯でなくても処罰するのだと解します。しかし，このような見解に立つと，正犯と共犯の処罰根拠が分裂してしまいます。また，罪責に陥れたというからには，完全な犯罪に対してしか共犯が成立しないことになるでしょう。しかし，そうだとすると，先ほどの刑事未成年に犯罪を唆した場合のように，間接正犯にも共犯にもならない事例が多数，出てきてしまいます。これは許されない処罰の間隙といわざるをえません。

　そこで2つ目の見解，すなわち**不法共犯論**が出てきます。これは，正犯に不法を実現させたことを根拠に，共犯へと処罰を拡張してよいと解するものです。たしかに，このように考えれば，先にみた処罰の間隙は生じません。しかし，正犯と共犯の処罰根拠が分裂してしまうという難点は相変わらず引きずったままです。つまり，正犯の処罰根拠は不法を実現したことであるにもかかわらず，共犯のそれは正犯という他人の不法実現を惹起したことに求められてしまうのです。その結果，たとえば，Aがその信仰する教義上，自殺を禁じられているため，Xに頼んで自分を殺害してもらおうとしたが，失敗して一命をとりとめたというとき，Xが承諾殺人未遂罪（202条後段，203条）で処罰されうるだけでなく，Aもまたその教唆犯として処罰されることになってしまいます。こ

れはおかしな結論ですよね。何しろ，Aはむしろ被害者なのですから。

こうして，3つ目の見解が出てきます。それが惹起説であり，正犯と共犯の処罰根拠は同じだと解します。すなわち，正犯も共犯も自分自身が不法を惹起することを根拠に処罰されるのであり，正犯と共犯の違いは，不法を実現する際のプロセスに自律的な人間の行為が介在しているかという現象面に存するにすぎない，というのです。これは非常に説得的な見解であり，その発想が共犯の処罰根拠の基礎におかれるべきでしょう。もっとも，難点がないわけではありません。というのも，この惹起説を推し進めると，たとえば，YがBに自殺を唆したときは通常の殺人罪の教唆犯となるはずであり，202条前段がこれを自殺教唆として軽く処罰していることを合理的に説明しえなくなるからです。

そこで，今日，最も有力な4つ目の見解は，この惹起説をベースにしつつも，共犯の成立範囲を限定するという観点から，正犯の不法の惹起を重畳的に要求します。端的にいうと，共犯処罰のアクセルが惹起説，ブレーキが不法共犯論であり，いずれをもみたしてはじめて共犯が成立することになります。この4つ目の見解は，ブレーキの欠けた惹起説（3つ目の見解）を純粋な惹起説とよび，これに対して，自身を（不法共犯論の観点がミックスされているという意味で）混合惹起説とよんでいます。こうして，先の事例におけるAが不可罰であることも，はたまたYが自殺教唆罪にとどまることも，無事に説明しうることになります。

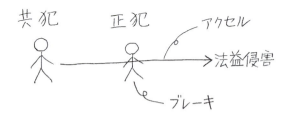

2.6.3 共犯の従属性

共犯の処罰根拠に関する混合惹起説に照らすと，共犯の成立にはブレーキに相当する，不法共犯論の観点からくる限定がかかります。これを共犯の限定性とか従属性などとよびます。何に従属しているかというと，すぐに分かると思

いますが，正犯の不法に従属しているわけです。もっとも，従来の学説においては，この共犯の従属性を次の3つに分けて説明するのが一般的でした。

第1に，**実行従属性**です。正犯が実行に着手しなければ，共犯もまた処罰されない，というわけです。しかし，実行の着手が未遂犯の成立を意味しているとすれば，予備罪の共犯もまた処罰すべきである以上，この実行従属性は過度の要求といわざるをえないでしょう。また，この点を措くとしても，実行従属性とは「ここまで大きな不法を実現したのだから……」という，共犯の処罰を積極的に基礎づけるアクセルのほうにかかわる発想です。したがって，これとは逆向きの，共犯の従属性の内容として論ずるのは適切とはいえません。

第2に，**罪名従属性**です。これは，正犯と共犯とで罪名が異なってよいか，という問題です。もっとも，これは，（抽象的事実の錯誤のところでお話しした）不法の符合の限界に関する問題と論理構造を同じくしています。したがって，この罪名従属性もまた，共犯成立にかかるブレーキという共犯の従属性の文脈で論ずるのは適当とはいえません。

第3に，**要素従属性**です。これは，共犯が成立するために，正犯が犯罪の構成段階のどこまでを備えている必要があるか，という問題です。まさに，惹起説の観点からくる共犯の処罰をそれとは別の観点から限定しようとする議論であって，この要素従属性こそが真正な共犯の従属性の問題だということになります。

それでは，具体的には，犯罪の構成段階のどこまでを備えていなければならないのでしょうか。

かつての通説は，正犯が構成要件に該当し，違法かつ有責でなければならない，と解していました。これを**極端従属性説**とよびます。しかし，このように解すると，先にもみた刑事未成年を利用する場合に処罰の間隙が生じてしまいます。

そこで，今日の通説的な見解は，責任までは不要であり，正犯が構成要件に該当し，違法な行為を行っていれば足りる，と主張します。これを**制限従属性説**とよびます。

この見解は，ほとんどの場合に説得的な帰結を導きますが，常に絶対的な妥当性を有するわけではありません。たとえば，AがYを憎んでおり，Xはその

	構成要件	違法	責任
極端従属性	○	○	○
制限従属性	○	○	
最小従属性	○		

ことを知っているが，Y自身はまったく知らないとしましょう。このとき，Yの正当防衛を利用してAにけがをさせようと考えたXが，Yに対して「Aが君に会いたがっているから訪ねてやってほしい」と唆したとします。さて，事態がXの予想どおり進行し，Yの姿を見たAがいきなり殴りかかってきたので，驚いたYがとっさに正当防衛で殴り返し，Aにけがをさせたとしたら，Xの罪責はどのようになるでしょうか。

　ふつうに考えると，AのけがにつきXになんらかの罪責を問いたいですよね。そこで，まず間接正犯になるかが問題となりますが，Yが十分に退避できたにもかかわらず憤激し，あえてAに反撃したのだとすれば，YをXの道具と評価するのは困難です。そこで，Xを処罰するためには，Yに対する共犯と構成するほかありません。しかし，Yの行為は正当防衛として違法性が阻却されますから，制限従属性説に立つ限り，Xに傷害罪の共犯が成立する余地はなくなってしまいます。

　このように，原則として制限従属性説の発想は支持されるべきですが，一部の，**適法行為を利用する違法行為**を観念すべき事例においては，やはり，正犯の違法性まで要求するのは行き過ぎのように思われます。そこで近時では，正犯が構成要件に該当してさえいればよいという，**最小限度従属性説**とよばれる

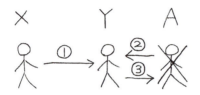

③は正当防衛＝適法

見解も有力になりつつあります。

2.6.4 共犯の因果性

さて，共犯の従属性は，共犯の処罰に関するブレーキを論ずるものでした。そこで，次にアクセルに相当する部分，すなわち，共犯による不法の惹起の具体的な内容について見てみましょう。なお，多くの犯罪において，不法は法益侵害との因果性によって与えられることから，この問題は**共犯の因果性**とよばれています。そして，この因果性は便宜的に，正犯の心理を介する**心理的因果性**と，それ以外の**物理的因果性**に区分されるのが一般です。

まず重要であるのは，正犯と異なり共犯の場合には，結果回避可能性までは必要ない，ということです。共犯が正犯の窃盗実行中，見張りをしてやったという場合，たまたま誰も通りかからなければ，見張りがなくても窃盗は成功したであろうから，窃盗罪の共犯は成立しない，などというのはおかしいですよね。このように，共犯の関与がなければ正犯行為が不成功に終わったであろう，という関係までは不要です。ただ，正犯の犯行を**促進**し，**容易化**していれば足りるものと解すべきです。

もっとも，他方で，その促進，容易化というのは，現実にその作用が正犯行為に及んでいなければなりません。これは実際にあった事案ですが，正犯のけん銃を用いた強盗殺人の計画を知った共犯が，こっそり当初の犯行予定場所である地下室の目張りをしておいたものの，実際には犯行は自動車内で行われることになった，というものを考えてみましょう。この場合，たしかに，共犯の行為は正犯行為を促進するのに一般に適したものです。しかし，共犯は正犯行為を促進する危険を作り出す，単なる危険犯ではありません。あくまで，現実に正犯行為を促進していなければならないのです。したがって，このような場合には，強盗殺人罪の共犯は成立しないと解すべきです。

◆**東京高判平成 2・2・21 判タ 733 号 232 頁＝宝石商殺害事件**

「思うに，Aは，現実には，当初の計画どおり地下室で本件被害者を射殺することをせず，同人を車で連れ出して，地下室から遠く離れた場所を走行中の車内で実行に及んだのであるから，被告人の地下室における目張り等の行為が

Aの現実の強盗殺人の実行行為との関係では全く役に立たなかったことは，原判決も認めているとおりであるところ，このような場合，それにもかかわらず，被告人の地下室における目張り等の行為がAの現実の強盗殺人の実行行為を幇助したといい得るには，被告人の目張り等の行為が，それ自体，Aを精神的に力づけ，その強盗殺人の意図を維持ないし強化することに役立ったことを要すると解さなければならない。しかしながら，原審の証拠及び当審の事実取調べの結果上，Aが被告人に対し地下室の目張り等の行為を指示し，被告人がこれを承諾し，被告人の協力ぶりがAの意を強くさせたというような事実を認めるに足りる証拠はなく，また，被告人が，地下室の目張り等の行為をしたことを，自ら直接に，もしくはCらを介して，Aに報告したこと，又は，Aがその報告を受けて，あるいは自ら地下室に赴いて被告人が目張り等をしてくれたのを現認したこと，すなわち，そもそも被告人の目張り等の行為がAに認識された事実すらこれを認めるに足りる証拠もなく，したがって，被告人の目張り等の行為がそれ自体Aを精神的に力づけ，その強盗殺人の意図を維持ないし強化することに役立ったことを認めることはできないのである」。

2.6.5 共犯の諸類型
2.6.5.1 教唆犯

それでは，つづいて，共犯の各類型をもう少し詳しく見てみましょう。

まずは教唆犯です。これは一般に，正犯の犯行決意を引き起こすことと定義されています。もっとも，学説では**非故意行為に対する教唆犯**も認めるべきであるとして，正犯の行為決意の惹起で足りるという見解も有力です。

みなさんは，非故意行為に対する教唆など認めなくても間接正犯にすればよいではないか，と思われたかもしれません。実は，たいていの場合にはそのとおりです。実益はありません。しかし，教唆者が非身分者であり，身分のある故意なき正犯者に身分犯の不法を犯させる，という例外的な場合まで考えると，途端に実益が出てきます。というのも，非身分者は身分犯の間接正犯になれないからです。

難しいことをいっているようですが，実は簡単な話です。間接正犯は，法を解釈する裁判所，あるいは法学者が作り出した概念にすぎず，それはあくまで正犯の一種にほかなりません。したがって，間接正犯も直接正犯と同様，正犯

の構成要件を完璧にみたしていなければなりません。しかし，当たり前ですが，たとえば，「公務員が……」と書いてある条文，構成要件を，非公務員がみたすことはできませんよね。こうして，非故意行為に対する教唆犯を認める実益が出てくるわけです。

教唆犯をめぐって次に議論されているのは，はじめから未遂に終わらせるつもりで犯罪を教唆する行為の可罰性です。これを**アジャン・プロヴォカトゥール**とよんでいます。たとえば，犯意惹起型のおとり捜査で刑事が覚せい剤の輸入を唆し，しかし，実際には水際で阻止して正犯を逮捕するつもりであったという場合，刑事は輸入未遂罪の教唆犯となるでしょうか。

たしかに，この場合であっても，客観的にみて，輸入未遂の不法が（正犯を介して）間接的に惹起されていることは否定できません。したがって，あくまで共犯の処罰根拠に照らすならば，この刑事の行為は輸入未遂罪の教唆犯を構成しえます。しかし，そうであったとしても，やはり，この刑事の行為は処罰されないでしょう。というのも，未遂というものは既遂を求めたが失敗したという構造を有しており，その意味で，既遂到達の予見を故意の内容とするからです。この刑事は輸入既遂を求めていませんよね。こうして故意が欠けるために，この刑事の行為は処罰されないこととなるわけです。

2.6.5.2 幇助犯

次に，幇助犯です。これは，正犯の行為決意を惹起する以外の方法で，正犯の犯行を促進，容易化する行為のうち，共同正犯に該当しないものを指します。簡単にいえば，幇助犯は他の共犯類型と異なり刑が必要的に減軽されるので，補充的に登場することになるわけです。

この幇助犯に特有の論点として，近時，注目の的になっているのは**中立（日常）的行為による幇助**とよばれるものです。これは，社会生活上，犯罪的意味の与えられていない行為によって，正犯の犯行を促進した場合にも幇助犯となるのか，という問題です。そして，この問題は場合を分けて扱わなければなりません。

まず，そもそも当該行為が不法にあたらない場合があります。たとえば，図書館にコピー機が置いてありますよね。そして，その近くには必ず「著作権侵

害には使用しないこと！」という注意書きがあります。私の勤めている大学でもそうです。しかし，そのような注意書きがあるということは，そのコピー機を著作権侵害に使う人が一定数，必ずいるということです。しかも，そのことはコピー機の設置者も十分に分かっているのです。そうすると，実際に著作権侵害をした人が捕まったとき，コピー機の設置者もその幇助犯として処罰されてしまうのでしょうか。

常識的に考えて，そんなはずはないですよね。しかし，その理由は何でしょうか。図書館のコピー機はあると非常に便利です。というより，われわれ研究者の仕事はコピー機がないと始まりません。その意味で，コピー機を設置する行為は非常に大きな社会的有用性を実現しているのです。しかも，その社会的有用性は著作権侵害のリスクを補って余りあるものです。こうして**利益衡量**により，コピー機の設置はそもそも適法とされることになるわけです。

なお，ここでは話を分かりやすくするためコピー機の例をあげましたが，実は，Winny（ウィニー）というファイル共有ソフトの開発・提供者が著作権侵害の幇助で起訴され，無罪になった有名な判例があります。新聞等でも騒がれた重要な事件ですので，ぜひ（有罪とした）第1審からとおして判決文を実際に読んでみて下さい。

◆**最決平成23・12・19刑集65巻9号1380頁＝Winny事件**
　「所論は，刑法62条1項が規定する幇助犯の成立要件は，『幇助行為』，『幇助意思』及び『因果性』であるから，幇助犯の成立要件として『違法使用を勧める行為』まで必要とした原判決は，刑法62条の解釈を誤るものであるなどと主張する。そこで，原判決の認定及び記録を踏まえ，検討することとする。
　(1) 刑法62条1項の従犯とは，他人の犯罪に加功する意思をもって，有形，無形の方法によりこれを幇助し，他人の犯罪を容易ならしむるものである（最高裁昭和24年（れ）第1506号同年10月1日第二小法廷判決・刑集3巻10号1629頁参照）。すなわち，幇助犯は，他人の犯罪を容易ならしめる行為を，それと認識，認容しつつ行い，実際に正犯行為が行われることによって成立する。原判決は，インターネット上における不特定多数者に対する価値中立ソフトの提供という本件行為の特殊性に着目し，『ソフトを違法行為の用途のみに又はこれを主要な用途として使用させるようにインターネット上で勧めてソフトを

提供する場合』に限って幇助犯が成立すると解するが、当該ソフトの性質（違法行為に使用される可能性の高さ）や客観的利用状況のいかんを問わず、提供者において外部的に違法使用を勧めて提供するという場合のみに限定することに十分な根拠があるとは認め難く、刑法62条の解釈を誤ったものであるといわざるを得ない。

(2) もっとも、Winnyは、1, 2審判決が価値中立ソフトと称するように、適法な用途にも、著作権侵害という違法な用途にも利用できるソフトであり、これを著作権侵害に利用するか、その他の用途に利用するかは、あくまで個々の利用者の判断に委ねられている。また、被告人がしたように、開発途上のソフトをインターネット上で不特定多数の者に対して無償で公開、提供し、利用者の意見を聴取しながら当該ソフトの開発を進めるという方法は、ソフトの開発方法として特異なものではなく、合理的なものと受け止められている。新たに開発されるソフトには社会的に幅広い評価があり得る一方で、その開発には迅速性が要求されることも考慮すれば、かかるソフトの開発行為に対する過度の萎縮効果を生じさせないためにも、単に他人の著作権侵害に利用される一般的可能性があり、それを提供者において認識、認容しつつ当該ソフトの公開、提供をし、それを用いて著作権侵害が行われたというだけで、直ちに著作権侵害の幇助行為に当たると解すべきではない。かかるソフトの提供行為について、幇助犯が成立するためには、一般的可能性を超える具体的な侵害利用状況が必要であり、また、そのことを提供者においても認識、認容していることを要するというべきである。すなわち、ソフトの提供者において、当該ソフトを利用して現に行われようとしている具体的な著作権侵害を認識、認容しながら、その公開、提供を行い、実際に当該著作権侵害が行われた場合や、当該ソフトの性質、その客観的利用状況、提供方法などに照らし、同ソフトを入手する者のうち例外的とはいえない範囲の者が同ソフトを著作権侵害に利用する蓋然性が高いと認められる場合で、提供者もそのことを認識、認容しながら同ソフトの公開、提供を行い、実際にそれを用いて著作権侵害（正犯行為）が行われたときに限り、当該ソフトの公開、提供行為がそれらの著作権侵害の幇助行為に当たると解するのが相当である。

(3) これを本件についてみるに、まず、被告人が、現に行われようとしている具体的な著作権侵害を認識、認容しながら、本件Winnyの公開、提供を行ったものでないことは明らかである。

次に，入手する者のうち例外的とはいえない範囲の者が本件Winnyを著作権侵害に利用する蓋然性が高いと認められ，被告人もこれを認識，認容しながら本件Winnyの公開，提供を行ったといえるかどうかについて検討すると，Winnyは，それ自体，多様な情報の交換を通信の秘密を保持しつつ効率的に行うことを可能とするソフトであるとともに，本件正犯者のように著作権を侵害する態様で利用する場合にも，摘発されにくく，非常に使いやすいソフトである。そして，本件当時の客観的利用状況をみると，原判決が指摘するとおり，ファイル共有ソフトによる著作権侵害の状況については，時期や統計の取り方によって相当の幅があり，本件当時のWinnyの客観的利用状況を正確に示す証拠はないが，原判決が引用する関係証拠によっても，Winnyのネットワーク上を流通するファイルの4割程度が著作物で，かつ，著作権者の許諾が得られていないと推測されるものであったというのである。そして，被告人の本件Winnyの提供方法をみると，違法なファイルのやり取りをしないようにとの注意書きを付記するなどの措置を採りつつ，ダウンロードをすることができる者について何ら限定をかけることなく，無償で，継続的に，本件Winnyをウェブサイト上で公開するという方法によっている。これらの事情からすると，被告人による本件Winnyの公開，提供行為は，客観的に見て，例外的とはいえない範囲の者がそれを著作権侵害に利用する蓋然性が高い状況の下での公開，提供行為であったことは否定できない。

　他方，この点に関する被告人の主観面をみると，被告人は，本件Winnyを公開，提供するに際し，本件Winnyを著作権侵害のために利用するであろう者がいることや，そのような者の人数が増えてきたことについては認識していたと認められるものの，いまだ，被告人において，Winnyを著作権侵害のために利用する者が例外的とはいえない範囲の者にまで広がっており，本件Winnyを公開，提供した場合に，例外的とはいえない範囲の者がそれを著作権侵害に利用する蓋然性が高いことを認識，認容していたとまで認めるに足りる証拠はない。

　確かに，〔1〕被告人がWinnyの開発宣言をしたスレッド（以下「開発スレッド」という。）には，Winnyを著作権侵害のために利用する蓋然性が高いといえる者が多数の書き込みをしており，被告人も，そのような者に伝わることを認識しながらWinnyの開発宣言をし，開発状況等に関する書き込みをしていたこと，〔2〕本件当時，Winnyに関しては，逮捕されるような刑事事件と

なるかどうかの観点からは摘発されにくく安全である旨の情報がインターネットや雑誌等において多数流されており，被告人自身も，これらの雑誌を購読していたこと，〔3〕被告人自身が Winny のネットワーク上を流通している著作物と推定されるファイルを大量にダウンロードしていたことの各事実が認められる。これらの点からすれば，被告人は，本件当時，本件 Winny を公開，提供した場合に，その提供を受けた者の中には本件 Winny を著作権侵害のために利用する者がいることを認識していたことは明らかであり，そのような者の人数が増えてきたことも認識していたと認められる。

しかし，〔1〕の点については，被告人が開発スレッドにした開発宣言等の書き込みには，自己顕示的な側面も見て取れる上，同スレッドには，Winny を著作権侵害のために利用する蓋然性が高いといえる者の書き込みばかりがされていたわけではなく，Winny の違法利用に否定的な意見の書き込みもされており，被告人自身も，同スレッドに『もちろん，現状で人の著作物を勝手に流通させるのは違法ですので，β テスタの皆さんは，そこを踏み外さない範囲で β テスト参加をお願いします。これは Freenet 系 P2P が実用になるのかどうかの実験だということをお忘れなきように。』などと Winny を著作権侵害のために利用しないように求める書き込みをしていたと認められる。これによれば，被告人が著作権侵害のために利用する蓋然性の高い者に向けて Winny を公開，提供していたとはいえない。被告人が，本件当時，自らのウェブサイト上などに，ファイル共有ソフトの利用拡大により既存のビジネスモデルとは異なる新しいビジネスモデルが生まれることを期待しているかのような書き込みをしていた事実も認められるが，この新しいビジネスモデルも，著作権者側の利益が適正に保護されることを前提としたものであるから，このような書き込みをしていたことをもって，被告人が著作物の違法コピーをインターネット上にまん延させて，現行の著作権制度を崩壊させる目的で Winny を開発，提供していたと認められないのはもとより，著作権侵害のための利用が主流となることを認識，認容していたとも認めることはできない。また，〔2〕の点については，インターネットや雑誌等で流されていた情報も，当時の客観的利用状況を正確に伝えるものとはいえず，本件当時，被告人が，これらの情報を通じて Winny を著作権侵害のために利用する者が増えている事実を認識していたことは認められるとしても，Winny は著作権侵害のみに特化して利用しやすいというわけではないのであるから，著作権侵害のために利用する者の割合が，

前記関係証拠にあるような4割程度といった例外的とはいえない範囲の者に広がっていることを認識，認容していたとまでは認められない。〔3〕の被告人自身がWinnyのネットワーク上から著作物と推定されるファイルを大量にダウンロードしていた点についても，当時のWinnyの全体的な利用状況を被告人が把握できていたとする根拠としては薄弱である。むしろ，被告人が，P2P技術の検証を目的としてWinnyの開発に着手し，本件Winnyを含むWinny2については，ファイル共有ソフトというよりも，P2P型大規模BBSの実現を目的として開発に取り組んでいたことからすれば，被告人の関心の中心は，P2P技術を用いた新しいファイル共有ソフトや大規模BBSが実際に稼動するかどうかという技術的な面にあったと認められる。現に，Winny2においては，BBSのスレッド開設者のIPアドレスが容易に判明する仕様となっており，匿名性機能ばかりを重視した開発がされていたわけではない。そして，前記のとおり，被告人は，本件Winnyを含むWinnyを公開，提供するに当たり，ウェブサイト上に違法なファイルのやり取りをしないよう求める注意書を付記したり，開発スレッド上にもその旨の書き込みをしたりして，常時，利用者に対し，Winnyを著作権侵害のために利用することがないよう警告を発していたのである。

　これらの点を考慮すると，いまだ，被告人において，本件Winnyを公開，提供した場合に，例外的とはいえない範囲の者がそれを著作権侵害に利用する蓋然性が高いことを認識，認容していたとまで認めることは困難である。
(4) 以上によれば，被告人は，著作権法違反罪の幇助犯の故意を欠くといわざるを得ず，被告人につき著作権法違反罪の幇助犯の成立を否定した原判決は，結論において正当である」。

　さて，次に，当該行為が優越利益を備えており，それゆえ積極的に適法という評価を受ける場合のほか，他の犯罪成立要件の欠如によって不可罰とされる場合もあります。たとえば，ガソリンスタンドの従業員がいかにも速度超過を犯しそうな自動車に給油をしたところ，実際にその運転手が速度超過で捕まったとしましょう。このとき，その従業員は速度超過の幇助犯として処罰されるでしょうか。

　これもまた，不可罰にしないとおかしい気がします。しかし，実際に速度超過を犯さんとしている自動車に給油をする行為が，マイナスを埋め合わせるプ

ラスを実現しているとはいえないでしょう。そこで，ここで不可罰にするためには他の理由づけが必要になります。たとえば，ガソリンスタンドはほかにいくらでもあり，別の場所で給油することも十分に可能だから，正犯行為を促進しているとはいえない，という評価も可能かもしれません。

あるいは，このようなケースも考えられるでしょう。いかにも粗暴な雰囲気の客が金物屋にやって来て，包丁を買いたいといいました。店主は，もしかしたらこの客は包丁を殺人に使用するかもしれないが，それは自分には関係のないことだと考え，包丁を売りました。はたして，その客は包丁を使って殺人を犯しました。このケースで，店主は殺人罪の幇助犯になるでしょうか。

そんなはずはないですよね。そうでないと，少しでも慎重な人，想像力のある人は金物屋を経営できなくなってしまいます。ここでは，「雰囲気が粗暴だからといって，そのことからただちに殺人に結びつくなどと，ふつうの人は考えない」という点が重要です。このように，行為者の立場におかれた（法の期待する慎重さを備えた）通常人，一般人ならば，自己の行為が不法につながるなど思いもよらないという場合には，たまたま当該行為者だけが，いわば「妄想の世界」で「この人は殺人を犯すかも」と思っていたとしても，処罰すべきではありません。そのような異常に慎重な行為者は，もはや刑法によるコントロールの対象ではないからです。これは講義のはじめのほうでお話しした**責任主義**の要請であり，結局，この店主が殺人罪の幇助犯にならないのは責任が阻却されるからです。

2.6.5.3 共同正犯
2.6.5.3.1 異なる罪名間の共同正犯

最後に，共同正犯です。まず，異なる罪名にまたがって共同正犯が成立しうるかが問題となります。たとえば，XとYが共同してAを殴り，これを死亡させたものとします。しかし，のちの取調べにおいて，Xには殺意があったものの，YにはAを殺すまでの意思がなかったことが判明しました。さて，XとYは共同正犯となりうるでしょうか。なりうるとして，どの範囲で共同正犯となるのでしょうか。

ここで非常に重要なのは，この問題が，先ほど共犯の従属性のところで出て

きた罪名従属性の問題とは性質を異にしている、ということです。共犯の成立には正犯の不法というブレーキがかけられている、というのは何度もお話ししましたが、そうだとすると、それを超えない範囲で共犯の不法を認めなければなりません。そこで、正犯の不法を超えていないと評価しうる限界を見定めるため、不法の符合にかかる議論をするのが罪名従属性の問題でした。これに対して、共同正犯においては正犯の不法という限定がありません。そこで、あくまで共同正犯の解釈として、異なる罪名にまたがってよいかを議論しなければならないのです。

　この問題については、大きく2つの見解が対立しています。1つ目が**犯罪共同説**であり、共同正犯は同一の罪名の間でしか成立しえないと解します。そうすると、はじめの事例におけるYにも殺人罪（199条）の共同正犯が成立し、ただ38条2項によって、その刑のみが傷害致死罪（205条）のそれに限定されることになります。しかし、刑罰あっての犯罪なのですから、このように罪名と科刑が分裂するのは不自然です。むろん、そのような例外的な処理も、どうしても必要だというのであれば仕方がないでしょう。もっとも、同一の罪名の間でしか共同正犯が成立しえないというのは、「共同正犯とはそういうものだ」という論者の思い込みにすぎず、刑法理論上、特段の根拠があるわけではありません。

　そこで、2つ目の見解が出てきます。それが**行為共同説**であり、複数人が一体となって罪を犯すのが共同正犯なのだから、そのような一体性が確保されている限り、罪名が異なっても共同正犯の成立に妨げはないと解します。たしかに、たとえば、恐喝罪と傷害罪の共同正犯などというのは不自然な感じがしなくもありません。しかし、複数人の間に認識の違いがあり、一方は被害者を脅して金を取ろうと思っていた、他方は殴ってけがを負わせるつもりだったというとき、そのような各自の犯罪を、しかし、一緒になってやっているのであれば、両者を共同正犯とすることはそれほどおかしくないと思います。ちょっと主観が入ってしまいましたが、私は、したがって、この行為共同説が正しいと考えています。

　ところで、わが国の判例は、**部分的犯罪共同説**という中間説を採用するものといわれています。はじめの例だと、罪名が実質的に重なり合う傷害致死罪の

範囲でXとYが共同正犯になり，それを超えた殺人罪の部分については，Xに単独正犯が別途，成立するというのです。しかし，このような中途半端な修正には根拠がなく，本来，共同正犯とすべき部分を単独正犯とすることにより，かえって問題を増幅させてしまいます。たとえば，Aの死因がXの暴行によって形成されたことを証明しえない限り，XはA死亡の点については罪責を問われないことになってしまうのです。これは看過しがたい処罰の間隙といわざるをえません。

> ◆最決平成17・7・4刑集59巻6号403頁＝シャクティパット事件
> 「被告人は，自己の責めに帰すべき事由により患者の生命に具体的な危険を生じさせた上，患者が運び込まれたホテルにおいて，被告人を信奉する患者の親族から，重篤な患者に対する手当てを全面的にゆだねられた立場にあったものと認められる。その際，被告人は，患者の重篤な状態を認識し，これを自らが救命できるとする根拠はなかったのであるから，直ちに患者の生命を維持するために必要な医療措置を受けさせる義務を負っていたものというべきである。それにもかかわらず，未必的な殺意をもって，上記医療措置を受けさせないまま放置して患者を死亡させた被告人には，不作為による殺人罪が成立し，殺意のない患者の親族との間では保護責任者遺棄致死罪の限度で共同正犯となると解するのが相当である」。

2.6.5.3.2 共謀共同正犯

つづいて，共同正犯に関しては，「実行行為を分担していない者も共同正犯となりうるか」という問題も議論されています。これを共謀共同正犯とよびます。反対に，実行行為を分担する共同正犯を実行共同正犯とよんでいます。

実は，判例・実務においては，この共謀共同正犯が幅広く承認されています。そして，これに反対する一部の学説が，それは共同正犯の本質に反すると批判しているのです。この批判は大きく2種類に分かれます。

　第1に，条文の文言です。先に見たように，60条は「2人以上共同して犯罪を実行した者は，すべて正犯とする」と規定しています。そして，これを素直に読めば，共同正犯は「犯罪の実行を共同した」場合にだけ成立するものと理解される，というのです。しかし，この条文は「複数人が共同したうえ，そのうちの誰かにより犯罪が実行された」と読むことも不可能ではありません。したがって，条文の文言は決定的とはいえません。

　第2に，共同正犯は実行行為を行う正犯の一形態を注意的に規定したものだ，という60条の確認（注意）規定説です。もっとも，すでに述べたように，60条は，正犯の成立しえないところにも共同正犯の成立する余地を認める創設規定のひとつと解さざるをえません。したがって，このような批判もまた説得力がありません。

　むしろ，共謀共同正犯を承認しないと，処罰が不十分に感じられるケースが増加しすぎるでしょう。教唆犯で処罰しようとすれば，正犯の行為決意の惹起を証明しなければならなくなります。他方，幇助犯で行こうとすれば，今度は刑が必要的に減軽されてしまいます。さらに，狭義の共犯全般の問題として，従属対象である正犯ないし共同正犯の存在を別途，証明しなければなりません。また，これはあとで扱う問題ですが，過失犯においては実行行為を分担しない限り，正犯の要件をみたさない者はすべて不可罰になってしまうでしょう。

　さらに，共謀共同正犯を認める実際上の必要性をあげつらう以前の問題として，そもそも実行共同正犯が共同正犯の基本型であるという理解自体，どれほどの根拠があるかは大いに疑問です。というのも，実行共同正犯においても，自己が担当していない実行行為の部分については共謀共同正犯なのであって，両共同正犯はいわば鶏と卵の関係にあると思われるからです。

　そうすると，共謀共同正犯の肯否という論点はいわば仮象問題であって，むしろ，「共同正犯一般が他の共犯類型からどのように区別されるべきか」という問いのほうこそが重要性をもちます。そして，この問題については，おおよそ次のように考えることができるのではないでしょうか。

まず、共同正犯が幇助犯よりも刑が重いことにかんがみ、その者が侵害経過において果たした**寄与、役割が重要**なものであることを要求すべきでしょう。侵入窃盗でいえば、犯行計画を立案したとか、それがなければ犯行が成り立たない金庫の合鍵を提供した、などといったことですね。反対に、念のためにすぎない、定型的で誰でもできる見張りをしただけであれば、これを重要な役割ということはできず、その者は幇助犯にとどまるでしょう。

次に、共同正犯が教唆犯と異なり、まさに正犯として扱われる（たとえば、①狭義の共犯が処罰されない犯罪においても処罰されうる、②複数人の行為をあわせて構成要件がみたされれば足りる）ことにかんがみ、他者に対して一方的にはたらきかけたのでは足りないと解すべきです。すなわち、複数人が相互に結びつき、犯罪実現主体としての**一体性**を備えていることが必要というべきでしょう。その典型例が**意思連絡**ですが、のちにもお話しするように、それ以外にも一体性を認めるべき場合があるかもしれません。

```
⎧ 共同性　→ 全員あわせて構成要件該当性
⎨
⎩ 重要な役割 → 幇助減軽の排除
```

2.6.6　共犯の諸問題
2.6.6.1　身分犯の共犯

ここまでは、共犯の基礎理論についてお話ししてきました。そこで、ここからは、共犯に関するいわば応用的な論点について説明していきたいと思います。

まずは**身分犯の共犯**です。身分犯というのは、この講義の最初にもお話ししたように、特別な一身的属性を有する者のみが実現できる犯罪類型でした。そして、このような身分犯を実現するにあたり、身分のある者とない者とが協働した場合にどのような刑法的規律がなされるべきか、ということがここで論じられる問題です。もっとも、実は、この問題については刑法に明文の規定があります。それが65条です。この条文は2つの項からなっており、1項が「犯人の身分によって構成すべき犯罪行為に加功したときは、身分のない者であっ

ても，共犯とする」と，2項が「身分によって特に刑の軽重があるときは，身分のない者には通常の刑を科する」と，それぞれ規定しています。

1項は，これを文字どおりに解釈すると，**真正（構成的）身分**の連帯性を定めています。これに対して，2項は**不真正（加減的）身分**の個別性を定めているように読めます。そうすると，たとえば，非公務員が公務員に収賄（197条1項前段）を唆すと収賄罪の教唆犯が成立するのに対し，非公務員が特別公務員に暴行陵虐（195条）を唆すと暴行罪（208条）の教唆犯が成立することになります。まあ，あてはめはそれなりにややこしいですが，ゆっくりやればみなさんもできると思います。

しかし，このような見解の真の問題は，あてはめがややこしいことではありません。そうではなく，（特別）公務員という刑法理論上，同一の性質を有するはずの身分が，当該身分犯に減軽類型があるかという異質の法政策的判断に基づいて，まったく異なる作用を有してしまうことです。むろん，それもまた立法者の判断なのだから，われわれは不合理な立法者をもってしまったのだ，とあきらめるのも一計かもしれません。しかし，法を解釈する側としては，一義的な明文にはっきりと反するのでない限り，刑法理論全体の整合性がとれるよう，多少，素直でない読み方をする必要もあるのではないでしょうか。

そこで，有力な見解は，1項が行為の違法性に影響する身分（**違法身分**）を，2項が責任に影響する身分（**責任身分**）を，それぞれ定めたものと解します。そして，違法身分に関しては，非身分者も身分者を介して不法を間接的に実現しうる以上，非身分者にも連帯的に作用するといいます。他方，責任身分に関しては，それがあくまで身分者の高度の非難可能性ないし処分の必要性をあらわすものである以上，非身分者には及ばない，つまり，個別的に作用することになります。

このように解すると，たとえば，先の公務員も特別公務員も，当該行為をなすことによりその職務の適正ないしそれに対する国民の信頼を害するという新たな違法性を基礎づける以上，違法身分ということになり，ともに連帯的に作用します。したがって，非身分者には収賄罪の教唆犯とともに，特別公務員暴行陵虐罪の教唆犯が成立しえます。こうして，65条の文言の素直な解釈がはらむ刑法理論全体との齟齬は解消されるでしょう。

2.6 共犯

$$65条 \begin{cases} 1項 = 違法身分の連帯性 \\ 2項 = 責任身分の個別性 \end{cases}$$

　もちろん，刑法（というより，制裁一般）には罪刑法定主義が妥当しますから，「1項＝違法身分の連帯性，2項＝責任身分の個別性」という解釈があまりにも文言からかい離すれば，罪刑法定主義違反の問題が生じてきます。しかも，注意深い方は気づいたと思いますが，このような解釈によって，たとえば，特別公務員に暴行陵虐を唆した人の刑は，文言の素直な読み方よりも重くなっているのです。

　このあたりは難しいところですが，私はギリギリ，このような解釈も許されるのではないかと考えています。すなわち，1項の「構成すべき犯罪行為」とは，「犯罪の中核，禁止の対象である不法を構成する」という意味だ，と解するのはそれほど不自然ではありません。他方，2項の「特に刑の軽重がある」というのは，1項を前提としながら，「不法が共通していても，なお責任の違いにより刑の重さが異なる」という意味だ，と解することになります。こちらもまた，少なくとも1項のそのような解釈を前提にするのであれば，それほど不自然とはいえないでしょう。

　最後に，65条に関しては，あわせて次の2点もさかんに議論されています。

　第1に，1項を共同正犯にも適用しうるかです。そして，学説には，共同正犯が正犯の一現象形態であることを強調し，非身分者は身分犯の正犯になれないことを根拠として，この点を否定するものもあります。しかし，何度もお話ししたように，共同正犯はあくまで共犯の一種であり，正犯から処罰範囲を拡張する創設的な規定です。したがって，1項は共同正犯にも適用可能と解すべきです。判例もそのように解しています。

　第2に，2項の「者」が共犯のみならず，正犯も含むかです。たとえば，「賭博の常習者が非常習者に賭博行為を唆した場合において，常習者のほうに何罪の教唆犯が成立するか」というのがここでの問題です。そして，有力な見解は，共犯があくまで正犯に従属して成立する以上，正犯が単純賭博罪（185条本文），教唆犯が常習賭博罪（186条1項）というのは背理であるとして，

「者」は共犯だけを指すと主張します。

　みなさんはこの見解を聞いてどう思ったでしょうか。おそらく，「なるほど，たしかにそうだな」と感じたのではないでしょうか。しかし，これまでお話ししてきたことをよく思い出してみると，この見解にはおかしなところがあると気づくはずです。共犯の一般理論の復習を兼ねて，少し詳しくご説明しましょう。

　そもそも，共犯の従属性とはどのような意味だったでしょうか。それは「共犯の成立範囲が拡大しすぎないようブレーキをかける趣旨で，正犯の不法をあわせて要求する」という発想でしたよね。しかし，そうだとすると，常習者という身分が責任身分である以上，正犯が単純賭博罪，共犯が常習賭博罪であったとしても，なんらおかしくはありません。通説は共犯の従属性の内容として，正犯の責任までは要求しないからです。

　また，この見解はブレーキの内容だけでなく，ブレーキの趣旨そのものの理解においても少々誤っているように思います。というのも，ブレーキとは，あくまで政策的観点から共犯の成立範囲を限定しようとするものです。そうだとすると，合理的な理由があればそのブレーキを少し緩め，共犯の成立範囲を拡大することを立法者が選択する余地は十分にあります。そして，立法者はあくまで「共犯」ではなく「者」と規定しているのですから，そこに正犯まで含めようとする立法者の手を縛る権限は，この見解にはないはずです。

　このように，この見解がおかしいと分かることは，共犯の一般理論を復習することと大きく重なっているのです。

2.6.6.2 片面的共犯

　意思連絡を欠く共犯のことを**片面的共犯**といいます。たとえば、Xが侵入窃盗を計画していることを知った友人のYが、侵入先の家の鍵を事前に開けておいてやった結果、Xは侵入窃盗が容易になったという事例において、Yに住居侵入罪（130条前段）および窃盗罪（235条）の幇助犯が成立しうるでしょうか。

　一部の学説は、社会心理学的知見に基づいて意思連絡を共犯の本質的要素ととらえ、これを否定します。要するに、ひとりでは罪を犯す勇気が出なくても、仲間がいると思うことで犯罪に向かう危険性が増大する、いわば「赤信号、みんなで渡れば怖くない」という発想が共犯という概念の基底にある、というわけです。

　たしかに、そういう側面はあります。しかし、真に問題なのは、そのような場合に限って共犯を処罰することが刑事政策的にみても合理的であるのか、ということです。そして、私も、さらには通説・判例も、それは合理的でないと考えています。たとえば、最初の事例で、YがXに鍵の開け方をレクチャーしてやったとします。このときは、誰もがYは幇助犯になるといいます。しかし、みなさんが被害者だったと考えてみて下さい。Yがいなければ泥棒に入られなかったのに、Yのせいで鍵が開けられ侵入窃盗されてしまったという点で、2つの事例はなんら差がないですよね。みなさんも同じくらいYに腹が立つと思います。そうすると、やはり、こっそり家の鍵を開けておいた場合にもYを幇助犯として処罰すべきです。

　そして、このことを説明するためにこそ、共犯の処罰根拠論が発展してきたのです。すなわち、正犯の行為を物理的または心理的に促進することで、法益侵害を間接的に引き起こすことが重要なのであって、それはいずれの事例においても等しく認められる、というわけです。こうして、片面的共犯も認めるべきです。

　ただし、一点だけ注意を要することがあります。それは**片面的共同正犯**の扱いです。たしかに、法益侵害を間接的に引き起こしたという共犯の処罰根拠の観点のみからすれば、すでにお話ししたように、片面的な関与であっても完全にみたすことが可能です。しかし、共同正犯の場合には、そのような観点に加

え，複数者を一体として犯罪実現主体ととらえるための相互の結びつきが必要でした。そして，その典型例が意思連絡であるところ，片面的共同正犯の場合には，まさにそれが欠けているのです。

　これはなかなか難しい問題であり，学説には，意思連絡がない以上，相互的な結びつきなど観念しえないとして片面的共同正犯を一律に否定するものもあります。しかし，そのように言い切ることには若干の疑問もあります。

　たとえば，XがA被害者を強姦中，Yがこっそり被害者の身体を押さえつけておいたために，その継続が可能となった，という事例を考えてみましょう。たしかに，ここでは意思連絡がありません。しかし，YはずっとXの犯行を見守り，継続的にちょうどよい援助を与え続けているのです。このような場合にさえ，「両者は意思連絡がないから一体としては評価しえない」というのは言い過ぎではないでしょうか。

　また，のちにもお話ししますが，過失犯の共同正犯まで視野に入れると，意思連絡を要求することはますます過大な要求のように思われます。そもそも意思連絡というのは，先ほどの「赤信号，みんなで渡れば怖くない」の比喩にもあらわれているように，まさに実行しようとする犯罪に関する意思連絡のことを指しています。そうすると，過失犯の共同正犯においては常に意思連絡が欠けていることになります。しかし，相互に法益を侵害することとなる行為を促進しあっているのに，意思連絡がないから一体としては評価しえず，それゆえ，過失犯の共同正犯はおよそ認められないというのは納得できません。

　このように，片面的共同正犯も一定の範囲で認めるべきだと思うのですが，その具体的な基準を提示することはなかなか困難です。学界でも，まだ研究が始まったばかりという段階です。

2.6.6.3　承継的共犯

　承継的共犯とは，先行者による犯罪の途中から関与した後行者が，当該犯罪につきいかなる範囲で共犯としての罪責を負うか，という問題です。たとえば，このような事例がありえます。①XがAを殴っている途中，Xの友人であるYが現れ，そこで意思を通じて一緒にAを殴り始めた。その結果，Aは傷害を負ったが，それがY登場以前に生じたのか，それとも以後に生じたのかが判

明しない。あるいは、このような事例も考えられるでしょう。②ZがBを欺罔したのち、Wに事情を話して仲間に引き入れ、Bからの金銭の受交付のみをWに担当させた。さて、これらの事例において、それぞれ、①Yは傷害罪（204条）の共同正犯、②Wは詐欺罪（246条1項）の共同正犯となりうるでしょうか。これがここで問われていることがらです。

　この問題は、しかし、これまで何度もお話しした共犯の処罰根拠に照らすと、一義的な答えが出てきそうですね。つまり、われわれにはタイムマシンがありませんから、自分が関与する以前の事象に対して因果的な影響を与えることはできません。そうすると、承継などという概念は成り立たず、①も②も否定されることになりそうです。実際、近時の最高裁判例は、①のほうを同様の理屈で否定しています。

◆最決平成24・11・6刑集66巻11号1281頁
　「1　原判決及びその是認する第1審判決の認定並びに記録によれば、本件の事実関係は、次のとおりである。
(1) A及びB（以下「Aら」という。）は、平成22年5月26日午前3時頃、愛媛県伊予市内の携帯電話販売店に隣接する駐車場又はその付近において、同店に誘い出したC及びD（以下「Cら」という。）に対し、暴行を加えた。その態様は、Dに対し、複数回手拳で顔面を殴打し、顔面や腹部を膝蹴りし、足をのぼり旗の支柱で殴打し、背中をドライバーで突くなどし、Cに対し、右手の親指辺りを石で殴打したほか、複数回手拳で殴り、足で蹴り、背中をドライバーで突くなどするというものであった。
(2) Aらは、Dを車のトランクに押し込み、Cも車に乗せ、松山市内の別の駐車場（以下「本件現場」という。）に向かった。その際、Bは、被告人がかねてよりCを捜していたのを知っていたことから、同日午前3時50分頃、被告人に対し、これからCを連れて本件現場に行く旨を伝えた。
(3) Aらは、本件現場に到着後、Cらに対し、更に暴行を加えた。その態様は、Dに対し、ドライバーの柄で頭を殴打し、金属製はしごや角材を上半身に向かって投げつけたほか、複数回手拳で殴ったり足で蹴ったりし、Cに対し、金属製はしごを投げつけたほか、複数回手拳で殴ったり足で蹴ったりするというものであった。これらの一連の暴行により、Cらは、被告人の本件現場到着前から流血し、負傷していた。

(4) 同日午前4時過ぎ頃, 被告人は, 本件現場に到着し, CらがAらから暴行を受けて逃走や抵抗が困難であることを認識しつつAらと共謀の上, Cらに対し, 暴行を加えた。その態様は, Dに対し, 被告人が, 角材で背中, 腹, 足などを殴打し, 頭や腹を足で蹴り, 金属製はしごを何度も投げつけるなどしたほか, Aらが足で蹴ったり, Bが金属製はしごで叩いたりし, Cに対し, 被告人が, 金属製はしごや角材や手拳で頭, 肩, 背中などを多数回殴打し, Aに押さえさせたCの足を金属製はしごで殴打するなどしたほか, Aが角材で肩を叩くなどするというものであった。被告人らの暴行は同日午前5時頃まで続いたが, 共謀加担後に加えられた被告人の暴行の方がそれ以前のAらの暴行よりも激しいものであった。

(5) 被告人の共謀加担前後にわたる一連の前記暴行の結果, Dは, 約3週間の安静加療を要する見込みの頭部外傷擦過打撲, 顔面両耳鼻部打撲擦過, 両上肢・背部右肋骨・右肩甲部打撲擦過, 両膝両下腿右足打撲擦過, 頚椎捻挫, 腰椎捻挫の傷害を負い, Cは, 約6週間の安静加療を要する見込みの右母指基節骨骨折, 全身打撲, 頭部切挫創, 両膝挫創の傷害を負った。

2 原判決は, 以上の事実関係を前提に, 被告人は, Aらの行為及びこれによって生じた結果を認識, 認容し, さらに, これを制裁目的による暴行という自己の犯罪遂行の手段として積極的に利用する意思の下に, 一罪関係にある傷害に途中から共謀加担し, 上記行為等を現にそのような制裁の手段として利用したものであると認定した。その上で, 原判決は, 被告人は, 被告人の共謀加担前のAらの暴行による傷害を含めた全体について, 承継的共同正犯として責任を負うとの判断を示した。

3 所論は, 被告人の共謀加担前のAらの暴行による傷害を含めて傷害罪の共同正犯の成立を認めた原判決には責任主義に反する違法があるという。

そこで検討すると, 前記1の事実関係によれば, 被告人は, Aらが共謀してCらに暴行を加えて傷害を負わせた後に, Aらに共謀加担した上, 金属製はしごや角材を用いて, Dの背中や足, Cの頭, 肩, 背中や足を殴打し, Dの頭を蹴るなど更に強度の暴行を加えており, 少なくとも, 共謀加担後に暴行を加えた上記部位についてはCらの傷害(したがって, 第1審判決が認定した傷害のうちDの顔面両耳鼻部打撲擦過とCの右母指基節骨骨折は除かれる。以下同じ。)を相当程度重篤化させたものと認められる。この場合, 被告人は, 共謀加担前にAらが既に生じさせていた傷害結果については, 被告人の共謀及

びそれに基づく行為がこれと因果関係を有することはないから，傷害罪の共同正犯としての責任を負うことはなく，共謀加担後の傷害を引き起こすに足りる暴行によってＣらの傷害の発生に寄与したことについてのみ，傷害罪の共同正犯としての責任を負うと解するのが相当である。原判決の上記2の認定は，被告人において，ＣらがＡらの暴行を受けて負傷し，逃亡や抵抗が困難になっている状態を利用して更に暴行に及んだ趣旨をいうものと解されるが，そのような事実があったとしても，それは，被告人が共謀加担後に更に暴行を行った動機ないし契機にすぎず，共謀加担前の傷害結果について刑事責任を問い得る理由とはいえないものであって，傷害罪の共同正犯の成立範囲に関する上記判断を左右するものではない。そうすると，被告人の共謀加担前にＡらが既に生じさせていた傷害結果を含めて被告人に傷害罪の共同正犯の成立を認めた原判決には，傷害罪の共同正犯の成立範囲に関する刑法60条，204条の解釈適用を誤った法令違反があるものといわざるを得ない」。

しかし，実をいうと，①は承継的共犯論の主戦場ではありません。というのも，かりに①を否定しても，Ｙは少なくとも暴行罪（208条）の共同正犯にはなるからです。また，これは刑法各論のほうで勉強する条文ですが，207条の同時傷害の特例をこの種の事案にも準用することができれば，承継の可否など論ずるまでもなく，Ｙを傷害罪で処罰することが可能です。これに対して②のほうは，これを否定するとＷはせいぜい遺失物等横領罪（254条）にしかならないという点で，承継を肯定した場合と結論の違いが非常に大きくなります。そして，とくに実務家の感覚からすると，Ｗの刑をあまりにも軽くするのはまずいようです。というのも，実際にはＷが当初から共謀している可能性が高いのに，わずかな証拠の不足からそれが証明しえないとき，突如として刑が軽くなるのは刑事政策的に問題だと感じられるからです。

しかし，私が研究者だからというのでなく，そのような立証の問題を持ち出すのはおかしいと思います。殺人犯人の同一性だって，わずかな証拠の不足からこれを認定しえなければ無罪となってしまうのですから。そこで学説には，正面から「詐欺はすでに勘違いしている人から金銭を受け取る場合にも成立しうる」というものもあります。しかし，それは大きな誤りです。詐欺というのは，被害者を錯誤に陥れることで，財物を渡してくれる高い危険性を作り出す

という独自の不法を有しているからです。この不法に関わっていない人を詐欺の罪で処罰することはできません。

こうして，②についても否定すべきです。そして，たとえその結論がおかしいと感じられても，それはわが国の法体系全体がやむをえないと判断したものだ，ということになります。

2.6.6.4　共犯関係の解消

さて，これまでお話ししてきた承継的共犯の問題が，先行者の犯行の途中から後行者が参加した場合に論じられるのに対し，これとは逆の問題も生じえます。すなわち，ともに犯罪を行っている者の一部が途中から離脱することによって，残余者によるその後の犯行に関する罪責を免れることができるか，という問題です。

たとえば，XとYが一緒になってAを殴っていたものの，途中でやる気を失ったXが，「俺はもういいから帰る」とだけ言い残して立ち去ったとしましょう。一方，Yのほうは憤激が収まらず，その後も殴打を続けた結果，Aが重傷を負ったものとします。ここで，Yが当該重傷につき傷害罪（204条）の罪責を負うことは疑いありません。問題は，Xまでもがその共同正犯の罪責を負わされるかです。そして，もし罪責を負わされないのであれば，それは当初，存在したはずの共犯関係が途中から解消したことを意味し，これを縮めて「**共犯関係の解消**」とよんでいるのです。

この共犯関係の解消の可否も，煎じ詰めれば，共犯の処罰根拠という観点から解決されるべきでしょう。具体的にいうと，共犯の処罰根拠が間接的な不法の実現，法益侵害の惹起に求められる以上，共犯者が離脱によってその因果的な影響力を除去したものと評価しえれば，共犯関係は解消されたと解されることになるのです。と，抽象的にいいましたが，実は個別具体の事案において，この因果的影響力の除去をフリーハンドで認定するのはなかなか難しいところがあります。そこで，学説では次のような類型化がなされています。

まず，代替可能で軽微な役割しか果たしていない共犯者が離脱するに際しては，とくに心理的因果性が問題となる場合，単に離脱する旨を残余者に告げるだけでよいでしょう。これに対して，そもそも犯行の動機を作り出すなど，重

要な役割を果たしている場合には，共謀がなかったのと同じ状態に戻すことまで要請されます。他方，物理的因果性が問題となる場合，たとえば，侵入窃盗に必要な合鍵を調達したような事例では，当該犯行計画がいったん白紙に戻されるのでもない限り，その合鍵を取り戻すことまで必要となるでしょう。

ここで，ちょっと発展的な話になりますが，3点補足しておきます。

第1に，かつては実行の着手前の離脱と着手後の離脱を分け，共犯関係解消の要件を区別する見解が有力でした。しかし，今日では，あくまで因果的影響力の除去が統一的な基準であることについて，ほぼ共通了解が形成されています。これを**因果性遮断説**とよびます。そして，この因果性の遮断が中止犯の要件をみたすときは，あわせて中止犯が成立しうると解されています。

◆**最決平成 21・6・30 刑集 63 巻 5 号 475 頁**

「1　原判決及びその是認する第1審判決の認定並びに記録によれば，本件の事実関係は，次のとおりである。
(1) 被告人は，本件犯行以前にも，第1審判示第1及び第2の事実を含め数回にわたり，共犯者らと共に，民家に侵入して家人に暴行を加え，金品を強奪することを実行したことがあった。
(2) 本件犯行に誘われた被告人は，本件犯行の前夜遅く，自動車を運転して行って共犯者らと合流し，同人らと共に，被害者方及びその付近の下見をするなどした後，共犯者7名との間で，被害者方の明かりが消えたら，共犯者2名が屋内に侵入し，内部から入口のかぎを開けて侵入口を確保した上で，被告人を含む他の共犯者らも屋内に侵入して強盗に及ぶという住居侵入・強盗の共謀を遂げた。
(3) 本件当日午前2時ころ，共犯者2名は，被害者方の窓から地下1階資材置場に侵入したが，住居等につながるドアが施錠されていたため，いったん戸外に出て，別の共犯者に住居等に通じた窓の施錠を外させ，その窓から侵入し，内側から上記ドアの施錠を外して他の共犯者らのための侵入口を確保した。
(4) 見張り役の共犯者は，屋内にいる共犯者2名が強盗に着手する前の段階において，現場付近に人が集まってきたのを見て犯行の発覚をおそれ，屋内にいる共犯者らに電話をかけ，『人が集まっている。早くやめて出てきた方がいい。』と言ったところ，『もう少し待って。』などと言われたので，『危ないから

待てない。先に帰る。』と一方的に伝えただけで電話を切り，付近に止めてあった自動車に乗り込んだ。その車内では，被告人と他の共犯者1名が強盗の実行行為に及ぶべく待機していたが，被告人ら3名は話し合って一緒に逃げることとし，被告人が運転する自動車で現場付近から立ち去った。

(5) 屋内にいた共犯者2名は，いったん被害者方を出て，被告人ら3名が立ち去ったことを知ったが，本件当日午前2時55分ころ，現場付近に残っていた共犯者3名と共にそのまま強盗を実行し，その際に加えた暴行によって被害者2名を負傷させた。

2 上記事実関係によれば，被告人は，共犯者数名と住居に侵入して強盗に及ぶことを共謀したところ，共犯者の一部が家人の在宅する住居に侵入した後，見張り役の共犯者が既に住居内に侵入していた共犯者に電話で『犯行をやめた方がよい，先に帰る』などと一方的に伝えただけで，被告人において格別それ以後の犯行を防止する措置を講ずることなく待機していた場所から見張り役らと共に離脱したにすぎず，残された共犯者らがそのまま強盗に及んだものと認められる。そうすると，被告人が離脱したのは強盗行為に着手する前であり，たとえ被告人も見張り役の上記電話内容を認識した上で離脱し，残された共犯者らが被告人の離脱をその後知るに至ったという事情があったとしても，当初の共謀関係が解消したということはできず，その後の共犯者らの強盗も当初の共謀に基づいて行われたものと認めるのが相当である。これと同旨の判断に立ち，被告人が住居侵入のみならず強盗致傷についても共同正犯の責任を負うとした原判断は正当である」。

第2に，因果的影響力を完全には除去していなくても，それを重要な程度に弱めたのであれば，共同正犯から幇助犯へと不法類型が格下げされる可能性もあります。これもまた，共同正犯の一般理論に従って決せられることです。

第3に，因果的影響力を除去していなくても，除去しようと行為者が十分に努力したのであれば，共犯関係の解消を認めるべきだ，という学説もあります。たとえば，先の事例で合鍵を取り戻したものの，残余者があらかじめさらに別の合鍵を作製していた，という場合が考えられるでしょう。そして，このような場合には，因果的影響力を除去したのと同じように扱うべきだ，といわれるのです。

しかし，このような学説は適切とはいえません。殺意をもって時限爆弾のス

イッチを押したのち，反省して解除ボタンを押したものの，解除のほうの回路が故障しており，爆発を止められずに多数者が死亡した，という事例を考えてみて下さい。ここで殺人罪の成立を否定する人はいないでしょう。そうだとすると，先の事例でも，やはり住居侵入罪および窃盗罪の共犯が成立するのであり，反省して合鍵を取り戻したことは量刑上考慮されうるにとどまる，と解するのが一貫しているように思われます。

2.6.6.5 過失犯の共犯

　共犯という現象は，「みんながグルになって悪いことをする」というように，典型的には故意犯を念頭において議論されます。しかし，これまでお話ししてきた共犯の処罰根拠，そして共同正犯の構造に照らすならば，過失犯においてもなお共犯を観念することが不可能ではありません。そして，この過失犯の共犯の問題は，狭義の共犯と共同正犯を分けて扱うのが一般です。

　まず狭義の共犯ですが，すでにお話ししたように，過失犯に対する狭義の共犯は問題なく認めることができます。これに対して過失による狭義の共犯は，むろん理論的には観念できますけれども，その処罰規定を欠くため不可罰と解されています。

　次に共同正犯です。共同正犯は60条により正犯として扱われますから，刑法各則に過失犯処罰規定が設けられている犯罪であれば，**過失犯の共同正犯**を肯定することが可能です。しかし，学説では，過失犯はただでさえ処罰範囲が不明確なのだから共同正犯まで認めるべきではなく，同時（正）犯として処罰しうる範囲を超えた部分については刑罰権の行使を断念すべきだ，という主張も有力になされています。

　ここからは価値判断の問題ですから，一義的な答えを導き出すことはできません。もっとも，私自身としては，そのような広い範囲で処罰を断念することこそ，むしろ，許されない処罰の間隙を生み出すのではないか，と考えています。

　たとえば，建設作業員であるXとYが一緒になって，石を崖下に投げ下ろす作業をしていたとしましょう。崖下には道路があり人も通行するのですが，両者は不注意にもそのことに気づきませんでした。しばらくして崖下から悲鳴

が聞こえたため，両者がのぞき込むと，投げ下ろされた石が頭部に直撃して死亡した被害者が横たわっていました。しかし，被害者に命中した石を投げたのがXとYのいずれであるのかは，裁判時の鑑定によっても判明しませんでした。

　この事例において，もし同時犯しか使えないとすれば，XもYも不可罰になってしまいます。というのも，「疑わしきは被告人の利益に」という刑事裁判の原則によれば，Xを裁く際には石を投げたのがYであると，反対に，Yを裁く際には石を投げたのがXであると，事実関係を仮定しなければならないからです。しかし，このような結論はいかにも不都合であるように思われます。したがって，ここでは業務上過失致死罪（211条前段）の共同正犯を認める必要がありそうです。

　こうして，刑事政策的観点からすれば過失犯の共同正犯も認めるべきですが，問題は，そのような結論が共同正犯の理論的構造に照らしてどのように正当化されうるかです。具体的には，共同正犯の一般的成立要件である共同性（一体性）と重要な役割（重大な因果的寄与）を，いかにして肯定しうるかが問題となるわけです。

　まず，重要な役割のほうは，それほどの障害なく肯定しうるでしょう。たとえ故意がなくても，侵害経過において重要な役割を果たしているかどうかは，故意がある場合と同じように判断しうるからです。たとえば，侵入窃盗においてどうしても必要な合鍵を実行犯に手渡すことの重要性は，犯行を援助するつもりでそうしようが，はたまた，以前に実行犯から借りた自宅の鍵を返すつもりでうっかり鍵を取り違えてそうしようが，なんら変わるところはないですよね。

　これに対して，共同性のほうは少し難しいかもしれません。というのも，共同性を生み出す典型的な要素は意思連絡ですが，それは自分たちの遂行しようとする犯罪に関するものととらえるのが自然だからです。もっとも，意思連絡はそれ自体に意味があるのではなく，あくまで複数者の一体性を基礎づけるという機能のほうが重要でした。一方，先ほどの事例におけるXとYの間でも，被害者に命中した石をいずれかが投げ下ろすにつき他方がこれを促進し，かつ，そのこともまたもう一方によって促進されるという相互関係が存在しています。したがって，そこでは犯罪の遂行に関するものでなくとも，一体性を基礎づけ

る意思連絡を認めてよいように思われます。

◆**最決平成 28・7・12 裁時 1656 号 5 頁**
「2　第1審判決及び原判決の認定によれば，本件の事実関係は，次のとおりである。
(1) 平成 13 年 7 月 21 日午後 7 時 45 分頃から午後 8 時 30 分頃までの間，大蔵海岸公園において，第 32 回明石市民夏まつり（以下「本件夏まつり」という。）の行事である花火大会等が実施されたが，その際，最寄りの西日本旅客鉄道株式会社朝霧駅と同公園とを結ぶ本件歩道橋に多数の参集者が集中して過密な滞留状態となった上，花火大会終了後朝霧駅から同公園へ向かう参集者と同公園から朝霧駅へ向かう参集者が押し合ったことなどにより，強度の群衆圧力が生じ，同日午後 8 時 48 分ないし 49 分頃，同歩道橋上において，多数の参集者が折り重なって転倒し，その結果，11 名が全身圧迫による呼吸窮迫症候群（圧死）等により死亡し，183 名が傷害を負うという本件事故が発生した。
(2) 当時明石警察署長であった C（以下「C 署長」という。）は，同警察署管轄区域内における警察の事務を処理し，所属の警察職員を指揮監督するものとされており，同警察署管内で行われる本件夏まつりにおける同警察署の警備計画（以下「本件警備計画」という。）の策定に関しても最終的な決定権限を有していた。
　B 地域官は，地域官として，明石警察署の雑踏警備を分掌事務とする係の責任者を務めていたところ，平成 13 年 4 月下旬頃，C 署長に本件警備計画の策定の責任者となるよう指示され，これを受けて，明石市側との 1 回目及び 2 回目の検討会に出席し，配下警察官を指揮して本件警備計画を作成させるなどした。B 地域官は，C 署長の直接の指揮監督下にあり，本件警備計画についても具体的な指示を受けていた。
　被告人は，明石警察署副署長として，同警察署内の警察事務全般にわたって，C 署長を補佐するとともに，その命を受けて同警察署内を調整するため配下警察官を指揮監督する権限を有していた。被告人は，本件警備計画の策定に当たって，いずれも C 署長の指示に基づき，B 地域官の指揮下で本件警備計画を作成していた警察官に助言し，明石市側との 3 回目の検討会に出席するなどした。また，被告人が同警察署の幹部連絡会において，本件警備計画の問題点を指摘し，C 署長がこれに賛成したこともあった。
(3) 本件事故当日，C 署長は，明石警察署内に設置された署警備本部の警備本

部長として，雑踏対策に加え，暴走族対策，事件対策を含めた本件夏まつりの警備全般が適切に実施されるよう，現場に配置された各部隊を指揮監督し，警備実施を統括する権限及び義務を有していた。C署長は，本件事故当日のほとんどの場面において，自ら現場の警察官からの無線報告を聞き，指示命令を出していた。

被告人は，本件事故当日，署警備本部の警備副本部長として，本件夏まつりの警備実施全般についてC署長を補佐する立場にあり，情報を収集してC署長に提供するなどした上，不測の事態が発生した場合やこれが発生するおそれがあると判断した場合には，積極的にC署長に進言するなどして，C署長の指揮権を適正に行使させる義務を負っており，実際に，署警備本部内において，現場の警察官との電話等により情報を収集し，C署長に報告，進言するなどしていた。

なお，署警備本部にいたC署長や被告人が本件歩道橋付近に関する情報を収集するには，現場の警察官からの無線等による連絡や，テレビモニター（本件歩道橋から約200m離れたホテルの屋上に設置された監視カメラからの映像を映すもので，リモコン操作により本件歩道橋内の人の動き等をある程度認識することはできるもの）によるしかなかった。

一方，B地域官は，本件事故当日，大蔵海岸公園の現場に設けられた現地警備本部の指揮官として，雑踏警戒班指揮官ら配下警察官を指揮し，参集者の安全を確保すべき業務に従事しており，現場の警察官に会って直接報告を受け，また，明石市が契約した警備会社の警備員の統括責任者らと連携して情報収集することができ，現場付近に配置された機動隊の出動についても，自己の判断で，C署長を介する方法又は緊急を要する場合は自ら直接要請する方法により実現できる立場にあった。

3　当裁判所の判断

本件において，被告人とB地域官が刑訴法254条2項にいう『共犯』に該当するというためには，被告人とB地域官に業務上過失致死傷罪の共同正犯が成立する必要がある。

そして，業務上過失致死傷罪の共同正犯が成立するためには，共同の業務上の注意義務に共同して違反したことが必要であると解されるところ，以上のような明石警察署の職制及び職務執行状況等に照らせば，B地域官が本件警備計画の策定の第一次的責任者ないし現地警備本部の指揮官という立場にあったのに対し，被告人は，副署長ないし署警備本部の警備副本部長として，C署長が

同警察署の組織全体を指揮監督するのを補佐する立場にあったもので、B 地域官及び被告人がそれぞれ分担する役割は基本的に異なっていた。本件事故発生の防止のために要求され得る行為も，B 地域官については，本件事故当日午後8 時頃の時点では，配下警察官を指揮するとともに，C 署長を介し又は自ら直接機動隊の出動を要請して，本件歩道橋内への流入規制等を実施すること，本件警備計画の策定段階では，自ら又は配下警察官を指揮して本件警備計画を適切に策定することであったのに対し，被告人については，各時点を通じて，基本的には C 署長に進言することなどにより，B 地域官らに対する指揮監督が適切に行われるよう補佐することであったといえ，本件事故を回避するために両者が負うべき具体的注意義務が共同のものであったということはできない。被告人につき，B 地域官との業務上過失致死傷罪の共同正犯が成立する余地はないというべきである」。

2.6.6.6　不作為による関与

　共犯に関する応用問題のうち，最後にとりあげるのが**不作為による関与**です。この講義のはじめのほうにもお話ししましたが，通説・判例は，法が期待する一定の作為をしないという不作為が，一定の要件のもとで作為と同一の不法を充足しうると解しています。これを不真正不作為犯とよびます。そして，このような不作為による関与が，共犯論において説明してきたいかなる不法類型に該当するのかが，さかんに議論されているのです。

　具体的には，次のような事例が考えられます。連れ子とともに内縁関係にある妻がいたとしましょう。この内縁の夫は，連れ子と血のつながりがないことからこれを疎ましく感じ，しばしば暴行を加えていました。しかし，内縁の妻は夫に嫌われるのを恐れ，事態を成り行きに任せていました。あるとき，内縁の夫による暴行が行き過ぎ，子どもが死亡してしまいました。このとき，夫が傷害致死罪（205 条）で処罰されることは問題がありません。むしろ，議論があるのは，内縁の妻がいかなる不法類型を充足しうるかです。

　有力な見解は，不作為による関与は常に正犯となり，それゆえ，この内縁の妻もまた傷害致死罪の正犯になるといいます。その理由はというと，正犯と共犯の区別は侵害経過を支配しているか否かによって行われるところ，不作為のような消極的態度が処罰される場合には，それによる支配など観念しえない。

したがって，不作為犯においては正犯と共犯の区別がなく，関与はすべて正犯になるというわけです。

しかし，この見解にはまったく賛成できません。「まったく」というのは，「理論的にも結論の妥当性という点でも」という意味です。まず，不真正不作為は作為と同一の不法を充足するのですから，作為において観念しうる不法類型の区別が不真正不作為においては観念しえない，などというのは理論的な矛盾です。次に，具体的な結論としても，内縁の夫の力が強く，たとえ内縁の妻が止めても確実に暴行を阻止できたとは限らないという場合には，内縁の妻はただちに不可罰とされてしまいます。これでは，健全な当罰性感覚に反するといわざるをえません。

そこで，不作為による関与も作為による関与と同一の意味において，正犯と共犯（および共同正犯）に区別されるとする通説的な見解を支持すべきです。具体的には，最終的な不法の実現までに内縁の夫による暴行が介在している以上，内縁の妻が正犯になることはありません。また，妻の不作為によって夫の行為決意が惹起されているわけでもない以上，教唆犯にもなりえません。そして，内縁の夫婦間に意思連絡がある以上，共同性はみたされ，あとは，妻の不作為が重要な役割といえるかどうかによって，共同正犯か幇助犯かが決せられることになります。ここからは事実認定の問題になるので，簡潔な講壇設例をもとに議論するのは無理があるのですが，おそらく，妻が夫の暴行を止めるというのは，それほど簡単なことではないでしょう。したがって，「止めない」という不作為の役割は，さほど重要なものとは思われません。こうして，妻は傷害致死罪の幇助犯になるのではないでしょうか。

◆札幌高判平成 12・3・16 判時 1711 号 170 頁

「不作為による幇助犯の成立要件に徴すると，原判決が掲げる『犯罪の実行をほぼ確実に阻止し得たにもかかわらず，これを放置した』という要件は，不作為による幇助犯の成立には不必要というべきであるから，実質的に，作為義務がある者の不作為のうちでも結果阻止との因果性の認められるもののみを幇助行為に限定した上，被告人に具体的に要求される作為の内容としてAの暴行を実力をもって阻止する行為のみを想定し，AとDの側に寄ってAがDに

暴行を加えないように監視する行為，あるいは，Aの暴行を言葉で制止する行為を想定することは相当でないとした原判決には，罪刑法定主義の見地から不真正不作為犯自体の拡がりに絞りを掛ける必要があり，不真正不作為犯を更に拡張する幇助犯の成立には特に慎重な絞りが必要であることを考慮に入れても，なお法令の適用に誤りがあるといわざるを得ない」。

2.7 罪　　数

2.7.1 総　　説

　さて，ここまで講義をきちんと聞いてこられた方は，少なくとも，行為者にどのような犯罪が成立しうるかに関する一般理論をすでに身につけられていると思います。もっとも，厳密にいうと，行為者に何罪が成立しうるかを判別できるだけでは，法律家としては不十分です。というのも，わが国の刑法には，複数の犯罪が成立した場合に，その処断刑を定める特別なルールが定められているからです。さらに，このようなルールのほか，解釈によっても，犯罪が成立したのち行為者に科しうる刑の範囲について，特殊な定め方が認められています。このような問題領域を**罪数論**とよびます。

　ちょっと話が抽象的になりましたから，例をあげましょう。ある学生が私の別の講義で単位を落としたことを逆恨みし，この講義に乱入して私を殺害することを計画したとしましょう。まず，その学生はけん銃を購入します。まあ，すでにこの時点でふつうの学生ではないですが，それは措いておいて，その学生はけん銃を携えて大学のキャンパスに入り，講義棟にやって来て，教室に立ち入るなり大声をあげたのち，私の心臓めがけてけん銃を発射しました。一応，急所は外れて一命をとりとめたことにしてもらいましょうかね。

　さて，この事件がマスコミで報道される場合には，「○○大学で学生が逆恨みにより教授を殺害未遂」というようなタイトルになるでしょう。しかし，よく観察してみると，その学生が犯した罪は殺人未遂（199，203 条）だけではありません。詳しくは各論の話になるので簡略化しますが，けん銃関連で銃刀法違反，大学にやって来たことで建造物侵入（130 条前段），講義の邪魔をして威力業務妨害（234 条），そして，私に弾が当たれば服も破けますから器物損壊（261 条），といった具合に数多くの罪が犯されています。このとき，お

のおのの犯罪の法定刑を単純に足し算するという処断方法が，絶対に許されないとはいえないでしょう。しかし，わが国の刑法はこうした場合に，単なる足し算とは異なる特別な処断刑の定め方を採用しているのです。

それでは，その具体的なあり方について，もう少し詳しく見ていきましょう。

2.7.2 法条競合

行為者の行為が複数の罰条に該当しそうにみえるものの，当該罰条相互の関係に照らし，そのうちのひとつだけが適用される場合を**法条競合**とよびます。たとえば，業務者が横領したとき，厳密にいえば，そこでは横領罪（252条）と業務上横領罪（253条）という2つの罰条の適用が考えられます。しかし，業務上横領罪は，横領罪のうちとくに重い部分を独立に不法類型として定めたものにすぎません。したがって，両罪の関係に照らし，このような場合には業務上横領罪だけが適用されることになります。

以上の説明からも分かるように，この法条競合は究極的には刑法各則の条文の解釈に尽きます。したがって，具体的な事実関係をもとに行為者の処断方法を確定することを受験者に要求する，いわゆる事例問題において法条競合が出されることはあまり考えられません。

2.7.3 包括一罪

法条競合の問題をクリアし，適用される罰条が定まったとしても，それで問題が終わるわけではありません。というのも，そのような罰条を1回適用してこと足りるとは限らないからです。むろん，行為がはじめから1つしかなく，実現された不法も1つだけであることがはっきりしていれば，さらに議論すべきことはありません。たとえば，被害者の所有する壺を一撃で叩き割った場合には，器物損壊罪の罰条が1回適用されて終わりです。これを**単純一罪**といいます。

これに対して，複数の行為，複数の不法があるように思われるものの，解釈によって，1つの罰条を1度きり適用して終わりにしてよいケースも考えられます。これを**包括一罪**とよんでいます。もっとも，包括して一罪と評価してよい実質的な根拠は決して一枚岩ではありません。したがって，包括一罪という

2.7 罪　数

のも特定の実体がある概念ではなく，むしろ，解釈によって一罪とされる一定の場合に対して，あとから貼られるラベルのようなものと理解したほうがよいかもしれません。

さて，包括一罪とされる場合は，まず，大きく次の2つに分けられます。

1つ目は，たとえ複数の行為，複数の不法の実現を証明しえたとしても，なお一罪とされる場合です。たとえば，窃盗犯人が米蔵から一度にたくさんの米俵を運び出せないので，数時間かけて数回に分けて運び出したとしましょう。このとき，たしかに窃盗罪は数回成立しているようにもみえます。しかし，価値的にみて，大きなリヤカーで一度に運び出したのと犯罪の実体は変わらないでしょう。したがって，窃盗罪は1つしか成立しないと解されます。

そのほか，次のような事例も考えられます。たとえば，持ち合わせがないのにラーメン屋でラーメンを注文し，これを食したのち逃走したものの，追いかけてきた店主に捕まりそうになったので，これを殴り倒したとしましょう。ここではラーメンに対する1項詐欺罪（246条1項）と，ラーメン代金債権に対する2項強盗罪（236条2項）が成立するようにもみえます。しかし，よく考えてみると，ラーメンとラーメン代金とはコインの裏表であって，行為者が得をし，被害者が損をしたのは実質的に1回だけです。したがって，この事例では重い2項強盗罪だけが成立することになるでしょう。

以上に対し，包括一罪の2つ目は，複数の行為，複数の不法の実現が認められるものの，そのおのおのについて十分な証明がなしえないとき，少なくとも構成要件該当性を1つは認定しうる包括的なレベルにおいて，犯罪の成立を認めようとするものです。これについては重要な判例があり，事案は寄付金詐欺です。簡単な設例のかたちにまとめると，要するに，寄付金詐欺で2000万円集めたことは証明できるが，いつ，誰が，どこで，いくら寄付したかというのは当然ながら証明できない，という場合ですね。そして，重要なことですが，これは寄付金詐欺のようなケースではむしろ一般的なのです。2人が1000万円ずつ寄付したというのであれば，個々の証明もできるでしょう。しかし，通常は，通行人が小銭を投入したのち，名前も告げずに立ち去ってしまいます。

◆最決平成 22・3・17 刑集 64 巻 2 号 111 頁＝街頭募金詐欺事件

「1　本件は，被告人が，難病の子供たちの支援活動を装って，街頭募金の名の下に通行人から金をだまし取ろうと企て，平成 16 年 10 月 21 日ころから同年 12 月 22 日ころまでの間，大阪市，堺市，京都市，神戸市，奈良市の各市内及びその周辺部各所の路上において，真実は，募金の名の下に集めた金について経費や人件費等を控除した残金の大半を自己の用途に費消する意思であるのに，これを隠して，虚偽広告等の手段によりアルバイトとして雇用した事情を知らない募金活動員らを上記各場所に配置した上，おおむね午前 10 時ころから午後 9 時ころまでの間，募金活動員らに，『幼い命を救おう！』『日本全国で約 20 万人の子供達が難病と戦っています』『特定非営利団体 NPO 緊急支援グループ』などと大書した立看板を立てさせた上，黄緑の蛍光色ジャンパーを着用させるとともに 1 箱ずつ募金箱を持たせ，『難病の子供たちを救うために募金に協力をお願いします。』などと連呼させるなどして，不特定多数の通行人に対し，NPO による難病の子供たちへの支援を装った募金活動をさせ，寄付金が被告人らの個人的用途に費消されることなく難病の子供たちへの支援金に充てられるものと誤信した多数の通行人に，それぞれ 1 円から 1 万円までの現金を寄付させて，多数の通行人から総額約 2480 万円の現金をだまし取ったという街頭募金詐欺の事案である。

2　そこで検討すると，本件においては，個々の被害者，被害額は特定できないものの，現に募金に応じた者が多数存在し，それらの者との関係で詐欺罪が成立していることは明らかである。弁護人は，募金に応じた者の動機は様々であり，錯誤に陥っていない者もいる旨主張するが，正当な募金活動であることを前提として実際にこれに応じるきっかけとなった事情をいうにすぎず，被告人の真意を知っていれば募金に応じることはなかったものと推認されるのであり，募金に応じた者が被告人の欺もう行為により錯誤に陥って寄付をしたことに変わりはないというべきである。

　この犯行は，偽装の募金活動を主宰する被告人が，約 2 か月間にわたり，アルバイトとして雇用した事情を知らない多数の募金活動員を関西一円の通行人の多い場所に配置し，募金の趣旨を立看板で掲示させるとともに，募金箱を持たせて寄付を勧誘する発言を連呼させ，これに応じた通行人から現金をだまし取ったというものであって，個々の被害者ごとに区別して個別に欺もう行為を行うものではなく，不特定多数の通行人一般に対し，一括して，適宜の日，場

所において，連日のように，同一内容の定型的な働き掛けを行って寄付を募るという態様のものであり，かつ，被告人の1個の意思，企図に基づき継続して行われた活動であったと認められる。加えて，このような街頭募金においては，これに応じる被害者は，比較的少額の現金を募金箱に投入すると，そのまま名前も告げずに立ち去ってしまうのが通例であり，募金箱に投入された現金は直ちに他の被害者が投入したものと混和して特定性を失うものであって，個々に区別して受領するものではない。以上のような本件街頭募金詐欺の特徴にかんがみると，これを一体のものと評価して包括一罪と解した原判断は是認できる。そして，その罪となるべき事実は，募金に応じた多数人を被害者とした上，被告人の行った募金の方法，その方法により募金を行った期間，場所及びこれにより得た総金額を摘示することをもってその特定に欠けるところはないというべきである」。

そこで，このような場合には，少なくとも2000万円が詐取されたという包括的なレベルにおいて構成要件該当性を認定し，しかし，それは（当然ながら）1回しかできないから一罪になる，ということになります。このような包括一罪の形態は学界でもほとんど議論されてきませんでした。しかし，先ほど紹介した判例がこのような場合に包括一罪を認めたことにより，最近では議論が非常に活発になっています。多数の消費者を欺いて利益を得たが，個々の詐欺の証明はできないというケースは実社会でも多いでしょうから，現実問題としても重要な論点だと思います。

2.7.4 科刑上一罪
2.7.4.1 観念的競合

つづいて，犯罪の成立においては数罪であるものの，刑を科す段階では一罪として扱われるものもあります。これを科刑上一罪とよんでいます。

刑法には，この科刑上一罪として2種類のものが規定されています。54条1項を見て下さい。「1個の行為が2個以上の罪名に触れ，又は犯罪の手段若しくは結果である行為が他の罪名に触れるときは，その最も重い刑により処断する」となっています。このうち，前段のほうを観念的競合とよびます。

先ほど，服を着た人を射殺するという例をあげました。そこでは，引金を引

くという1個の行為が殺人罪と器物損壊罪という2個の罪名にふれていることになります。そして，このような場合には，重いほうの，殺人罪の刑だけで処断されることになるわけです。

問題は，なぜこのような処理が定められているかです。そして，この点については，行為の不法や責任を二重評価することで行為者の刑が不当に重くなるのを防ぐためだ，と説明されています。

具体的にみましょう。学生さんがたくさんいる大教室でけん銃を発射するなどというのは，殺人を犯すにせよ器物損壊を犯すにせよ非常に危険であり，その意味において刑を加重する事情です。しかし，よく考えてみると，行為者が一度に殺人と器物損壊を犯している以上，そのような危険は1回しか発生していません。にもかかわらず，危険な手段を用いたことを殺人の刑の加重にも器物損壊のそれにも使うと，行為者の刑が不当に重くなってしまいます。そこで，そもそも刑は一方しか科さないという処理をするわけです。

あるいは，このことも忘れてはなりません。もし行為者が被害者の服を破いたあと，改めてこれを射殺したのであれば，そこでは2回も行為者の不法への傾向性が外部化しています。これに対して，1個の行為で被害者の服を破くと同時にこれを殺害したのであれば，そのような外部化は1度だけしか行われていません。そうだとすると，その責任の軽さもまた処断刑に反映させるべきでしょう。こうして器物損壊のほうは捨象し，殺人の刑だけが科されうることになるわけです。

ここからも分かるように，観念的競合にいう1個の行為であるか否かは，不法や責任という評価を容れて判断してはいけません。それでは結論の先取りになってしまいます。したがって，行為の1個性は，あくまで自然的観察のもとに判断されなければならないのです。判例も明確にそのように述べています。

◆最大判昭和49・5・29刑集28巻4号114頁

「刑法54条1項前段の規定は，1個の行為が同時に数個の犯罪構成要件に該当して数個の犯罪が競合する場合において，これを処断上の一罪として刑を科する趣旨のものであるところ，右規定にいう1個の行為とは，法的評価をはなれ構成要件的観点を捨象した自然的観察のもとで，行為者の動態が社会的見解

上1個のものとの評価をうける場合をいうと解すべきである。

　ところで，本件の事例のような，酒に酔つた状態で自動車を運転中に過つて人身事故を発生させた場合についてみるに，もともと自動車を運転する行為は，その形態が，通常，時間的継続と場所的移動とを伴うものであるのに対し，その過程において人身事故を発生させる行為は，運転継続中における一時点一場所における事象であつて，前記の自然的観察からするならば，両者は，酒に酔つた状態で運転したことが事故を惹起した過失の内容をなすものかどうかにかかわりなく，社会的見解上別個のものと評価すべきであつて，これを1個のものとみることはできない」。

2.7.4.2　牽連犯

　次に，54条1項後段のほうを**牽連犯**とよびます。たとえば，いわゆる侵入窃盗犯は住居侵入罪（130条前段）と窃盗罪（235条）を犯しています。しかし，住居侵入罪は窃盗罪の手段にすぎず，それ自体が目的となっているわけではありません。そこで，このような場合には重いほうの窃盗罪の刑だけで処断されることになるわけです。

　ここでもやはり，なぜそのような処理がなされるのか，その実質的な根拠が問題となります。というのも，通常，罪を犯す手段としてさらに罪を重ねるというのは刑を加重しこそすれ，その一方の刑を科さないという帰結を導くことなどにわかには考えがたいからです。

　もっとも，ここで注意しなければならないのは，手段や結果の関係が行為者の主観面において存在するだけでは足りない，ということです。そうではなく，牽連犯となるためには，あくまで（判例のことばを借りると）「罪質上通例手段結果の関係が存在すべきものたることを必要とする」のです。したがって，たとえば，保険金詐欺の手段として放火するなどといった場合には牽連犯とはなりません。そして，そうだとしますと，牽連犯の根拠としては次のようなものが考えられます。

　そもそも罪質上，通例と評価しうる関係（**客観的牽連性**）が存在する場合には，立法者が両行為をまとめてひとつの罪とすることも十分に考えられます。現に，侵入窃盗をひとつの罪とする法域はたくさんありますよね。そうすると，両行為を別の罪に分けて規定する場合であっても，実質的には，一方の可罰性

が他方のそれを包含していると評価することも可能です。要するに，立法者は窃盗罪を作るにあたり，侵入窃盗のシーンをも想像しながら法定刑を決めている，だから，侵入窃盗は窃盗罪の刑で処断すれば十分だ，というわけです。

この説明は，一見すると説得力があります。しかし，よく考えてみると，それは立法者意思の忖度方法としては，いささか恣意的ではないでしょうか。というのも，侵入窃盗をひとつの罪とすることも可能でありながら，あえて窃盗罪と住居侵入罪だけを規定したということは，立法者は窃盗罪では住居侵入罪の可罰性まで評価し尽くさないことにしたのだ，と推論することも十分に可能だからです。

このように見てくると，牽連犯という処理方法にはあまり合理性がなさそうです。実際，このような特別な処理方法を採用している法域はほとんどありません。そこで学説では，そもそもこの牽連犯を廃止すべきであるという主張も有力です。また判例においても，この牽連犯が認められる範囲は次第に狭くなる傾向があります。

◆**最判平成17・4・14刑集59巻3号283頁**

「所論引用の大審院大正15年（れ）第1362号同年10月14日判決・刑集5巻10号456頁は，人を恐喝して財物を交付させるため不法に監禁した場合において，監禁罪と恐喝未遂罪とが刑法54条1項後段所定の牽連犯の関係にあるとしたものと解される。ところが，原判決は，被告人が共犯者らと共謀の上，被害者から風俗店の登録名義貸し料名下に金品を喝取しようと企て，被害者を監禁し，その際に被害者に対して加えた暴行により傷害を負わせ，さらに，これら監禁のための暴行等により畏怖している被害者を更に脅迫して現金及び自動車1台を喝取したという監禁致傷，恐喝の各罪について，これらを併合罪として処断した第1審判決を是認している。してみると，原判決は，これら各罪が牽連犯となるとする上記大審院判例と相反する判断をしたものといわざるを得ない。

しかしながら，恐喝の手段として監禁が行われた場合であっても，両罪は，犯罪の通常の形態として手段又は結果の関係にあるものとは認められず，牽連犯の関係にはないと解するのが相当であるから，上記大審院判例はこれを変更し，原判決を維持すべきである」。

2.7.5 併合罪

　最後に，包括一罪にも科刑上一罪にもならない数罪は**併合罪**となります。すなわち，45条前段は「確定裁判を経ていない2個以上の罪を併合罪とする」と規定しています。そして，併合罪の具体的な処断方法については46条以下に規定されています。

　この併合罪の特徴は，端的にいって，単純な足し算よりも行為者に有利だということです。したがって，これを**併合の利益**とよぶこともあります。たとえば，捕まって確定判決を受ける前に3件の詐欺（246条）を行ったとすると，もし単純な足し算をするなら，処断刑の上限は懲役30年になるでしょう。しかし，併合罪の処理方法に従うならば，それは懲役15年になります。なぜこのように有利な処断が行われるかといえば，それは，確定判決を受けないうちに罪を重ねた場合には，確定判決を挟んで新たに罪を行った場合に比して，そこまで重い刑がふさわしいとはいえないからです。

　もっとも，併合罪が常に行為者に有利にはたらくとは限りません。というのも，一方の罪の犯情が非常に重く，他方が非常に軽いとき，個々の罪を起訴すれば言い渡されるであろう刑の合算よりも重い刑を言い渡すことが，併合罪によって可能になってしまうからです。なぜこのような心配をしなければならないかというと，前者の罪にふさわしいと思われる刑が法定刑を超えてしまっており，しかし，なんとかそのような重い刑を科したいと考えた裁判官が，併合罪による処断刑の引上げを利用しようとする可能性があるからです。

　実は，このような問題が実際に判例で扱われたこともあります。そして，判例は，併合罪が新たに処断刑を設定し直す法技術であることを強調し，個々の罪に対する量刑を経たうえでの合算より重い刑を言い渡すことも許されるものと解しています。しかし，これに対しては，併合罪はあくまで単純な足し算より行為者を有利に遇するはずのものであって，このような解釈は本末転倒であるとの批判もなされています。また，判例のように解すると，処断刑が機械的に設定されているにもかかわらず，併合罪という新たな犯罪類型を創出するのと同じことになり，適正な量刑評価が阻害されるという問題もあるでしょう。

◆ 最判平成 15・7・10 刑集 57 巻 7 号 903 頁＝新潟監禁事件

「刑法 47 条は，併合罪のうち 2 個以上の罪について有期の懲役又は禁錮に処するときは，同条が定めるところに従って併合罪を構成する各罪全体に対する統一刑を処断刑として形成し，修正された法定刑ともいうべきこの処断刑の範囲内で，併合罪を構成する各罪全体に対する具体的な刑を決することとした規定であり，処断刑の範囲内で具体的な刑を決するに当たり，併合罪の構成単位である各罪についてあらかじめ個別的な量刑判断を行った上これを合算するようなことは，法律上予定されていないものと解するのが相当である。また，同条がいわゆる併科主義による過酷な結果の回避という趣旨を内包した規定であることは明らかであるが，そうした観点から問題となるのは，法によって形成される制度としての刑の枠，特にその上限であると考えられる。同条が，更に不文の法規範として，併合罪を構成する各罪についてあらかじめ個別的に刑を量定することを前提に，その個別的な刑の量定に関して一定の制約を課していると解するのは，相当でないといわざるを得ない」。

2.8 刑法の適用範囲

2.8.1 刑法の時間的適用範囲

さて，次に，刑法が時間的および空間的に，どのような範囲の行為に対して適用可能であるのかも実際上は重要な問題です。これを刑法の適用範囲の問題とよびます。

まずは，そのなかでも**時間的適用範囲**の問題を扱います。そして，その大原則は行為時の法が適用されるということです。というのも，行為後に法を作って刑を科すなどというのは，罪刑法定主義の自由主義的基礎に正面から抵触することになるからです。

もっとも，これには例外があって，犯罪後に**刑**が**廃止**された場合には**免訴**の判決が言い渡されることになります（刑事訴訟法 337 条 2 号）。また，**刑の変更**があったときはその軽いものによることになります（6 条）。行為のもつ不法に対する否定的評価がのちの立法者により差し控えられることとなった場合には，犯罪時の法を適用して刑を科すことに刑事政策的な意義が認められません。そこで，このような規律がなされているわけです。

ここで，勘の良い方は次のように考えたのではないでしょうか。そうだとす

れば，立法者による評価替えとは異なる理由で刑が廃止されるなどした場合には，依然として従前の刑を科してもよいことになるのか，と。

実は，この問いに対してイエスと答える見解もあり，限時法の理論とよばれています。具体的な例をあげると，万博期間だけその地域でごみのポイ捨てを処罰する法律ができたとしましょう。万博期間はそれほど長くありませんから，ポイ捨てで捕まった人が起訴され有罪判決が確定する前に，これを処罰する規定はなくなってしまうでしょう。しかし，そのような刑の廃止がなされたのは，「万博期間であってもポイ捨てはそれほど悪いことではない」と立法者が考え直したからではありません。そうではなく，単に万博が終わったという外在的な事情変更によって刑が廃止されたにすぎません。そして，そうだとすると，このような場合には例外的に，従前の刑を言い渡してよいというわけです。

しかし，いまの説明では便宜的に，刑の廃止が立法者の評価替えによるものであるかどうかが一義的に明らかであることを前提としましたが，現実問題として，その点を確定するのは必ずしも容易ではありません。また，もし先のポイ捨てをきちんと処罰したければ，立法者は刑の廃止にあたって経過規定を設け，万博期間終了後も従前の刑によることと定めれば足ります。したがって，限時法の理論などというものを持ち出して，安易に刑の変更や廃止に関する例外を認めるのは適切とはいえないでしょう。

2.8.2 刑法の場所的適用範囲

つづいて，場所的適用範囲です。

そもそも，刑罰権の主体である国家の主権はその領域内に及びます。したがって，刑法「は，日本国内において罪を犯したすべての者に適用」（1条1項）されるのが原則です。これを国内犯とよびます。ただし，例外的に，自国の領域内でなくても，「日本船舶又は日本航空機内において罪を犯した者」（同条2項）は同じく扱われます。これは，そうでないと，公海上の船舶等が無法地帯となってしまいかねないからです。

これに対し，刑法には国外犯の規定も設けられています。それをここで網羅的にあげることはしませんが，いくつかのグループに分けることができます。少しだけ例をあげながら説明しましょう。

第1に，わが国の利益が国外犯により侵害ないし危殆化される場合です。これを保護主義といいます。たとえば，たとえ外国人が外国でこれを行おうと，偽の一万円札を大量に作られたのではたまったものではないですよね。そこで，通貨偽造罪などは国外犯も処罰されます。

第2に，日本人が国外で重大な犯罪を行った場合です。これを積極的属人主義といいます。たとえば，いくら外国においてとはいえ日本人が殺人を犯し，そのまま帰国したとき，これを処罰できないというのはおかしいでしょう。もっとも，そのような行為は当該外国で処罰すれば十分であるともいえますから，この積極的属人主義の根拠は必ずしも明らかではありません。

第3に，日本人が国外で重大な犯罪の被害に遭った場合です。これを消極的属人主義といいます。たとえば，いくら外国においてとはいえ日本人が強姦の被害に遭い，その犯人が日本にやって来たとき，これを放置しなければならないというのはやはりおかしいでしょう。国家による邦人保護の要請に基づいて導入された考え方ですね。

第4に，世界中で普遍的に悪とされる犯罪を，条約に基づいて，犯人がわが国にやって来たとき処罰する場合です。これを世界主義といいます。たとえば，たまたま海上保安庁が海賊を捕まえたが，公海上で外国船舶に対して海賊行為を行っていたからといって，そのまま解放するのはおかしいでしょう。そのため，条約に基づいて，国外犯を一律に処罰することにしているのです。

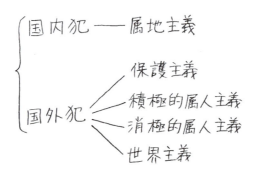

2.9 刑罰論
2.9.1 刑罰の種類

　刑法に定められている刑罰にはいくつかの種類があります。みなさんもニュースなどでその一部は聞いたことがあると思いますが，その具体的な内容を正確に知っている方はあまりいないと思います。

　まず，刑罰は主刑と付加刑に分かれます（9条）。付加刑は主刑に付加するかたちでしか科せない刑であり，没収がそれにあたります。この没収が可能な物は刑法総則に詳しく規定されていますが（19条），実は刑法各則，ひいては特別法に，さまざまな例外ないし拡張規定が設けられています。また，「物の全部又は一部を没収することができないときは，その価額を追徴することができ」（19条の2）ます。そして，この追徴についても同様に，さまざまな例外や拡張があります。時間の関係で詳細はお話しできませんが，みなさんが法律家として実務に携わることがあれば，非常に重要な知識となってくるでしょう。

　次に，主刑には以下のようなものがあります。

　第1に，生命刑としての死刑です。そもそも，このような刑罰を存置すること自体にさまざまな疑問が投げかけられています。誤判のおそれや，人の命を犠牲にして犯罪防止を図ることの不当性などが，その主要な論拠です。これを死刑廃止論とよんでいます。もっとも，これは憲法や法哲学，刑事政策学などで主として扱われるテーマですから，ここでは詳しい説明を省きます。

　第2に，自由刑としての懲役，禁錮および拘留です。拘留というのは聞いたことがないかもしれませんが，30日未満の短期自由刑のことです（16条）。これに対し，懲役と禁錮の差は前者に刑務作業が科されていることですが（12条2項），実際には，禁錮の受刑者もまた請願作業を行っています。懲役も禁錮も無期と有期のものがあり，有期は1月以上20年以下です（12条1項，13条1項）。ただし，加重減軽する場合には，上は30年，下は1月未満とすることができます（14条2項）。

　第3に，財産刑としての罰金と科料があります。科料も耳慣れないことばですが，千円以上一万円未満の軽微なものです（17条）。そして，罰金や科料を完納しえない場合には，労役場に留置されることになります（18条）。

```
┌ 生命刑 ── 死刑
┤ 自由刑 ── 懲役, 禁錮, 拘留
└ 財産刑 ── 罰金, 科料
```

なお，刑法では，一定の自由刑や財産刑の**執行を猶予**することが認められています（25条以下）。また最近，初入者等に対する刑の**一部執行猶予**制度が導入されました。このあたりは，刑事政策的観点からみても非常に興味深いところです。そもそも被告人の立場からみると，実際に刑務所に入ったりお金を払わされたりするかどうかは，場合によっては有罪・無罪と同じくらい重要な違いとなりえます。したがって，ここで執行猶予の要件等を詳しく説明することはできませんが，現実に刑事司法に携わることを考えれば，必ず正確に理解しておかなければならないでしょう。

2.9.2　刑罰の適用および執行

刑罰には，刑法各則の条文で定められた刑罰の範囲である**法定刑**，当該事案に適用可能な範囲である**処断刑**，被告人に具体的に言い渡すべき**宣告刑**，の3つがあります。また，**再犯**の刑は一定の範囲で加重されることになっています（56条1項，57条）。

さらに，確定裁判において言い渡された刑の執行は，検察官の指揮によりなされることになっています（刑事訴訟法472条）。

第3部 刑法各論

3.1 刑法各論の意義

　さて，これまでは，不特定多数の犯罪に共通する成立要件を扱ってきました。これが刑法総論とよばれるものです。もっとも，当然のことですが，この刑法総論を学ぶだけでは不十分です。これに加えて，個々の犯罪に固有の成立要件をも学ばなければなりません。これを刑法各論とよびます。そして，これら個々の犯罪は，その保護法益に従って，大きく次の3種類に分けられています。

　1つ目が**個人的法益に対する罪**です。この講義のはじめにお話ししたように，刑法ないし刑罰は法益を守るためにこそ正当化されえます。そして，なぜこの法益を守らなければならないかといえば，それは個人のためになるからです。その意味で，個人に属する法益を侵す犯罪は，犯罪のプロトタイプということができるでしょう。

　2つ目が**社会的法益に対する罪**です。この社会的法益に対する罪は，さらに，公共危険犯と蓄積犯に分類することができます。**公共危険犯**とは，放火罪に代表されるように，究極的には個人に属するさまざまな法益をおびやかす行為を，ひとつの束にまとめて処罰しようとするものです。しばしば，社会的法益を守るための緊急救助（第三者のための正当防衛）が許されるかが議論されますが，この公共危険犯に関する限り，これを許す余地があるというべきでしょう。

　これに対して**蓄積犯**とは，単体では合理的な行為が，しかし，蓄積することで不合理な帰結をもたらす場合に，そのような行為を一括して禁止するルールに反する行為をいいます。偽造罪がその典型でしょう。このような蓄積犯は，本性上，個人に対する攻撃としての性質を有していません。しかし，だからといって，それはルール違反を自己目的的に処罰するものでもありません。あくまで，そのようなルール違反を処罰することが，究極的には個人の利益にかなうからこそ正当化されうるのです。一部の学説は，この蓄積犯を処罰することが個人保護という国家の目的にそぐわないとして，これを批判していますが，

やや考えが足りないように思われます。

3つ目は国家的法益に対する罪です。これは社会的法益に対する罪と異なり、蓄積犯の形態においてしか観念しえません。そして、ここで問題とされるルールは、国家が適切に機能することで、個人の利益を増進することを担保するものである点に特徴があります。もちろん、結局は個人のためになるという理由から処罰するわけですから、国家だけをこのように特別扱いすることには疑問を抱く人もいるかもしれません。しかし、個人が自分たちの利益を守るために構築する制度のうち、国家が最も基幹的なものであることは疑う余地がありません。そこで、国家的法益を独自に括り出すことが一般的なのです。

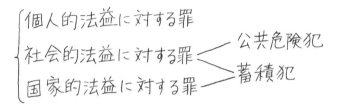

それでは、おのおのの法益に対する罪をもう少し詳しく見ていきましょう。

3.2　個人的法益に対する罪

3.2.1　生命に対する罪

3.2.1.1　殺人の罪

3.2.1.1.1　殺人罪

まずは、個人的法益のなかでも最も基本的な生命に対する罪です。そして、その最も中核的なものは、生命を侵害する殺人罪（199条）といえるでしょう。

もっとも、人の生命とひと口にいっても、その限界を詳しく知っている人はあまりいないかもしれませんね。まず、受精卵が子宮内に着床すると胎児になります。これは堕胎罪の保護対象にすぎません。その後、出生して人になり、死亡すると死体になります。こうなると、死体遺棄罪でしか保護されません。こうして、人の生命は出生後、死亡するまでの間だけ殺人罪で保護されているわけです。

○ → 👤 → 🧒 → ✝

不可罰　　堕胎　　殺人　　死体損壊

　問題は，出生とは何かです。判例・通説は**一部露出説**を採用し，胎児が母体から一部露出した時点で人になると解しています。もっとも，これに対しては，民法等，他の法分野との整合性を欠くとか，母体から独立した攻撃可能性は一部露出していなくても観念しうる，などといった批判がなされています。

　次に，死亡に関しても争いがあります。具体的には，**心臓死説**と**脳死説**が対立しています。もっとも，**臓器移植法**は脳死説に親和的な立場を採用していると解されています。人の生死がいつかなどという基本的なことがらは，本当は，国会において十分に審議したうえ，法律でこれを定めるのが本来の姿でしょう。しかし，それは同時に死生観という個々人に特有の基本的な価値観とも深く関係していますから，もっぱら公共的な観点から審議を尽くすのは容易ではありません。

3.2.1.1.2　自殺関与・承諾殺人罪

　202条は，自殺を教唆・幇助したり，被害者の承諾を得てこれを殺害したりした場合を199条よりも軽く処罰しています。これを自殺関与・承諾殺人罪とよびます。問題は，なぜそのような規律がなされているかです。

　一部の学説は，被害者が死にたがっている以上，そこに個人的法益の侵害は看取しえず，あとは，被害者に依存しているさまざまな利益主体を保護するために処罰するのだ，と説明します。しかし，このような発想は，個々人が自分の利益を処分する際，国家が恣意的に容喙する契機となりうるものであり，妥当とは思われません。

　そこで，むしろ，202条も被害者の生命を保護しているのであるが，生命を完全に自由に処分しえないのは，それが将来における被覆決定の余地を奪うものであり，自由の観念と矛盾するからだ，と説明するのが適切ではないでしょ

うか。通説もこのように解しています。

3.2.1.2 堕胎の罪
3.2.1.2.1 堕胎罪

堕胎とは，判例によれば，自然の分娩期に先立ち，胎児を人工的に排出する行為を指します。もっとも，胎児を殺害することだと解する有力説も主張されています。

堕胎罪の保護法益は，第 1 次的には胎児の生命ですが，副次的に母体の生命・身体も保護されています。とくに後者の点は，不同意堕胎罪（215 条）において明らかといえるでしょう。

もっとも，堕胎罪は，実際には，きわめて広範囲にわたって実質的に非犯罪化されています。すなわち，母体保護法が人工妊娠中絶として一定の要件のもとで堕胎を許容しているのですが，そのうちの「経済的理由」（同法 14 条 1 項 1 号）が緩やかに解されることとなった結果，実際には多くの場合がこれにあたるとされているのです。

もちろん，このような運用を法の潜脱であると批判するのは容易でしょう。しかし，中絶の自由は女性の自己決定権として包括的に保障すべきであるという主張も有力であるなか，この人工妊娠中絶を制限的に解釈していくのは現実的ではないように思われます。

3.2.1.2.2 胎児性致死傷

母体をとおして胎児に侵害を加え，出生して人になった段階で傷害・死亡の結果が発生する事案を胎児性致死傷とよびます。そして，このような事案において，生まれてきた人を死傷させる罪の成立を肯定しうるかがさかんに議論されています。

このような問題のリーディングケースとなったのは熊本水俣病でした。母体が有機水銀により汚染された魚介類を摂取した結果，胎児性水俣病に罹患した胎児が出生し，そののち病変が原因で死亡した，という事案です。ここで最高裁は，まず，胎児は母体の一部であるとして母体に対する業務上過失傷害罪（211 条前段）を認めたうえ，その結果として（生まれてきた）人が死亡して

いるのであるから、病変の発生時に客体が人であることを要するか否かにかかわらず、業務上過失致死罪（211条前段）が成立する、と判示しました。

> ◆最決昭和63・2・29刑集42巻2号314頁＝熊本水俣病事件
> 「現行刑法上、胎児は、堕胎の罪において独立の行為客体として特別に規定されている場合を除き、母体の一部を構成するものと取り扱われていると解されるから、業務上過失致死罪の成否を論ずるに当たつては、胎児に病変を発生させることは、人である母体の一部に対するものとして、人に病変を発生させることにほかならない。そして、胎児が出生し人となつた後、右病変に起因して死亡するに至つた場合は、結局、人に病変を発生させて人に死の結果をもたらしたことに帰するから、病変の発生時において客体が人であることを要するとの立場を採ると否とにかかわらず、同罪が成立するものと解するのが相当である」。

この判示は、一見すると筋がとおっているようにもみえます。しかし、よく考えると、おかしなところがたくさんあります。まず、胎児と母体はまったく別の生命体ですから、前者を後者の一部ととらえるのは不自然です。また、「人を負傷させてその人が死亡したら人を死に至らしめる罪が成立する」というのは正しいですが、それは、そこにいう「人」が同一人物であることを当然の前提としています。このような前提を崩すのであれば、それ自体、周到な論証を必要とするのではないでしょうか。

3.2.1.3 遺棄の罪

遺棄とは簡単にいうと、扶助を要する人を捨ててしまうことです。そして、この遺棄の罪の保護法益に関しては古くから争いがあります。

判例・多数説は、同罪を生命および身体に対する抽象的危険犯と解しています。それは、同罪が傷害および過失傷害の次に定められていることや、遺棄致傷罪（219条）が規定されていることを根拠としています。しかし、だからといって、身体に対する抽象的危険まで処罰するというのでは、他の局面に比して刑罰権介入の範囲が広くなりすぎます。現に、218条はあくまで「生存に必要な保護をしなかった」ことを処罰しています。こうして、同罪は生命に対す

る抽象的危険犯ととらえるのが妥当でしょう。

さて，先ほど，遺棄とは要扶助者を捨てることだといいました。しかし，捨てるというのは厳密に考えると，山奥に連れて行って放置するなどといった物理的な意味には限られません。むしろ，見捨てる，すなわち，面倒を見ないという消極的な態度もまた包摂されえます。そして，後者を遺棄罪で処罰するというのは，畢竟，これを遺棄罪の**不真正不作為犯**ととらえるということです。したがって，この講義で不作為犯を扱ったときに説明したように，保障人的地位をきちんと認定する必要があります。

もっとも，実際に刑法の条文を見てみると，ちょっと困ったことが起きます。そう，刑法には2種類の遺棄罪が規定されているのです。1つ目が217条の単純遺棄罪，2つ目が218条の保護責任者遺棄罪です。そして，後者においては，**保護責任者**という身分が要求されるとともに，**不保護**を処罰することが明文で定められており，さらに法定刑も重くなっているのです。

$$\begin{cases} \S 217 & \emptyset & 遺棄 \\ \S 218 & 保護責任者 & 遺棄 + 不保護 \end{cases}$$

まず，保護責任者という身分が要求されることと法定刑が重いことは，なんとか説明できるでしょう。遺棄がとくに高い違法性を基礎づけるような人的属性を備えた者について，これを重く処罰することは合理的です。しかし，218条にだけ不保護を処罰する規定があるのは，どう理解すればよいのでしょうか。217条だって不保護を処罰しているはずなのに，218条にだけその旨の明文規定があるのは奇妙です。これを合理的かつ整合的に説明しきるのは至難の技でしょう。せいぜい，保護責任者の場合には「見捨てる」という側面が類型的に強く，それゆえ，不保護が象徴的な意味で規定されている，と解釈するほかないように思われます。

3.2.2 身体に対する罪
3.2.2.1 暴 行 罪

刑法の条文には，いろいろなところで「暴行」ということばが出てきます。厳密にいうと，それらがすべて同じ意味に使われているわけではないのですが，「暴行」の共通項を括り出すならば，それは**物理力の行使**ということができるでしょう。かつては有形力の行使と表現されていましたが，たとえば，被害者の耳元で大きな音を立てることも暴行となりえますから，「有形」というのはあまり正確ではないでしょうね。

さて，この物理力の行使ということの具体的な意味に関しては，次の2点がさかんに議論されています。

第1に，それが**傷害を生じさせる危険性**を有する必要があるかです。裁判例のなかには，塩を振りかける行為も暴行（208条）にあたるとしたものがあります。そして学説には，それは侮辱罪（231条）等で処罰すべきことがらであって，そのような傷害を生ずるおそれのない行為を暴行として処罰すべきではない，というものもあります。たしかに，のちにも説明するように，傷害罪（204条）は暴行罪（208条）の結果的加重犯としての性質をも有しています。しかし，だからといって，傷害を生ずるおそれがない限り暴行にあたらない，などというのは論理の飛躍でしょう。結果的加重犯が設けられている基本犯は，加重結果を生ずるおそれがあってはじめて成立しうる，などという一般原則は存在しないからです。

第2に，物理力が被害者の**身体に接触**する必要があるかです。判例には，狭い室内で日本刀を振り回したり，高速道路上で並進中の自動車に幅寄せしたりする行為について，暴行にあたると判示したものもあります。そこでは身体的接触が不要とされていることになります。たしかに，暴行は傷害未遂としての性質も有しているでしょうから，こういった行為を処罰したくなる気持ちは分かります。しかし，刑法は傷害未遂全般ではなく，あくまで暴行による傷害未遂のみを処罰しているのです。そして，身体的接触を欠く行為まで暴行と解したのでは，従来，脅迫ととらえられてきた行為の多くが不自然にも暴行に振り分けられてしまいます。したがって，やはり，身体的接触は必要と解すべきでしょう。そうすると，被害者の認識していない態様で，その身体の近辺に物理

力を及ぼすことが可罰性から抜け落ちることになりますが、それが許されない処罰の間隙であるとまではいえないと思います。

3.2.2.2 傷害罪

　傷害罪（204条）は故意犯としての性質のほかに、暴行罪（208条）の結果的加重犯としての性質を併有しています。そして、そこにいう「傷害」の意義については次のような見解の対立があります。

　まず、**身体の完全性説**は、人の身体が無瑕疵な状態で維持されていることを重視し、これが害されれば傷害だといいます。そうすると、被害者の意思に反して髪を切ることも傷害となるでしょう。これに対して**生理的機能説**は、人が生物として活動する、その機能を侵害することが傷害だといいます。これによるならば、髪を切ってもせいぜい暴行罪にとどまることになるでしょう。

　いずれも説得力のある見解ですが、身体の完全性が不明確な概念であること、生理的機能の侵害が広く認められすぎるおそれは、それを一定程度重大なものに限定するという補助原理によって解消しうることなどから、生理的機能説のほうが妥当でしょう。判例もこちらを採用しています。

　なお、当然のことですが、傷害は暴行を手段としない場合であっても可能です。たとえば、無言電話をかけ続けて不安感を与え、精神衰弱症にすれば立派な傷害です。もっとも、一部の学説や判例が、たとえば、性病に罹患していることを秘して性交し、これを感染させる行為をも**暴行によらない傷害**の例ととらえているのはおかしいでしょう。そこでは性交への被害者の同意が無効であり、そうだとすれば、性交そのものを物理力の行使ととらえることができるからです。

　傷害罪には、傷害致死罪（205条）という結果的加重犯が設けられています。もっとも、総論の講義でもお話ししたように、判例が加重結果についての予見可能性を不要としているのは疑問です。それでは、刑法の大原則である**責任主義**に違反してしまうでしょう。

　最後に、傷害罪には**同時傷害の特例**（207条）という規定が設けられています。これは、共犯関係にない複数の者が同一の機会において、被害者に対し、おのおの単独で傷害を引き起こすに足る暴行を加えた場合には、その傷害がい

ずれの暴行によるものかが不明であったとしても、なお全員に傷害罪の罪責を問える、という趣旨の規定です。

この規定は一般に、証明の困難さを理由として傷害の結果につき誰ひとりとして責任を負わないのはおかしい、という理由から設けられたものと説明されています。しかし、よく考えてみると、これはものすごいことですよね。だって、この規定を適用したら、無実の人が罪を着せられるということが正面から承認されるわけですから。そこで、この規定自体が違憲無効であるという学説も有力です。もっとも、判例はこの規定を傷害致死罪にまで適用しています。すなわち、死因となった傷害についてこの規定を適用し、各人が当該傷害を引き起こしたものと推定され、しかるのちに、当該傷害から死亡結果が生じたことが帰責される、というわけです。

◆ **最決平成 28・3・24 刑集 70 巻 3 号 1 頁**

「同時傷害の特例を定めた刑法 207 条は、2 人以上が暴行を加えた事案においては、生じた傷害の原因となった暴行を特定することが困難な場合が多いことなどに鑑み、共犯関係が立証されない場合であっても、例外的に共犯の例によることとしている。同条の適用の前提として、検察官は、各暴行が当該傷害を生じさせ得る危険性を有するものであること及び各暴行が外形的には共同実行に等しいと評価できるような状況において行われたこと、すなわち、同一の機会に行われたものであることの証明を要するというべきであり、その証明がされた場合、各行為者は、自己の関与した暴行がその傷害を生じさせていないことを立証しない限り、傷害についての責任を免れないというべきである。

そして、共犯関係にない 2 人以上による暴行によって傷害が生じ更に同傷害から死亡の結果が発生したという傷害致死の事案において、刑法 207 条適用の前提となる前記の事実関係が証明された場合には、各行為者は、同条により、自己の関与した暴行が死因となった傷害を生じさせていないことを立証しない限り、当該傷害について責任を負い、更に同傷害を原因として発生した死亡の結果についても責任を負うというべきである（最高裁昭和 26 年（れ）第 797 号同年 9 月 20 日第一小法廷判決・刑集 5 巻 10 号 1937 頁参照）。このような事実関係が証明された場合においては、本件のようにいずれかの暴行と死亡との間の因果関係が肯定されるときであっても、別異に解すべき理由はなく、同条

の適用は妨げられないというべきである」。

3.2.2.3　凶器準備集合罪

これは，共同加害の目的で凶器を準備して集合する，という特殊な構成要件です（208条の2）。その罪質は，個人の法益に対する罪の予備罪としての性格と，公共危険罪としての性格を同居させたものととらえられています。暴力団どうしの抗争や過激派による暴力活動を取り締まるのに効力を発揮しますが，試験等にはあまり出ませんので，この入門講義では説明を省略することにしたいと思います。

3.2.2.4　過失致死傷罪

過失致死傷罪（209・210条）はそのままですね。過失により人を死傷させる罪であり，過失の意義については総論の講義でお話ししました。もっとも，刑法典には，この過失致死傷罪の加重類型が2つ規定されています。

1つ目は重過失致死傷罪（211条後段）です。過失が重大である場合の加重規定ですね。もっとも，過失が重大であるといっても，その具体的な意味は，過失を理論的にどのようにとらえるかにより異なってきます。そして，この講義では過失を予見可能性と説明してきましたから，重大な過失というのも，わずかな注意措置により不法の予見に到達しうることと理解されるでしょう。

2つ目は業務上過失致死傷罪（211条前段）です。ここにいう業務とは，判例によれば，①**社会生活上の地位**，②**反覆継続性**，③**人の生命・身体への危険性**，の3つによって特徴づけられることになります。このうち②と③は分かりやすいですよね。行為そのものの類型的な危険性の高さを基礎づける不法要素といえるでしょう。これに対して，①は少々理解が困難です。争いのあるところでもありますが，おそらく，私的領域における活動と異なり，その適正な遂行に対する社会の信頼を保護する必要性が高いことを示す，同じく不法要素と解することができるのではないでしょうか。

なお，かつては，業務上過失致死傷罪は主として自動車事故を処罰するために用いられていました。これを**交通関係業過**といいます。もっとも，今日では，このような行為は**自動車運転死傷行為処罰法**上の**過失運転致死傷罪**または**危険**

運転致死傷罪として重く処罰されています。したがって，業務概念を定義する際，主として自動車の運転を想定するという作業は，今日では不要となっています。

3.2.3 自由に対する罪
3.2.3.1 脅迫・強要罪

次は人の自由を守る犯罪です。むろん，自由とひと口にいってもさまざまなものがありますが，まずはその基本となる**意思活動の自由**です。そして，これを保護法益とするのが脅迫罪（222条）と強要罪（223条）です。

脅迫とは，一般に人を畏怖させるに足りる**害悪の告知**をいいます。害悪といっても，単に「明日，地球が滅亡するかもしれない」などといって相手を怖がらせるだけでは足りません。あくまで，自分が左右できる害悪を自分の意思で加えるぞ，と脅してはじめて脅迫となりうるのです。

また，加害の対象は被告知者とその**親族**に限られています。昔は知識を問う試験において，しばしばこのことが聞かれました。たとえば，フィアンセを殺すぞと脅しても，まだフィアンセは親族ではないので脅迫罪は成立しません。これに対して，奥さんを殺すぞと脅したら同罪が成立します。

つづいて強要罪です。暴行または脅迫によって人に義務のないことを行わせたり，権利の行使を妨害したりする罪ですね。実は世界的に見ると，こちらのほうが原則的な犯罪類型です。というのも，ふつうは相手方に何かをさせたり，するのをやめさせたりするために脅し，あるいは暴行するのであって，単に脅すだけというのは現象としてはまれだからです。もっとも，この内心の目的が証明できなかった場合でも，**受け皿**として脅迫罪が機能するという点は，実務的には無視しえない重要性をもっています。

3.2.3.2 逮捕・監禁罪

次に刑法で保護されている自由とは**移動の自由**です。そして，これを守るために設けられているのが逮捕・監禁罪（220条）です。このうち逮捕とは，人に暴行など直接的な強制作用を加えて場所的移動の自由を奪うことです。これに対して，監禁も同じく移動の自由を奪うことですが，その態様が一定の場所

からの脱出を困難化することである点に特徴があります。いずれも，移動の自由が刻一刻と侵害されている間，ずっと犯罪が成立し続けるという点で継続犯としての性質を有しています。

もっとも，ここにいう移動の自由の意義に関しては深刻な見解の対立があります。まず，現実的自由説は強要罪が自由侵害のプロトタイプであることに着目し，被害者が実際に移動しようと思ったができなかったという点に移動の自由の侵害を見出します。このように考えると，被害者が勉強部屋にこもって勉強している間，外からこっそり鍵をかけておいた場合には，移動の自由の侵害がなく監禁罪は成立しないことになります。

これに対して可能的自由説は，被害者が実際に移動しようと思っていなくても，「移動しようと思ってもできない」という客観的な状態がありさえすれば，移動の自由が侵害されているものと解します。もちろん，書斎でロッキングチェアに腰かけて思考をめぐらせているだけでも，十分な自己実現がなされることはありうるでしょう（われわれ研究者の仕事の大半は，座って本を読んだり，考えごとをしたり，煮詰まったら論文を書いたりという作業です）。しかし，そうはいっても，場所的移動をともなってはじめてなしうる自己実現が大部分であることは否定できません。たとえば，宗教的行為だって，ある施設に行かなければなしえないということは十分にありえますよね。そこで，たしかに強要罪が自由に対する罪のプロトタイプではありますけれども，移動の自由はいっそう厚く保護してやらなければならないとも考えられます。こうして先の事例でも，かりに被害者が勉強に飽きて外に出ようと思っても出られない状態が作出されている点で，移動の自由の侵害があり監禁罪が成立することになります。

判例は可能的自由説を採用するものといわれていますが，学界では両説が拮抗しています。いずれの考え方も相応の説得力がありますから，最終的には，移動の自由というものをどこまで厚く保護すべきかという政策的価値判断に帰するのではないでしょうか。

◆最決昭和33・3・19刑集12巻4号636頁

「刑法220条1項にいう『監禁』とは，人を一定の区域場所から脱出できな

いようにしてその自由を拘束することをいい，その方法は，必ずしも所論のように暴行又は脅迫による場合のみに限らず，偽計によって被害者の錯誤を利用する場合をも含むものと解するを相当とする。されば，原判決が右と同旨に出で，第1審判決第3摘示の被告人の所為を不法監禁罪に当たるとしたのはまことに正当である」。

3.2.3.3 略取・誘拐・人身売買罪

　これらは人をその生活環境から離脱させ，自己または第三者の実力支配下に移すことを内容とする犯罪です。行動の自由を有しない嬰児も対象となりますから，自由に対する罪というだけでなく，**安全に対する罪**としての性格も強いといえるでしょう。

　まず，未成年者略取・誘拐罪（224条）があります。この場合，**監護権者**を観念しうることから保護法益につき争いがあります。すなわち，未成年者といっても，成年に近い年齢での駆け落ちのような場合には，監護権者が同意していないというだけの理由で，相手方に本罪が成立しうるかが問題となるわけです。微妙な問題ですが，成年に近い年齢であれば判断能力もあるでしょうから，監護権侵害だけで本罪の成立を認めるのはおかしいのではないでしょうか。というのも，監護権とはあくまで被監護者のために存在するものと解されるからです。

　次に，営利目的等略取・誘拐罪（225条）があります。ここにいう目的の法的性質には争いがありますが，通説的な見解は，これを**違法要素**と解しています。すなわち，このような目的の存することで，非拐取者の安全がよりいっそう脅かされるというわけです。したがって，たとえば，営利目的を有する者に対し，その目的を有しない者が未成年者の拐取を唆した場合には，背後者には営利目的拐取罪の教唆犯が成立するのであり，未成年者拐取罪の教唆犯が成立するにとどまるのではない，と解すべきでしょう。

　さらに，昭和39年の刑法改正で導入された身の代金目的略取・誘拐罪（225条の2）があります。これは近親者等，被拐取者の**安否を憂慮する者**の憂慮に乗じてその財物を交付させる目的で，人を拐取することを処罰するものです。身代金要求罪というのも設けられています。もっとも，判例・学説においては，

この「安否を憂慮する者」の具体的な範囲につき争いがあります。社長を誘拐して，役員にお金を要求するのはどうでしょうかね。こういった限界事例が問題となるわけです。

◆最決昭和 62・3・24 刑集 41 巻 2 号 173 頁
「刑法 225 条の 2 にいう『近親其他被拐取者の安否を憂慮する者』には，単なる同情から被拐取者の安否を気づかうにすぎないとみられる第三者は含まれないが，被拐取者の近親でなくとも，被拐取者の安否を親身になつて憂慮するのが社会通念上当然とみられる特別な関係にある者はこれに含まれるものと解するのが相当である。本件のように，相互銀行の代表取締役社長が拐取された場合における同銀行幹部らは，被拐取者の安否を親身になつて憂慮するのが社会通念上当然とみられる特別な関係にある者に当たるというべきであるから，本件銀行の幹部らが同条にいう『近親其他被拐取者の安否を憂慮する者』に当たるとした原判断の結論は正当である」。

そのほか，所在国外移送目的略取・誘拐罪（226 条），人身売買罪（226 条の 2），被略取者等所在国外移送罪（226 条の 3），被略取者引渡し等罪（227 条）が規定されています。また，身の代金目的拐取罪等については，公訴提起前に被拐取者を安全な場所に解放したとき，その刑を減軽する規定が設けられています（225 条の 2）。被拐取者の安全を保護するという，高度に政策的な観点から設けられた規定といえるでしょう。

3.2.3.4 性的自由に対する罪

ここには，強制わいせつ罪（176 条）と強姦罪（177 条），および，その補充類型（被害者が抵抗困難な状態である場合の準強制わいせつ罪および準強姦罪。178 条）が含まれています。

強制わいせつ罪とは，13 歳以上の男女に対し，暴行または脅迫を用いてわいせつな行為をすることです。13 歳未満に対しては，単にわいせつな行為をするだけで成立します。これに対して強姦罪は，暴行または脅迫を用いて 13 歳以上の女子を姦淫することです。13 歳未満に対しては，単に姦淫するだけで成立します。そして，ここにいう暴行または脅迫とは，強盗罪のように相手

方の反抗を抑圧する程度のものである必要はないが、反抗を著しく困難にする程度に達していなければならないとされています。

　もっとも、これらはいずれも立法論的に疑問のあるものです。そもそも、強姦罪の被害者から男性が除かれていることが問題ですね。そして、男性をも含めるならば、姦淫という実行行為では狭すぎ、性器の被害者身体内部への挿入等と改める必要が生じるでしょう。さらに、強度の暴行・脅迫を手段として要求するというのも、強姦罪や強制わいせつ罪の成立範囲を不当に狭めているように思われます。むしろ、端的に、同意を得ないわいせつ行為を処罰するのが相当ではないでしょうか。むろん、そうすると、被害者の証言ひとつで有罪・無罪が決せられることになり、不安定にすぎるという批判もありうるでしょう。しかし、それは慎重な事実認定によって解決すべき問題であって、誤った事実認定のおそれを理由に犯罪の実体的な成立要件を動かすのは本末転倒ではないでしょうか。

　このような問題意識から、現在、性的自由に対する罪には大きな改正の動きがあります。みなさんも新聞等で、刑法改正の動向をよくチェックするようにして下さい。

3.2.3.5 住居侵入罪

　最後に、他人の住居等に立ち入る罪である住居侵入罪（130条前段）があります。もっとも、その保護法益に関しては争いがあります。

　戦前は、**旧住居権説**とよばれる考え方が採用されていました。これは家制度を前提として、家長が住居に誰を立ち入らせ、誰を立ち入らせないかを決める権利を専有しており、この権利の侵害が法益侵害を構成するというものです。その目的はシンプルで、戦地におもむいた夫の留守中、妻が不倫相手を家に引き入れた場合において、妻とその不倫相手を住居侵入罪で処罰することでした。

　もっとも、戦後になって家制度が崩壊すると、このような発想は捨て去られ、住居が事実上平穏に保たれていることが保護法益だと解されるようになります。これを**住居の平穏説**といいます。ただ、その目的は正しくても、住居の平穏というのはいかにも不明確です。そこで、今日の通説的見解は旧住居権説を換骨奪胎し、住居権は住居を事実上、管理・支配する者が有するという**新住居権説**

を採用しています。

つづいて本罪の客体ですが，条文に掲げられているもののほか，建造物等の囲繞地（いにょうち）もまた含まれると解するのが判例・通説です。したがって，建造物そのものにはいまだ立ち入っていなくても，壁を乗り越え，敷地内に入れば建造物侵入罪は既遂に達します。さらに，近年では集合住宅の共用部分を邸宅と解し，ポスティングのために立ち入った行為を邸宅侵入罪で処罰する判例が出されています。もっとも，かりに当該共用部分を邸宅ととらえることが許されるとしても，政治的表現活動の重要性に照らせば，もう少し慎重な利益衡量によって違法性を阻却する余地がなかったか，やや疑問も残るところです。

◆**最判平成 20・4・11 刑集 62 巻 5 号 1217 頁＝立川反戦ビラ事件**
「立川宿舎の各号棟の構造及び出入口の状況，その敷地と周辺土地や道路との囲障等の状況，その管理の状況等によれば，各号棟の 1 階出入口から各室玄関前までの部分は，居住用の建物である宿舎の各号棟の建物の一部であり，宿舎管理者の管理に係るものであるから，居住用の建物の一部として刑法 130 条にいう『人の看守する邸宅』に当たるものと解され，また，各号棟の敷地のうち建築物が建築されている部分を除く部分は，各号棟の建物に接してその周辺に存在し，かつ，管理者が外部との境界に門塀等の囲障を設置することにより，これが各号棟の建物の付属地として建物利用のために供されるものであることを明示していると認められるから，上記部分は，『人の看守する邸宅』の囲にょう地として，邸宅侵入罪の客体になるものというべきである（最高裁昭和 49 年（あ）第 736 号同 51 年 3 月 4 日第一小法廷判決・刑集 30 巻 2 号 79 頁参照）。
(3) そして，刑法 130 条前段にいう『侵入し』とは，他人の看守する邸宅等に管理権者の意思に反して立ち入ることをいうものであるところ（最高裁昭和 55 年（あ）第 906 号同 58 年 4 月 8 日第二小法廷判決・刑集 37 巻 3 号 215 頁参照），立川宿舎の管理権者は，前記 1（1）オのとおりであり，被告人らの立入りがこれらの管理権者の意思に反するものであったことは，前記 1 の事実関係から明らかである。
(4) そうすると，被告人らの本件立川宿舎の敷地及び各号棟の 1 階出入口から各室玄関前までへの立入りは，刑法 130 条前段に該当するものと解すべきである」。

ところで，住居侵入罪を定める 130 条は，その後段で不退去罪を定めています．これは，住居に立ち入った者が住居権者から退去要求を受けたにもかかわらず，退去しなかった場合に成立する真正不作為犯です．その詳細な理論的性格は，不真正不作為犯の一般理論との関係において，近年さかんに議論されているところです．

3.2.4 人格的法益に対する罪
3.2.4.1 秘密に対する罪

ここには，信書開封罪（133 条）と秘密漏示罪（134 条）が含まれます．後者の主体は限定列挙ですが，**保健師助産師看護師法**等，特別法によって拡張されています．もっとも，立法論的にみると，特別な業務の遂行過程で収集された秘密を漏らすことを端的に処罰すれば足りるのであって，秘密漏示罪を身分犯として規定することにはやや疑問もあります．

3.2.4.2 名誉に対する罪

名誉に対する罪には，名誉毀損罪（230 条 1 項）と侮辱罪（231 条）があります．通説は，両者の保護法益を共通するものと解し，これを**外部的名誉**に求めています．すなわち，人に対する社会的評価が保護されるものと解しているのです．むろん，厳密にいうと，社会からの誤った事実認識に基づき，不当に高い社会的評価（**虚名**）を受けている人もいます．そして，そのようなものまで刑罰を用いて保護することには疑問を抱く方もいるでしょう．もっとも，今日の支配的な見解は，やはり，このような虚名をも保護すべきであるという前提に立っています．

名誉毀損罪は，公然と**事実を摘示**することによって成立します．この事実の摘示が侮辱罪と袂を分かつ部分です．すなわち，事実の摘示をともなわない単なる社会的評価への攻撃は，抽象的でありそれほど危険性がないために，侮辱罪の法定刑のほうが圧倒的に軽くなっているわけです．また，判例はいわゆる**伝播性の理論**を採用し，「公然」について，相手方が特定少数であっても，不特定多数人に伝播する可能性が高い場合にはこれがみたされるものと解しています．もっとも，そうだとすると，新聞記者に対し，事実を摘示して第三者の

名誉を毀損するような発言をしたら，その時点で名誉毀損罪が成立することになってしまいますよね。そこで，学説の多くはこの伝播性の理論に反対しています。

さて，この名誉毀損罪には**真実性の証明**による免責の特例が設けられています（230条の2）。すなわち，事実の公共性と目的の公益性，真実性の証明の3つがみたされれば，例外的に，名誉毀損罪につき免責が認められることになるのです。これは，被害者の名誉と表現の自由のバランスを図った規定だといわれています。むろん，実際にこの3つがそろって免責が認められれば，その犯罪論上の意義が必ずしも明らかでなくても，被告人自身にとってはそれほど問題がないのかもしれません。しかし，たとえば，被告人が十分な根拠をもって真実性の証明ができると踏んでいたのに，証人が死亡した等の理由により訴訟の場でこれをなしえなくなったときなどには，この免責の理論的意義を明らかにしてはじめて名誉毀損罪の成否が決まることになります。

◆最大判昭和44・6・25刑集23巻7号975頁＝夕刊和歌山事件
　「刑法230条ノ2の規定は，人格権としての個人の名誉の保護と，憲法21条による正当な言論の保障との調和をはかつたものというべきであり，これら両者間の調和と均衡を考慮するならば，たとい刑法230条ノ2第1項にいう事実が真実であることの証明がない場合でも，行為者がその事実を真実であると誤信し，その誤信したことについて，確実な資料，根拠に照らし相当の理由があるときは，犯罪の故意がなく，名誉毀損の罪は成立しないものと解するのが相当である。これと異なり，右のような誤信があつたとしても，およそ事実が真実であることの証明がない以上名誉毀損の罪責を免れることがないとした当裁判所の前記判例（昭和33年（あ）第2698号同34年5月7日第一小法廷判決，刑集13巻5号641頁）は，これを変更すべきものと認める。したがつて，原判決の前記判断は法令の解釈適用を誤つたものといわなければならない」。

有力な見解は，真実性の証明それ自体には本質的な意味がなく，むしろ，行為の時点において証明の見込みが立つ確実な根拠や資料に基づいていたことが決定的であり，それは**35条**を通じて違法性阻却の効果を生み出すのだ，といいます。この見解によれば，先の例でも，被告人の行為は違法性が阻却されて無罪ということになるでしょう。しかし，人の名誉を毀損してでも事実を摘示

することが表現の自由として許されるというのは，その事実が国民の知る権利に奉仕する，正しい（真実に合致する）ものであった場合だけではないでしょうか。

そこで近時では，真実性の証明がそれ自体として違法性阻却事由なのであり，ただ，摘示事実が真実でないことにつき無過失であった場合には，責任がないため不可罰になる，という見解も主張されています。それでは，過失があった場合にどうするかですが，この見解は，230条の2が過失による名誉毀損をも故意による場合と同様に処罰する旨の，38条1項但書にいう「**特別の規定**」に該当するものと解しています。かなり技巧的な解釈ですが，名誉と表現の自由の調整という点からは，最も整合的なものといえるかもしれません。

3.2.5 信用および業務に対する罪
3.2.5.1 信用毀損罪

信用毀損罪（233条前段）とは，虚偽の風説を流布し，または，偽計を用いて人の信用を損ねる犯罪です。古い判例や学説は，ここにいう信用を**支払能力や意思**に限定していました。しかし，近年では，判例が商品の品質に対する社会的信頼も含まれると判示するに至り，名誉毀損罪との棲み分けが問題となりつつあります。これはかなり深刻な問題であり，信用毀損罪は経済活動にかかわるため虚名は保護されないところ，その適用範囲が拡大すれば，実質的には名誉毀損罪においても虚名が保護されなくなるおそれがあるからです。

3.2.5.2 業務妨害罪

偽計または威力によって人の業務を妨害する罪です（233条後段，234条）。ニュースなどで非常にしばしば耳にする犯罪ですね。あとは，アニメやドラマなどで，お店に対する嫌がらせや一線を越えたいたずらをする悪い奴らが出てくることがありますが，あれなども，この業務妨害罪を構成するケースが多いでしょう。ちなみに，ここにいう業務とは，必ずしも給料をもらってする仕事とは限りません。人が**社会生活上の地位**に基づき，**継続**して行っていれば足ります。その意味でも，この犯罪の射程はとても広いものになっています。

さて，手段は偽計と威力だといいましたよね。しかし，実際には，当罰的な

業務妨害が生じた場合にはほとんど常に業務妨害罪が成立し，あとは，用いられた手段をこの2つのいずれかに振り分ける，という作業が行われています。すなわち，非公然に行われる手段は偽計に，公然と行われる場合には威力に，という具合です。むろん，一般的な教科書，注釈書類には，たとえば，威力とは人の自由意思を制圧するに足る勢力である，と書いてあります。しかし，公然と用いられる手段は，そもそもこの程度のものでなければ業務を妨害しえませんから，あまり限定にはなっていません。

◆最決昭和59・4・27刑集38巻6号2584頁＝マジックホン事件
「日本電信電話公社の架設する電話回線において，発信側電話機に対する課金装置を作動させるため受信側から発信側に送出される応答信号は，有線電気通信法2条1項にいう『符号』にあたり，応答信号の送出を阻害する機能を有するマジックホンと称する電気機器を加入電話回線に取り付け使用して，応答信号の送出を妨害するとともに発信側電話機に対する課金装置の作動を不能にした行為が，有線電気通信妨害罪（同法21条）及び偽計業務妨害罪にあたるとした原判断は，正当である」。

◆最決昭和59・3・23刑集38巻5号2030頁
「原判決の是認する第1審判決によれば，被告人は，弁護士である被害者の勤務する弁護士事務所において，同人が携行する訟廷日誌，訴訟記録等在中の鞄を奪い取り，これを2か月余りの間自宅に隠匿し，同人の弁護士活動を困難にさせたというのである。右のように，弁護士業務にとって重要な書類が在中する鞄を奪取し隠匿する行為は，被害者の意思を制圧するに足りる勢力を用いたものということができるから，刑法234条にいう『威力ヲ用ヒ』た場合にあたり，被告人の本件所為につき，威力業務妨害罪が成立するとした第1審判決を是認した原判断は，正当である」。

次に，公務と業務の関係も，判例・学説上，さかんに議論される問題のひとつです。どういうことかというと，まず，暴行・脅迫を用いて公務を妨害すると，公務執行妨害罪（95条1項）が成立します。そうすると，一見すれば，公務は公務執行妨害罪だけで保護するのが刑法の立場なのだ，と理解してしまいそうです。しかし，よく考えてみると，公務のなかにはお役所のデスクワークのように，民間企業の仕事とほとんど変わらないものもたくさんあります。

そして，そういったものが公務であるというだけの理由で業務妨害罪による保護の対象から外れてしまうと，威力や偽計を手段とする限り，これを邪魔しても犯罪が成立しないことになってしまいますよね。これもまたおかしな気がします。

　この問題についてはさまざまな見解が主張されているのですが，今日の判例・通説（と思しき見解）は次のように考えています。すなわち，公務を2種類に分け，**強制力をともなう権力的公務**は暴行・脅迫から保護するだけで十分であるから，公務執行妨害罪の成立だけが問題となる。これに対して，非権力的公務は業務妨害罪によっても保護される。この結果，非権力的公務は二重に保護を受けることになるが，血税で運営されている以上，厚く保護するのは当然のことである，と（限定積極説）。

　◆**最決平成 12・2・17 刑集 54 巻 2 号 38 頁**
　　「本件において妨害の対象となった職務は，公職選挙法上の選挙長の立候補届出受理事務であり，右事務は，強制力を行使する権力的公務ではないから，右事務が刑法（平成7年法律第91号による改正前のもの）233条，234条にいう『業務』に当たるとした原判断は，正当である（最高裁昭和36年（あ）第823号同41年11月30日大法廷判決・刑集20巻9号1076頁，最高裁昭和59年（あ）第627号同62年3月12日第一小法廷決定・刑集41巻2号140頁参照）」。

とても説得力のある解決方法だと思いますが，疑問もなくはありません。というのも，たしかに，警察は威力に対しては強いかもしれませんが，偽計に対して強いとは必ずしもいえないからです。虚偽通報を受けた消防署は嘘を見破れないが，虚偽通報を受けた警察署は嘘を見破れる，などという関係は存在しませんよね。そこで近時では，偽計業務妨害罪についてだけは，権力的公務であっても成立しうるという考え方が強まりつつあります（修正積極説）。

　なお，事例問題にそれほど出ることはありませんが，本罪の加重類型に電子計算機損壊等業務妨害罪（234条の2第1項）というのがあります。コンピューターを破壊したり異常動作させたりすると，被害が深刻かつ拡大するおそれが強いために，加重処罰しているわけです。特別に，未遂犯処罰規定も設けられています（同条2項）。

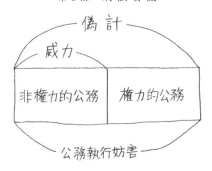

3.2.6 財産に対する罪
3.2.6.1 財産犯の体系

次に，刑法各論の最も大きなテーマである財産犯を扱います。刑法典には実に多くの財産犯が規定されていますが，それらは理論的観点からいくつかのタイプに分けることができます。

まず，客体として**財物**と**財産上の利益**を分けることができます。財物は分かると思いますが，財産上の利益とは，たとえば，債権ですね。債務者から10万円返してもらえる権利等です。そして，刑法典には財物だけを客体とする犯罪もあります。すなわち，窃盗罪や横領罪は，財物を盗んだり横領したりした場合にしか成立しません。

つづいて，**個別財産に対する罪**と**全体財産に対する罪**を分けることができます。たとえば，窃盗罪は個々の財物の占有を奪取することで成立し，その前後で被害者の全体としての財産状態に変化があったかどうかはどうでもよいことです。これに対して背任罪が成立するためには，任務違背によって被害者の財産状態を全体として悪化させることが必要となります。

領得罪と**毀棄罪**を分けることも可能です。領得罪とは，客体を積極的に使いたいという動機から行われる財産犯です。これに対して毀棄罪とは，単に客体に対する被害者の所有権を害すれば足りるものを指します。

さらに細分化されたものとして，財物ないし財産上の利益の占有移転を不法内容とする財産犯のうち，それが被害者の意思に反して行われる**奪取罪**と，その意思に基づく**交付罪**とがあります。窃盗罪や強盗罪は奪取罪であり，詐欺罪は交付罪ということになります。

3.2　個人的法益に対する罪　　　　171

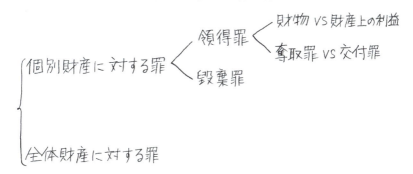

3.2.6.2　窃　盗　罪
3.2.6.2.1　総　　説

　窃盗罪（235条）は最も基本的な財産犯のひとつであり，被害者の意思に反して財物の占有を奪う罪です。もっとも，基本的といいましたが，実は，窃盗罪の客体は財物に限られ，財産上の利益は含まれていません。これは，特段の手段の限定がない窃盗罪において，可罰範囲が不明確になるのを避けるためです。その結果，たとえば，レストランで飲食したのち財布がないことに気づき，トイレの窓から逃走しても窃盗罪にはなりません。

　もっとも，一部の判例や学説は，この財物の範囲を拡張することで可罰範囲を拡張しようとしています。具体的には，**有体性**のある物に限らず，**物理的に管理可能**であれば財物といえるというのです。かつて，**電気**を財物とみなす規定（245条）がなかったころ，このようなロジックで電気を財物とした判例もあります。

> ◆ **大判明治36・5・21刑録9輯874頁＝電気窃盗事件**
>
> 　「刑法第三百六十六条ニ所謂窃取トハ他人ノ所持スル物ヲ不法ニ自己ノ所持内ニ移スノ所為ヲ意味シ人ノ理想ノミニ存スル無形物ハ之ヲ所持スルコト能ハサルモノナレハ窃盗ノ目的タルコトヲ得サルハ論ヲ待タス然レトモ所持ノ可能ナルカ為メニハ五官ノ作用ニ依リテ認識シ得ヘキ形而下ノ物タルヲ以テ足レリトシ有体物タルコトヲ必要トセス何トナレハ此種ノ物ニシテ独立ノ存在ヲ有シ人力ヲ以テ任意ニ支配セラレ得ヘキ特性ヲ有スルニ於テハ之ヲ所持シ其所持ヲ

継続シ移転スルコトヲ得ヘケレハナリ約言スレハ可動性及ヒ管理可能性ノ有無ヲ以テ窃盗罪ノ目的タルコトヲ得ヘキ物ト否ラサル物トヲ区別スルノ唯一ノ標準トナスヘキモノトス而シテ電流ハ有体物ニアラサルモ五官ノ作用ニ依リテ其存在ヲ認識スルコトヲ得ヘキモノニシテ之ヲ容器ニ収容シテ独立ノ存在ヲ有セシムルコトヲ得ルハ勿論容器ニ蓄積シテ之ヲ所持シ一ノ場所ヨリ他ノ場所ニ移転スル等人力ヲ以テ任意ニ支配スルコトヲ得ヘク可動性ト管理可能性トヲ并有スルヲ以テ優ニ窃盗罪ノ成立ニ必要ナル窃取ノ要件ヲ充タスコトヲ得ヘシ故ニ他人ノ所持スル他人ノ電流ヲ不法ニ奪取シテ之ヲ自己ノ所持内ニ置キタル者ハ刑法第三百六十六条ニ所謂他人ノ所有物ヲ窃取シタルモノニシテ窃盗罪ノ犯人トシテ刑罰ノ制裁ヲ受ケサルヘカラサルヤ明ナリ」

　しかし，そのようなことを言い始めると，たとえば，債権だって帳簿で管理できるわけですから，立法者が財物と財産上の利益を書き分け，窃盗罪において前者だけを保護しようとした趣旨が完全に損なわれてしまいます。こうして，現在の通説はあくまで有体性を要求しています。また，先ほどの電気泥棒の事件以降，この管理可能性説を使って財物の範囲を拡張した判例もありません。

3.2.6.2.2　占　　有

　窃盗罪においては，被害者に財物に対する占有のあることが大前提です。ここにいう占有とは，民法におけるそれとは異なり，あくまで**事実的な支配**を意味しています。そして，その存否は，**占有の意思**と**占有の事実**を総合的に勘案し，社会通念に照らして決せられるといわれています。といわれても，みなさんは具体的なイメージがわかないですよね。そこで，一般的な学説にならい，事例類型を2つに分けてご説明したいと思います。

　第1は，占有の意思は強いが占有の事実は弱い，という事例類型です。たとえば，地震が起きたので，自動車のキーを挿したまま道路の端に停め，避難場所へと一時避難したというとき，これ幸いと勝手に乗り去った人に窃盗罪が成立するでしょうか。おそらくするでしょう。それは，そのような社会的文脈にかんがみれば，被害者がそこに自動車をとどめおこうとする強い意思が看取され，かつ，社会通念上も，それが保護に**値**するものと解されるからです。看守

のいない小さなお寺に蔵置された仏像なども，同じように考えてよいでしょうね。

◆福岡高判昭和 58・2・28 判時 1083 号 156 頁
　「『てんじんじまばし』は人道専用橋であるものの，事実上旦過市場にくる客の自転車置場ともなっており，終夜自転車を置いたままにしておくことも度々見受けられ，現に被告人が本件自転車を持ち去ったとき，同所には右自転車のほかに 1 台の自転車が置かれており，しかも，本件自転車は購入後いまだ 1 年くらいしか経ていない新しい品物で，後輪泥よけ部分には青色のペンキで『F』と鮮明に記入されており，その前輪上のかごのなかには折りたたみ傘 1 本とタオルが入れられて，通行の邪魔にならないように同橋の東端近く欄干寄りに欄干に沿って置かれていたのであり，K は，同橋上がそのような場所であることを認識し，後で取りにくる積りで本件自転車をそのまま同所に置いて一旦帰宅したものであるから，かかる事実関係の下では，右自転車が以後約 14 時間を経過して夜半を過ぎて午前 3 時半ころに及び，しかも無施錠でそのまま置かれていたこと等を考慮しても，社会通念上，被告人が本件自転車を持ち去った時点においても，本件自転車は K の占有下にあったものと認定するのが相当である」。

　第 2 は，これとは反対に，占有の意思は弱いが占有の事実は強い，という事例類型です。みなさんは自宅内で紛失した物などを想像したかもしれませんが，自宅内の物に対しては包括的に強い占有意思が及んでいるでしょうから，ここに含めるのはあまり適切でないかもしれません。むしろ，いわゆる**忘れ物**のうち，「被害者が思い出せばすぐに支配を回復できる」という関係の存する場合が典型例といえるでしょう。判例には，被害者が公園のベンチにポシェットを置き忘れてしばらく歩いた時点において，被告人がこれを持ち去ったという事案で窃盗罪の成立を認めたものがあります。

◆最決平成 16・8・25 刑集 58 巻 6 号 515 頁＝ポシェット事件
　「1　原判決の認定及び記録によれば，本件の事実関係は，次のとおりである。
　(1)　被害者は，本件当日午後 3 時 30 分ころから，大阪府内の私鉄駅近くの公

園において，ベンチに座り，傍らに自身のポシェット（以下「本件ポシェット」という。）を置いて，友人と話をするなどしていた。
(2) 被告人は，前刑出所後いわゆるホームレス生活をし，置き引きで金を得るなどしていたものであるが，午後5時40分ころ，上記公園のベンチに座った際に，隣のベンチで被害者らが本件ポシェットをベンチ上に置いたまま話し込んでいるのを見掛け，もし置き忘れたら持ち去ろうと考えて，本を読むふりをしながら様子をうかがっていた。
(3) 被害者は，午後6時20分ころ，本件ポシェットをベンチ上に置き忘れたまま，友人を駅の改札口まで送るため，友人と共にその場を離れた。被告人は，被害者らがもう少し離れたら本件ポシェットを取ろうと思って注視していたところ，被害者らは，置き忘れに全く気付かないまま，駅の方向に向かって歩いて行った。
(4) 被告人は，被害者らが，公園出口にある横断歩道橋を上り，上記ベンチから約27mの距離にあるその階段踊り場まで行ったのを見たとき，自身の周りに人もいなかったことから，今だと思って本件ポシェットを取上げ，それを持ってその場を離れ，公園内の公衆トイレ内に入り，本件ポシェットを開けて中から現金を抜き取った。
(5) 他方，被害者は，上記歩道橋を渡り，約200m離れた私鉄駅の改札口付近まで2分ほど歩いたところで，本件ポシェットを置き忘れたことに気付き，上記ベンチの所まで走って戻ったものの，既に本件ポシェットは無くなっていた。
(6) 午後6時24分ころ，被害者の跡を追って公園に戻ってきた友人が，機転を利かせて自身の携帯電話で本件ポシェットの中にあるはずの被害者の携帯電話に架電したため，トイレ内で携帯電話が鳴り始め，被告人は，慌ててトイレから出たが，被害者に問い詰められて犯行を認め，通報により駆けつけた警察官に引き渡された。

2 以上のとおり，被告人が本件ポシェットを領得したのは，被害者がこれを置き忘れてベンチから約27mしか離れていない場所まで歩いて行った時点であったことなど本件の事実関係の下では，その時点において，被害者が本件ポシェットのことを一時的に失念したまま現場から立ち去りつつあったことを考慮しても，被害者の本件ポシェットに対する占有はなお失われておらず，被告人の本件領得行為は窃盗罪に当たるというべきであるから，原判断は結論にお

いて正当である」。

なお，窃盗罪にいう占有に複数人が関わっている場合も考えられます。対等な者どうしが**共同で占有**している場合には，一部の者を排除することが占有の侵害にあたるといえるでしょう。これに対して，複数人に上下関係がある場合には上位者にのみ占有が認められ，**占有補助者**にすぎない下位者による領得が（横領ではなく）窃盗と評価されることもあります。

さらに，**死者の占有**が認められるかという論点もあります。判例は，たとえば，殺人犯人との関係でこれを肯定する余地を承認しています。そうすると，被害者を殺害後，領得意思を生じてその財布を抜き取った場合には，殺人罪とは別に窃盗罪が成立しうることになるでしょう。

◆最判昭和 41・4・8 刑集 20 巻 4 号 207 頁
「被告人は，当初から財物を領得する意思は有していなかつたが，野外において，人を殺害した後，領得の意思を生じ，右犯行直後，その現場において，被害者が身につけていた時計を奪取したのであつて，このような場合には，被害者が生前有していた財物の所持はその死亡直後においてもなお継続して保護するのが法の目的にかなうものというべきである。そうすると，被害者からその財物の占有を離脱させた自己の行為を利用して右財物を奪取した一連の被告人の行為は，これを全体的に考察して，他人の財物に対する所持を侵害したものというべきであるから，右奪取行為は，占有離脱物横領ではなく，窃盗罪を構成するものと解するのが相当である」。

しかし，殺人罪（199 条）と遺失物等横領罪（254 条）でも十分な当罰性評価が可能であり，にもかかわらず，死者に占有を認めるという無理筋の議論をとおす必要が，はたしてどれほどあるのかははなはだ疑問です。

3.2.6.2.3　保護法益

窃盗罪の成立範囲は 242 条によって拡張されています。すなわち，「自己の財物であっても，他人が占有し，又は公務所の命令により他人が看守するものであるときは，この章の罪については，他人の財物とみなす」というのです。

ということは，つまり，窃盗だけでなく強盗や詐欺，恐喝等についても，所有権の所在に関わりなく，財物に対する占有を侵害しただけで成立しうるはずなのです（251条は242条を準用しています）。これは一見するとものすごい規定ですよね。だって，自分の六法を他人に貸したものの，期限になってもまったく返さないから，やむをえず，その人が講義の合間にトイレに行く隙を狙い，バッグのなかから六法を取り返したという場合であっても，窃盗罪として処罰されてしまうというんですから。

　ところが，今日の判例や有力説はそれでよいといいます。すなわち，窃盗罪の保護法益は純然たる所持であって，自力救済の禁止という法治国家的原則に照らせば，それには十分な保護価値があるというのです。これを所持説とよんでいます。むろん，実力行使が例外的に許される場合もあるでしょうが，それは自救行為という，前記原則を考慮した実質的な違法性阻却において判断されるべきことになります。

◆最決平成元・7・7刑集43巻7号607頁＝自動車金融事件
　「原判決によると，次の事実が認められる。
1　被告人は，いわゆる自動車金融の形式により，出資の受入，預り金及び金利等の取締等に関する法律による利息の制限を免れる外形を採つて高利を得る一方，融資金の返済が滞つたときには自動車を転売して多額の利益をあげようと企て，『車預からず融資，残債有りも可』という広告を出し，これを見て営業所を訪れた客に対し，自動車の時価の2分の1ないし10分の1程度の融資金額を提示したうえ，用意してある買戻約款付自動車売買契約書に署名押印させて融資をしていた。契約書に書かれた契約内容は，借主が自動車を融資金額で被告人に売渡してその所有権と占有権を被告人に移転し，返済期限に相当する買戻期限までに融資金額に一定の利息を付した金額を支払つて買戻権を行使しない限り，被告人が自動車を任意に処分することができるというものであり，さらに本件の31台の自動車のうち2台に関しては，買戻権が行使された場合の外は被告人は『自動車につき直接占有権をも有し，その自動車を任意に運転し，移動させることができるものとする。』という条項を含んでいた。しかし，契約当事者の間では，借主が契約後も自動車を保管し，利用することができることは，当然の前提とされていた。また，被告人としては，自動車を転売した

方が格段に利益が大きいため，借主が返済期限に遅れれば直ちに自動車を引き揚げて転売するつもりであつたが，客に対してはその意図を秘し，時たま説明を求める客に対しても『不動産の譲渡担保と同じことだ。』とか『車を引き揚げるのは100人に1人位で，よほどひどく遅れたときだ。』などと説明するのみであり，客には契約書の写しを渡さなかつた。

2 借主は，契約後も，従前どおり自宅，勤務先等の保管場所で自動車を保管し，これを使用していた。また，借主の中には，買戻権を喪失する以前に自動車を引き揚げられた者もあり，その他の者も，次の営業日か短時日中に融資金を返済する手筈であつた。

3 被告人又はその命を受けた者は，一部の自動車については返済期限の前日又は未明，その他の自動車についても返済期限の翌日未明又は数日中に，借主の自宅，勤務先等の保管場所に赴き，同行した合鍵屋に作らせた合鍵又は契約当日自動車の点検に必要であるといつて預かつたキーで密かに合鍵屋に作らせたスペアキーを利用し，あるいはレッカー車に牽引させて，借主等に断ることなしに自動車を引き揚げ，数日中にこれらを転売し，あるいは転売しようとしていた。

　以上の事実に照らすと，被告人が自動車を引き揚げた時点においては，自動車は借主の事実上の支配内にあつたことが明らかであるから，かりに被告人にその所有権があつたとしても，被告人の引揚行為は，刑法242条にいう他人の占有に属する物を窃取したものとして窃盗罪を構成するというべきであり，かつ，その行為は，社会通念上借主に受忍を求める限度を超えた違法なものというほかはない。したがつて，これと同旨の原判決の判断は正当である」。

　一見するとなるほどですよね。私も学生のころ，この説明で納得してしまいました。しかし，もう少しおとなになってから考えてみると，この説明には論理の飛躍があります。だって，自力救済の禁止が大事であり，これを実効化するために刑罰を用いるべきだというのはそのとおりですが，そのために実力行使を処罰する規定が現にたくさんあるでしょう。問題は，刑法が実力行使を処罰するさまざまな規定のほかに，わざわざ財産権を守る財産犯の規定を設けているのに，自力救済はいけないからというだけで，財産犯による処罰まで投入してよいかです。私は，それは立法の趣旨を害する不適切な解釈だと思います。

　こうして有力な見解は，こと財産犯による保護を正当化するために，純然た

る所持では足らず，それが民事法上正当な権原に基づいていることを要求しています。これを**本権説**とよびます。ただ，これにも問題がないわけではなく，本権説を採用すると，刑事裁判官が民事法上の詳細な法律関係にまで確定的な解釈を与えて，はじめて刑事の判断に入れるということになってしまいます。むろん，裁判官は全法分野のプロという建前はありますけれども，実際問題，それでは刑事裁判の負担が過大になるおそれが強いでしょう。そこで学説では，正当な権原を基礎づける民事法解釈が明らかに不合理であるとまでいえなければ，それはギリギリ財産権を侵害したものと評価してよいのだ，という**中間説**も主張されています。

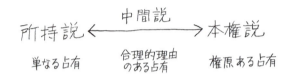

3.2.6.2.4　不法領得の意思

　判例・通説は窃盗罪の成立を認めるにあたり，故意のほかに，**不法領得の意思**とよばれる特別な主観的要件を課しています。そして，この不法領得の意思の内容は大きく次の2つに分けられています。

　第1は**権利者排除意思**です。これは不可罰な一時使用（**使用窃盗**）を，窃盗罪の成立範囲から排除するために機能します。たとえば，講義中，黒板の左端の文字がどうしても見えないから，居眠り中の隣席の学生が机上に置いているオペラグラスを寸借し，文字を見たあと元の場所に戻したとしましょう。このときも，他人の占有するオペラグラスを自己の支配下においた段階で占有侵害が存在し，かつその認識がありますから，かりにその段階で捕まっても，窃盗罪の成立要件に欠けるところはないようにも思えます。しかし，そもそもなぜ占有を保護しなければならないかと問えば，それは，占有下においておけば物を利用可能だからですよね。そうすると，行為者がすぐにそのまま物を返却するつもりであり，その意味で，物の**利用可能性**をほとんど侵害するつもりがないときは，実質的な当罰性が認められません。そこで，このことを裏返し，占

3.2 個人的法益に対する罪

有侵害の段階において，その後も利用可能性を当罰的な程度に侵害し続けるつもりであることを，権利者排除意思として要求すべきことになります。ここからも分かるように，この権利者排除意思は**主観的違法要素**です。

（裁）判例のなかには，正当に購入したものと偽って店に返品し，代金相当額を詐取する目的で店から洋服を盗んだ事案において，権利者排除意思を認めたものがあります。ただちに景品交換に用いる目的で，パチンコ玉を盗んだというケースもあります。

◆**最決昭和 31・8・22 刑集 10 巻 8 号 1260 頁**
「磁石を用いて遊技場のパチンコ機械から玉を取る所為は，たとえ，その目的がパチンコ玉を景品交換の手段とするものであつたとしても，経営者の意思にもとづかないで，パチンコ玉の所持を自己に移すものであり，しかもこれを再び使用し，あるいは景品と交換すると否とは自由であるからパチンコ玉につきみずから所有者としてふるまう意思を表現したものというべきもので，所論のようにいわゆる使用窃盗とみるべきではなく，パチンコ玉に対する不法領得の意思が存するものと解するのが相当である。それゆえ原判決が被告人の本件所為を窃盗罪にあたるとしたのは正当であつて，所論のような違法は認められない」。

そして，これらにおいては，たしかに，ただちに財物をそのままのかたちで返還する意思はあるけれども，当該財物に対して被害者が設定した適正な利用プロセスが害されているとして，この結論を支持する学説も有力です。しかし，間をおかずに返還された財物を被害者がただちにその適正な利用プロセスに載せるのであれば，やはり，被害者の当該財物に対する利用可能性はほとんど害されていないというべきではないでしょうか。ここでは爾後の金銭や景品に対する詐欺罪の違法性が，不当にも，当初の他の財物に対する占有侵害に流用されてしまっているように思われます。

第 2 は**利用処分意思**です。これは，実質的にみて**毀棄罪**の当罰性しかない行為を，窃盗罪の成立範囲から除く機能を果たしています。具体的にいうと，たとえば，ケーキ屋さんからケーキを盗むというのであっても，それを食べるためであれば窃盗といえるでしょう。それは，まさに奪った物を積極的に利用し

て効用を得ようとする行為ですから，まさにその物を奪おうとする強い動機づけをもたらす点で，当罰性が非常に高いといえます。ところが，そうではなく，むしろ，売り物を喪失させて営業妨害をしてやろうという動機の場合には，たしかに悪いことではありますけれども，まさにその物を奪ったかどで重く処罰する必要性は乏しいでしょう。というのも，営業妨害の手段にはさまざまなものがありますから，まさにその物を奪うという手段を採用する必然性に乏しく，それゆえ，まさにその物を奪おうとする強い動機づけをもたらすとは必ずしもいえないからです。このように，利用処分意思は行為者の（占有奪取という）不法への傾向性を強化するものですから，典型的な処分の必要性の観点からくる**責任要素**といえるでしょう。

判例もおそらくは同様の趣旨から，行為者がその物を積極的に使って効用を得ようとする場合には利用処分意思を認めています。その「使い方」は非常に幅広く，その物**本来の用法**である必然性はないとされていますが，それは利用処分意思の趣旨に照らして当然のことでしょう。

ただし，その物そのものの利用を企図していない場合には，たとえ利得目的があっても利用処分意思は否定されます。次の判例を見て下さい。

◆**最決平成 16・11・30 刑集 58 巻 8 号 1005 頁**
「1　原判決及びその是認する第 1 審判決の認定並びに記録によれば，本件の事実関係は，次のとおりである。

被告人は，金員に窮し，支払督促制度を悪用して叔父の財産を不正に差し押さえ，強制執行することなどにより金員を得ようと考え，被告人が叔父に対して 6000 万円を超える立替金債権を有する旨内容虚偽の支払督促を申し立てた上，裁判所から債務者とされた叔父あてに発送される支払督促正本及び仮執行宣言付支払督促正本について，共犯者が叔父を装って郵便配達員から受け取ることで適式に送達されたように外形を整え，叔父に督促異議申立ての機会を与えることなく支払督促の効力を確定させようと企てた。そこで，共犯者において，2 回にわたり，あらかじめ被告人から連絡を受けた日時ころに叔父方付近で待ち受け，支払督促正本等の送達に赴いた郵便配達員に対して，自ら叔父の氏名を名乗り出て受送達者本人であるように装い，郵便配達員の求めに応じて

郵便送達報告書の受領者の押印又は署名欄に叔父の氏名を記載して郵便配達員に提出し，共犯者を受送達者本人であると誤信した郵便配達員から支払督促正本等を受け取った。なお，被告人は，当初から叔父あての支払督促正本等を何らかの用途に利用するつもりはなく速やかに廃棄する意図であり，現に共犯者から当日中に受け取った支払督促正本はすぐに廃棄している。

2 以上の事実関係の下では，郵便送達報告書の受領者の押印又は署名欄に他人である受送達者本人の氏名を冒書する行為は，同人名義の受領書を偽造したものとして，有印私文書偽造罪を構成すると解するのが相当であるから，被告人に対して有印私文書偽造，同行使罪の成立を認めた原判決は，正当として是認できる。

他方，本件において，被告人は，前記のとおり，郵便配達員から正規の受送達者を装って債務者あての支払督促正本等を受領することにより，送達が適式にされたものとして支払督促の効力を生じさせ，債務者から督促異議申立ての機会を奪ったまま支払督促の効力を確定させて，債務名義を取得して債務者の財産を差し押さえようとしたものであって，受領した支払督促正本等はそのまま廃棄する意図であった。このように，郵便配達員を欺いて交付を受けた支払督促正本等について，廃棄するだけで外に何らかの用途に利用，処分する意思がなかった場合には，支払督促正本等に対する不法領得の意思を認めることはできないというべきであり，このことは，郵便配達員からの受領行為を財産的利得を得るための手段の一つとして行ったときであっても異ならないと解するのが相当である。そうすると，被告人に不法領得の意思が認められるとして詐欺罪の成立を認めた原判決は，法令の解釈適用を誤ったものといわざるを得ない」。

反対に，下級審裁判例のなかには，犯跡隠ぺい目的で財物を奪取した場合にも利用処分意思を認めたものがありますが，このような判断には疑問があります。端的に，犯跡隠ぺい以外の目的もあったことを認定すべきでしょう。もっとも，刑務所に入りたいという理由から，窃盗の証拠品としてただちに警察に届け出るつもりで財物を盗んだ場合には，利用処分意思を肯定する余地があります。ここで窃盗罪の成立を否定するためには，したがって，警察に渡せばただちに被害者に返還されるという意味で，むしろ権利者排除意思のほうが欠けるという必要があるでしょう。

3.2.6.2.5 情報窃盗

　窃盗罪の客体は財物に限られていますが，判例や学説では，情報を化体した有体物の占有を侵害する行為を窃盗罪で処罰することにより，実質的に**情報の窃取**を処罰する方途が探られています。

　たとえば，それ自体ではほぼ無価値な1枚の紙に，しかし，重要な企業秘密が書いてあるというとき，コピーしてただちに元の場所に戻す目的で，その紙を寸借した場合は窃盗罪になるでしょうか。ここではいくつかの点が問題となります。

　まず，たった1枚の紙が刑罰をもって保護すべき「財物」と評価しうるかです。もっとも，それはただの紙ではなく重要な財産的価値をもつ情報を含んだ紙ですから，この点は肯定してよいでしょう。

　次に，権利者排除意思が問題となりえます。コピーにはほとんど時間がかかりませんし，また，紙が痛む度合いもほとんどありません。そうすると，権利者排除意思が否定されそうです。この点につき有力な学説は，情報は専有することに意味があるのであり，複製されれば価値が大幅に減ずるから，十分に利用可能性が害されているといいます。しかし，それは情報そのものの利用可能性が害されているという趣旨であり，まさにその紙の利用可能性が害されていることは論証されていないのではないか，という疑問もあります。

　さらに，利用処分意思も問題となりえます。行為者が利用過程に載せようとしたのは情報だけであり，その証拠に，そこでなされている行為の実体は，紙にいっさい手を触れずに手持ちのスマホで写真を撮ることとなんら変わりません。この点も，財物に対する利用処分意思を要求する窃盗罪の解釈としては，なかなかつらいところですね。

　こうして，近時では**不正競争防止法**が繰り返し改正されることにより，**営業秘密**に限ってではありますが，実質的には情報窃盗が広範囲で処罰されるに至っています。むろん，そのことが刑法上の財物に対する罪の適用を無にするわけではありませんが，実際上の必要性は大きく減じたものといえるでしょう。

3.2.6.2.6 不動産侵奪罪

　ところで，窃盗罪の客体は財物だと何度もお話ししましたよね。そして，ふ

つう，財物には動産だけでなく**不動産**も含まれます。したがって，不動産を詐取したり横領したりする行為は，当然，詐欺罪や横領罪を構成することになります。

もっとも，不動産は文字どおり動きませんから，その占有を移すというのは，未登記不動産などの例外的な場合を除き，取引によって**法律上の支配**を移転することを意味しています。そうすると，事実的行為によって，まさに不動産に対する事実上の支配を獲得する行為は，形式上は窃盗罪にあたりえなくもなさそうですが，非常に不自然な解釈を要求することになります。そこで立法者は，端的に，窃盗罪に関してだけは財物を動産に限り，不動産の事実的支配を事実的行為によって侵す行為については，不動産侵奪罪という別の犯罪を用意することにしています。

むろん，別の犯罪といっても，不動産に対する窃盗を適用しやすいかたちで別途立法したわけですから，基本的には窃盗罪の解釈と同一の原理が妥当するはずです。しかし，現実には，不動産の特性に照らしてさまざまな解釈の修正が施されることになります。たとえば，不動産に対する**所有権の登記名義**さえ有していれば，そこから被害者が夜逃げしてしまったあとで行為者が産廃を投棄するなどしても，不動産に対する事実的支配を害したものとして不動産侵奪罪が成立しうるものと解されています。

◆**最決平成 11・12・9 刑集 53 巻 9 号 1117 頁**
「本件土地の所有者である K 工務店は，代表者が行方をくらまして事実上廃業状態となり，本件土地を現実に支配管理することが困難な状態になったけれども，本件土地に対する占有を喪失していたとはいえず，また，被告人らは，本件土地についての一定の利用権を有するとはいえ，その利用権限を超えて地上に大量の廃棄物を堆積させ，容易に原状回復をすることができないようにして本件土地の利用価値を喪失させたというべきである。そうすると，被告人らは，K 工務店の占有を排除して自己の支配下に移したものということができるから，被告人両名につき不動産侵奪罪の成立を認めた原判決の判断は，相当である」。

3.2.6.2.7 親族相盗例

最後に，244条は**親族間の特例**を定めています。すなわち，まず，1項は「配偶者，直系血族又は同居の親族との間で第235条の罪，第235条の2の罪又はこれらの罪の未遂罪を犯した者は，その刑を免除する」と定めています。つづいて，2項は「前項に規定する親族以外の親族との間で犯した同項に規定する罪は，告訴がなければ公訴を提起することができない」となっています。そして，3項は「前2項の規定は，親族でない共犯については，適用しない」と規定しています。さらに，244条は詐欺，恐喝，背任，横領などにも準用されています。ちなみに，強盗や器物損壊には準用されていないので注意して下さい。

さて，問題はなぜこのような特例が定められているかです。一部の学説は，親族間では財産関係が不明瞭であることが多く，違法性が低いからだといいます。しかし，それでは3項と矛盾しますよね。そこで別の学説は，親の財布から金を抜き取るというのはついやってしまいがちだから責任が軽いのだ，と説明します。もっとも，いくら直系血族とはいえ，同居さえしていない人のお金を盗んだときに，常に刑を免除しなければならないほど責任が減少しているなどとは到底思えません。こうして通説は，この特例の根拠を**「法は家庭に入らず」**という特別な刑事政策に求めています。

とはいえ，DVや児童虐待が問題となる昨今において，「法は家庭に入らず」などという家族の聖域化は，もはや社会の支持を得られないでしょう。そこで，このような特例をかりに残すとしても，それは親告罪化にとどめるべきであって，刑の免除は行き過ぎであるとの立法論も，しばしば聞かれるようになっています。

なお，この特例が適用されるために必要な親族関係が，いかなる者の間に存在しなければならないかについても議論があります。かりにこの特例の根拠が前述の刑事政策にあるとすれば，財物等をめぐる紛争が家庭内に収まっている必要があるでしょうから，親族関係は行為者と占有者との間だけでなく，行為者と所有者との間にも存在しなければならないことになるでしょう。判例もそのように解しています。

3.2 個人的法益に対する罪

◆最決平成6・7・19刑集48巻5号190頁

「本件は、被告人が、Kフェンス株式会社（代表取締役K）の所有し、被告人と六親等の血族の関係にあるSの保管する現金を窃取したという事案であるところ、窃盗犯人が所有者以外の者の占有する財物を窃取した場合において、刑法244条1項が適用されるためには、同条1項所定の親族関係は、窃盗犯人と財物の占有者との間のみならず、所有者との間にも存することを要するものと解するのが相当であるから、これと同旨の見解に立ち、被告人と財物の所有者との間に右の親族関係が認められない本件には、同条1項後段は適用されないとした原判断は、正当である」。

3.2.6.3 強盗罪
3.2.6.3.1 客体

窃盗罪と異なり強盗罪（236条）においては、財物（同条1項）のみならず、財産上の利益（同条2項）もまた客体に含まれています。これは暴行・脅迫という手段の限定があるために、そこまで保護対象に含めても、処罰範囲があいまい不明確になるおそれがないからです。

ただし、財産上の利益というのは、財物以外のすべての経済的価値あるものを含むわけではありません。というのも、強盗罪はあくまで占有移転罪ですから、財産上の利益もまた、これに対する支配の移転を観念しうるものでなければならないからです。したがって、たとえば、**情報**や**役務（サービス）**は財産上の利益には含まれません。だって、情報が漏れても元の情報保有者が情報の内容を忘れてしまうわけではありませんよね。役務にしても、肩たたきをして肩こりをほぐしてもらったからといって、肩たたきをした人の肩がこるわけではありません。むしろ、身体を動かしたせいで肩こりが治るかもしれませんね。

もっとも、（裁）判例においては、このような原則に例外を設ける動きがあります。たとえば、被害者のキャッシュカードをいつでも奪取しうる状況において、これを脅迫して暗証番号をいわせる行為について、強盗利得罪（2項強盗罪）の成立を認めた裁判例があります。

◆東京高判平成21・11・16判時2103号158頁

「キャッシュカードを窃取した犯人が，被害者に暴行，脅迫を加え，その反抗を抑圧して，被害者から当該口座の暗証番号を聞き出した場合，犯人は，現金自動預払機（ATM）の操作により，キャッシュカードと暗証番号による機械的な本人確認手続を経るだけで，迅速かつ確実に，被害者の預貯金口座から預貯金の払戻しを受けることができるようになる。このようにキャッシュカードとその暗証番号を併せ持つ者は，あたかも正当な預貯金債権者のごとく，事実上当該預貯金を支配しているといっても過言ではなく，キャッシュカードとその暗証番号を併せ持つことは，それ自体財産上の利益とみるのが相当であって，キャッシュカードを窃取した犯人が被害者からその暗証番号を聞き出した場合には，犯人は，被害者の預貯金債権そのものを取得するわけではないものの，同キャッシュカードとその暗証番号を用いて，事実上，ATMを通して当該預貯金口座から預貯金の払戻しを受け得る地位という財産上の利益を得たものというべきである。

原判決は，キャッシュカードが盗難に係るものである場合には，銀行が払戻しを拒む正当な理由があることもその論拠としているが，被害者等からキャッシュカードの盗難届等が出されない限り，銀行側において被害の事実を知り得ず，犯人はATMによって預貯金の払戻しを受けられるのであるから，この点は2項強盗の罪の成立を妨げる理由とはならない（もとより，一旦成立した犯罪がその後盗難届等が出されたことなどによって消滅するものでもない。）。

もっとも，本件においては，前記のとおり，被告人は，南側和室にあった本件被害者のバッグを同じ部屋の隅の壁際に移動させたのみで，財布の中に数枚のキャッシュカードがあることを確認した後，キャッシュカードの入った財布を同バッグの中に戻し，その状態のまま，本件被害者からキャッシュカードの暗証番号を聞き出しており，本件被害者から暗証番号を聞き出そうとした時点までに，被告人がキャッシュカードを窃取していたといえるかどうかは，疑問の余地がある。バッグを移動した場所は壁側で，本件被害者において目を覚ませば当然に見通せるとはいえないものの，本件被害者が隣室をのぞけば容易に目にすることのできる位置にそのままの状態で移動したにすぎないことからすれば，いまだ本件被害者の占有を排除して自己の占有を確立したとまではいい難く，キャッシュカードの窃取は完了していないというべきである。しかしながら，被告人は，キャッシュカードをいつでも容易に取得できる状態に置いた

上で暗証番号を聞き出そうとしたもので、このような本件の事実関係の下においては、被告人において本件被害者からキャッシュカードの暗証番号を聞き出すことの持つ意味は、被告人が既にキャッシュカードの占有を確立している場合と何ら異ならないというべきであるから、この点は2項強盗の罪の成立を妨げるものとはいえない。

したがって、被告人が本件被害者から本件口座の暗証番号を聞き出しても、財物の取得と同視できる程度に具体的かつ現実的な財産的利益を得たとは認められないとした原判決は、法令の適用の前提となる事実の認定ないし評価を誤ったものというべきである。

2 〔2〕の点について

原判決は、刑法236条2項の財産上の利益は移転性のあるものに限られるというのであるが、2項強盗の罪が成立するためには、財産上の利益が被害者から行為者にそのまま直接移転することは必ずしも必要ではなく、行為者が利益を得る反面において、被害者が財産的な不利益（損害）を被るという関係があれば足りると解される（例えば、暴行、脅迫によって被害者の反抗を抑圧して、財産的価値を有する輸送の役務を提供させた場合にも2項強盗の罪が成立すると解されるが、このような場合に被害者が失うのは、当該役務を提供するのに必要な時間や労力、資源等であって、輸送の役務そのものではない。）。そして、本件においては、被告人が、ATMを通して本件口座の預金の払戻しを受けることができる地位を得る反面において、本件被害者は、自らの預金を被告人によって払い戻されかねないという事実上の不利益、すなわち、預金債権に対する支配が弱まるという財産上の損害を被ることになるのであるから、2項強盗の罪の成立要件に欠けるところはない」。

むろん、被害者が暗証番号をしゃべったところで、それを忘れてしまうわけではありません。しかし、キャッシュカードと暗証番号がセットになることで、銀行預金を迅速かつ容易に引き出しうる地位を移転したものとはいえるかもしれません。

また役務にしても、有償で取り引きされる役務、たとえば、旅館に宿泊するとかタクシーに乗るなどといったものについては、結局、代金相当額の占有を奪っているのと同じであるという理由から、これを財産上の利益に含めるものもあります。

3.2.6.3.2 暴行・脅迫

　強盗罪における暴行・脅迫は，相手方の反抗を抑圧するに足る程度のものでなければならないとされています。これにみたない程度のものである場合には，恐喝罪（249条）となります。

　問題は，一般に強盗に足る程度の暴行・脅迫を加えたものの，相手方が反抗を抑圧されないまま財物等を交付した場合，反対に，ふつうは強盗に足らない程度の暴行・脅迫しか加えていないにもかかわらず，被害者がとくに臆病であったため反抗を抑圧されてしまった場合，の処理です。このうち前者については，かつては激しい争いがありましたが，今日では，恐喝罪にとどまるという点でほぼ一致があるといえるでしょう。これに対して，後者はなかなか難しい問題です。強盗罪が，当該被害者を財物等の防御壁としてことさら脆弱なものにしたことに着目し，重く処罰するものであることにかんがみるならば，強盗罪とするのが一貫しているようにも思われます。しかし，学説には，強盗罪の重罰根拠が生命等への重大な危険を有しているところにあるとし，恐喝罪にとどめるべきであるとするものもあります。

3.2.6.3.3 強　　取

　先にお話しした強盗罪の重罰化根拠に照らせば，あくまで，暴行・脅迫によって財物等の防御壁としての被害者の反抗を極度に弱め，これを利用して財物等の占有を奪うことが必要となります。これを「強取」の要件とよんでいます。そして，ここからは次の2つの帰結が導かれます。

　第1に，反抗を抑圧された被害者の気づかないうちに，そのポケットから財布を抜き取っても強取にあたりえます。被害者がおびえきっているからこそ，そのような公然の犯行に気づけないという関係が存するからです。これに対して，逃げ出した被害者のポケットからずり落ちた財布を拾って領得するというのは，強取とはいえないでしょう。暴行・脅迫とは関係のない被害者の多少の激しい動きからでも，同様の財布のずり落ちは生じうるからです。

　第2に，暴行・脅迫後にはじめて領得意思を生じ，財物等を奪取しても強取とはいえません。強盗罪の不法は，単に，すでに弱められた防御壁を乗り越えることでみたされるものではありません。そうではなく，あくまで，行為者が

それを利用して財物等を奪う目的で，防御壁を弱める行為をなすことが必要となるからです。近時の裁判例には，被害者をロープで縛り上げたのちに領得意思を生じ，財物を奪取した場合に強盗罪の成立を認めたものがあります。

◆東京高判平成 20・3・19 判タ 1274 号 342 頁

「強制わいせつの目的による暴行・脅迫が終了した後に，新たに財物取得の意思を生じ，前記暴行・脅迫により反抗が抑圧されている状態に乗じて財物を取得した場合において，強盗罪が成立するには，新たな暴行・脅迫と評価できる行為が必要であると解されるが，本件のように被害者が緊縛された状態にあり，実質的には暴行・脅迫が継続していると認められる場合には，新たな暴行・脅迫がなくとも，これに乗じて財物を取得すれば，強盗罪が成立すると解すべきである。すなわち，緊縛状態の継続は，それ自体は，厳密には暴行・脅迫には当たらないとしても，逮捕監禁行為には当たりうるものであって，被告人において，この緊縛状態を解消しない限り，違法な自由侵害状態に乗じた財物の取得は，強盗罪に当たるというべきなのである。緊縛された状態にある被害者は，一切の抵抗ができず，被告人のなすがままにまかせるほかないのであって，被告人の目的が最初は強制わいせつであったが，その後財物取得の意思も生じて財物を取得しても，なすすべが全くない状態に変わりはないのに，その行為が窃盗にすぎないというのは，不当な結論であるといわなければならない。例えば，緊縛状態がなく，強制わいせつの目的による当初の暴行・脅迫により反抗を抑圧された被害害に被告人が『これを寄越せ』とか『貰っておく』と言って財物を取った場合に，その言動が新たな脅迫に当たるとして強盗罪が成立するのであれば，緊縛され問答無用の状態にある被害者から財物を取った場合が強盗罪でないというのは，到底納得できるところではない。

所論は，携帯電話等の奪取行為は，被害者の認識がないうちになされており，強盗罪は成立しないという。確かに，被害者は，被告人の本件犯行の後になって初めてこれらの物が取られたことに気付いているけれども，（2）のカで認定したとおり，被害者は失神状態にはないし，被告人も失神状態にあると誤信していたわけではなく，被害者に意識があり，被告人もそのことを認識していた状態の下で緊縛状態が継続していたのであるから，目隠しをされた被害者が物を取られたことに気付いていなかったからといって，結論に差が生じるものでもない」。

もっとも，これも，領得意思を生じたのちもロープを解かないことで，物理力の行使により身動きのとれない状態を引き起こし続けているとも評価しうる事案であって，暴行後の領得意思だけで強盗罪を認めた先例ととらえるべきではないでしょう。

3.2.6.3.4 処分（交付）行為の要否

つづいて，強盗罪の構造との関係で問題となるのは，被害者による処分（交付）行為が必要かです。たしかに，強盗の典型例は，ナイフを示して「金を出さなければ殺す」と脅し，財布を出させるというものです。銀行強盗も同じですよね。そして，かつての判例も，とくに財産上の利益が問題となる場合には，支配の移転を明確に認定するために，被害者による処分行為を要求していました。

もっとも，厳密に考えると，先ほど説明した防御壁の弱体化は，その最たるものが，殺害や人事不省に陥らせる等，被害者の意識を奪ってしまうことです。そして，これを利用して財物や財産上の利益を奪取することが，強盗罪の処罰範囲から抜け落ちるというのはいかにも不合理でしょう。そこで，今日の判例は被害者による処分行為を不要と解しており，通説も同様に考えています。むろん，その結果として財産上の利益の移転を明確に認定する必要が生じますが，それは――重要ではありますけれども――処分行為の要否とは別の問題でしょう。

それでは，財産上の利益の移転は具体的にはどのように認定すればよいでしょうか。判例・学説上，最も議論がさかんなのは債務者による債権者の殺害です。支払いをしつこく請求され，焦って，あるいは，カッとなって債権者を殺すというのは大昔からしばしば生じる事態ですよね。問題は，このようなケースにおいて常に強盗殺人罪の成立を肯定してよいかです。

おそらく，それは許されないでしょう。だって，債権債務関係を証する契約書がきちんと保管されており，相続人が速やかに権利を行使しうるという状況であれば，債権者を殺害したところで，債務者の得られる財産上の利益は支払いの一時猶予にすぎません。むろん，支払いの一時猶予がおよそ財産上の利益にはあたらない，支払いを最終的に免脱してはじめてそういいうるのだ，と考

えることはできないでしょう。それは経済活動の実態から外れすぎており，明らかに不当です。しかし，他方で，支払いの一時猶予が常に財産上の利益にあたるというのも変です。どのみちすぐに支払わされるのであれば，刑罰によって保護すべきほどの財産的価値がないと評価すべきでしょう。このような観点から，債権者の殺害が強盗殺人罪を構成するかを慎重に判定すべきことになります。

◆最判昭和 32・9・13 刑集 11 巻 9 号 2263 頁
「236 条 2 項の罪は 1 項の罪と同じく処罰すべきものと規定され 1 項の罪とは不法利得と財物強取とを異にする外，その構成要件に何らの差異がなく，1 項の罪におけると同じく相手方の反抗を抑圧すべき暴行，脅迫の手段を用いて財産上不法利得するをもつて足り，必ずしも相手方の意思による処分行為を強制することを要するものではない。犯人が債務の支払を免れる目的をもつて債権者に対しその反抗を抑圧すべき暴行，脅迫を加え，債権者をして支払の請求をしない旨を表示せしめて支払を免れた場合であると，右の手段により債権者をして事実上支払の請求をすることができない状態に陥らしめて支払を免れた場合であるとを問わず，ひとしく右 236 条 2 項の不法利得罪を構成するものと解すべきである。この意味において前示明治 43 年判例は変更されるべきである」。

3.2.6.3.5 事後強盗罪

強盗罪，とくに 1 項強盗罪は，暴行・脅迫を手段として財物を奪取する犯罪でした。もっとも，犯罪現象としては，窃盗犯人が家人等に発見され，逃げおおせるために暴行・脅迫する，という順序が逆になったケースもしばしばみられます。そして，その当罰性の実体は強盗とほとんど変わるところがありません。そこで立法者は，そのようなケースをも強盗として論ずることとしました。これが事後強盗罪です。具体的には，238 条が「窃盗が，財物を得てこれを取り返されることを防ぎ，逮捕を免れ，又は罪跡を隠滅するために，暴行又は脅迫をしたときは，強盗として論ずる」と規定しています。

もっとも，このように説明するだけでは，事後強盗未遂罪が強盗未遂罪と同等の実体を有している（ともに 243 条）ことまでは，説得力をもって導くこと

ができないでしょう。たとえば，物色中に家人に見つかり，急いで逃げ出したが追いつかれたので，逮捕を免れるため暴行したという事案において，判例・通説によれば事後強盗未遂罪が成立するものとされています。しかし，そのような暴行によって，何か，家人の財物に対する占有がおびやかされているでしょうか。そこで危険にさらされているのは家人の身体という身体的法益だけではないでしょうか。もちろん，「窃盗に成功していたことも十分にありえた」という仮定的判断も可能かもしれませんが，それはかなり擬制的です。

　こうして学説のなかには，事後強盗は強盗に似ているというよりも，泥棒は逃げるとき粗暴になりやすいから，これを強く抑止するために設けられているのだとか，財物の取返し防止と暴行・脅迫が関係ない場合には，強盗として論じないよう法改正すべきであるなどと主張するものもあります。とくに前者に関しては，事後強盗罪における暴行・脅迫が<u>窃盗の機会</u>の継続中に行われなければならない，と解されていることと親和的といえるでしょう。

◆最判平成16・12・10刑集58巻9号1047頁

「1　原判決の認定及び記録によれば，本件の事実関係は次のとおりである。
(1) 被告人は，金品窃取の目的で，平成15年1月27日午後0時50分ころ，A方住宅に，1階居間の無施錠の掃き出し窓から侵入し，同居間で現金等の入った財布及び封筒を窃取し，侵入の数分後に玄関扉の施錠を外して戸外に出て，だれからも発見，追跡されることなく，自転車で約1km離れた公園に向かった。
(2) 被告人は，同公園で盗んだ現金を数えたが，3万円余りしかなかったため少ないと考え，再度A方に盗みに入ることにして自転車で引き返し，午後1時20分ころ，同人方玄関の扉を開けたところ，室内に家人がいると気付き，扉を閉めて門扉外の駐車場に出たが，帰宅していた家人のBに発見され，逮捕を免れるため，ポケットからボウイナイフを取出し，Bに刃先を示し，左右に振って近付き，Bがひるんで後退したすきを見て逃走した。
2　原判決は，以上の事実関係の下で，被告人が，盗品をポケットに入れたまま，当初の窃盗の目的を達成するため約30分後に同じ家に引き返したこと，家人は，被告人が玄関を開け閉めした時点で泥棒に入られたことに気付き，これを追ったものであることを理由に，被告人の上記脅迫は，窃盗の機会継続中

のものというべきであると判断し，被告人に事後強盗罪の成立を認めた。

3　しかしながら，上記事実によれば，被告人は，財布等を窃取した後，だれからも発見，追跡されることなく，いったん犯行現場を離れ，ある程度の時間を過ごしており，この間に，被告人が被害者等から容易に発見されて，財物を取り返され，あるいは逮捕され得る状況はなくなったものというべきである。そうすると，被告人が，その後に，再度窃盗をする目的で犯行現場に戻ったとしても，その際に行われた上記脅迫が，窃盗の機会の継続中に行われたものということはできない。

　　したがって，被告人に事後強盗罪の成立を認めた原判決は，事実を誤認して法令の解釈適用を誤ったものであり，これが判決に影響することは明らかであって，原判決を破棄しなければ著しく正義に反するものと認められる」。

そのほか，事後強盗罪に関しては，窃盗犯人による暴行・脅迫にのみ関与した者の罪責についても議論があります。これも本罪の未遂と同様，本罪の理論的構造に照らして解決されなければならない問題です。そして，窃盗もまた本罪の不法内容として独自の意義を有しているとすれば，その点につき因果性を有しない後行者を本罪の共犯として処罰することは，**因果的共犯論**に反しており許されません。あくまで，暴行・脅迫罪の共犯としてのみ処罰しうると解すべきでしょう。

3.2.6.3.6　昏酔強盗罪

薬物などを用い，人の意識作用に障害を生じさせ，これを利用して財物を奪取すると，これまた強盗として論じられることになります。これを昏酔強盗罪（239条）とよびます。そして，この罪には以下の3つの点に特徴がみられます。

第1に，事後強盗罪と同様，財物のみが客体とされています。第2に，すでに昏酔させられている人から財物を奪っても，窃盗罪にしかなりません。第3に，これは暴行によらない傷害のところでもお話ししましたが，こっそり薬物を混入させたジュースを飲ませることは，すでに暴行と評価される余地があります。

3.2.6.3.7 強盗致死傷罪

さらに、強盗罪には致死傷の結果的加重犯があります（240条）。とはいえ、その刑の重さから加重結果につき故意がある場合も含み、かつ、こちらが殺人罪や傷害罪に優先して適用されると解されています。したがって、たとえば、被害者を背後から射殺して札束の入ったアタッシュケースを奪うことは、強盗殺人罪を構成します。また、強盗致死傷罪の主眼は人身保護にありますから、強盗罪と異なり、死傷結果が発生した時点でただちに既遂に達します。先の例では、被害者を射殺したが、アタッシュケースを奪う前に警察に取り押さえられたとしても、強盗殺人罪の既遂です。

本罪に関してとくに問題となるのは、死傷結果がどのような行為から生じている必要があるかです。まず、強盗の手段としての暴行・脅迫から生じている場合には、問題なく本罪が成立するでしょう。しかし、それ以外の行為から生じている場合はどうでしょうか。たとえば、強盗犯人にけん銃を向けられた被害者がとっさに逃げ出し、しかし、真っ暗な夜道であったため石につまずいて転倒し、死傷した場合はどうでしょうか。あるいは、強盗の現場で警察官に見つかり逮捕されそうになったので、逃走を図るためこれを殴り倒した場合も問題となりうるでしょう。

```
⎧ 強盗の手段 ── 手段説
⎪ 事後強盗の手段 ── 拡張手段説
⎨ 被害者の逃走等 ── 密接関連性説
⎩ 行為者の逃走（被害者の追跡）等 ── ？
```

この問題を解決するにあたっても、やはり他の多くの論点と同様に、なぜ強盗致死傷罪という重い結果的加重犯が設けられているのか、その趣旨にさかのぼって考える必要があるでしょう。そして、その趣旨は強盗に用いられる手段それ自体の危険性や、これに対抗し、あるいは、それを回避しようとする行動から生ずる特別な危険性に求められるのではないでしょうか。最初の危険性は明らかですね。ナイフやけん銃はそれ自体が非常に危険です。また後者のほう

も，強盗に用いられる手段はとくに威力があるからこそ，これに対抗しようとすれば大きな摩擦が生じますし，また，回避を図るにしても，逃げなければ加えられるであろう危害が甚大であるだけに，相当に危険な逃走手段が採用されるおそれも強いわけです。

このように考えると，先ほどあげた2つの場合には，（被害者の死傷結果が発生すれば）強盗致死傷罪の成立を肯定してよいように思われます。これに対して，たとえば，たまたま強盗現場に通りかかった被害者の複数の友人が逆に行為者に襲いかかってきたため，行為者のほうが逃げようと必死に暴れた結果，その友人にけがを負わせた場合には強盗致傷罪は成立しないと解すべきでしょう。そこでは危険性を消失した，その意味で，他の罪の犯人となんら差のない強盗犯人が，たまたま人に傷害を負わせたというにすぎず，強盗致傷罪の重罰根拠が妥当しないからです。

3.2.6.4 詐 欺 罪
3.2.6.4.1 欺 罔 行 為

詐欺罪（246条）は人を欺罔して錯誤に陥らせ，それに基づき財物ないし財産上の利益の交付を受ける罪です。そこでは，錯誤に陥らせ，財産処分に関して脆弱な状態におくという不法と，錯誤に基づき財物等の占有移転を受けるという不法，これら2つの不法が組み合わされているわけです。

ただし，ここで注意を要するのは，欺罔により引き起こされることとなる錯誤が，「真実を知っていれば交付しなかった」という場合のすべてを捕捉するわけではない，ということです。たとえば，「隣人はみな寄付しましたよ」と嘘をつき，被害者から寄付を受ける行為は詐欺罪とはならないでしょう。それは，そこで被害者の陥った錯誤が，詐欺罪により防止しようとする種類の錯誤ではないからです。それでは，詐欺罪によって保護される錯誤をどのように限定していけばよいのでしょうか。

これは非常に難しい問題です。先の寄付の事例では，見栄を張りたいという欲求が経済的利得と関係ないからだという考え方もできますが，難民支援のための寄付と偽ってパチンコ代を得るためにお金を集めた場合にも，難民を支援したいという欲求は経済的利得と関係がありません。しかし，だからといって，

こちらの事例で詐欺にならないという人はいないでしょう。そこで、被害者の追求しようとした目的が、（寄付のような一方的給付も含めた）取引行為の重要な要素であると社会通念に照らして合理的に解釈しうる場合には、その目的が経済的利得でなくても詐欺罪によって保護される、と解するのが妥当でしょう。判例は、この取引行為の重要な要素のことを「**交付の判断の基礎となる重要な事項**」と表現しています。

◆最決平成 22・7・29 刑集 64 巻 5 号 829 頁

「1　原判決及びその是認する第 1 審判決の認定並びに記録によれば、本件の事実関係は次のとおりである。
(1) 被告人は、ア　B らと共謀の上、航空機によりカナダへの不法入国を企図している中国人のため、航空会社係員を欺いて、関西国際空港発バンクーバー行きの搭乗券を交付させようと企て、平成 18 年 6 月 7 日、関西国際空港旅客ターミナルビル内の A 航空チェックインカウンターにおいて、B が、A 航空（以下「本件航空会社」という。）から業務委託を受けている会社の係員に対し、真実は、バンクーバー行き A 航空 36 便の搭乗券をカナダに不法入国しようとして関西国際空港のトランジット・エリア内で待機している中国人に交付し、同人を搭乗者として登録されている B として航空機に搭乗させてカナダに不法入国させる意図であるのにその情を秘し、あたかも B が搭乗するかのように装い、B に対する航空券及び日本国旅券を呈示して、上記 A 航空 36 便の搭乗券の交付を請求し、上記係員をしてその旨誤信させて、同係員から B に対する同便の搭乗券 1 枚の交付を受け、イ　C らと共謀の上、同年 7 月 16 日、上記チェックインカウンターにおいて、C が、アと同様の意図及び態様により、C に対する航空券及び日本国旅券を呈示して、バンクーバー行き A 航空 36 便の搭乗券の交付を請求し、C に対する同便の搭乗券 1 枚の交付を受けた。
(2) 本件において、航空券及び搭乗券にはいずれも乗客の氏名が記載されているところ、本件係員らは、搭乗券の交付を請求する者に対して旅券と航空券の呈示を求め、旅券の氏名及び写真と航空券記載の乗客の氏名及び当該請求者の容ぼうとを対照して、当該請求者が当該乗客本人であることを確認した上で、搭乗券を交付することとされていた。このように厳重な本人確認が行われていたのは、航空券に氏名が記載されている乗客以外の者の航空機への搭乗が航空機の運航の安全上重大な弊害をもたらす危険性を含むものであったことや、本

件航空会社がカナダ政府から同国への不法入国を防止するために搭乗券の発券を適切に行うことを義務付けられていたこと等の点において，当該乗客以外の者を航空機に搭乗させないことが本件航空会社の航空運送事業の経営上重要性を有していたからであって，本件係員らは，上記確認ができない場合には搭乗券を交付することはなかった。また，これと同様に，本件係員らは，搭乗券の交付を請求する者がこれを更に他の者に渡して当該乗客以外の者を搭乗させる意図を有していることが分かっていれば，その交付に応じることはなかった。
2 以上のような事実関係からすれば，搭乗券の交付を請求する者自身が航空機に搭乗するかどうかは，本件係員らにおいてその交付の判断の基礎となる重要な事項であるというべきであるから，自己に対する搭乗券を他の者に渡してその者を搭乗させる意図であるのにこれを秘して本件係員らに対してその搭乗券の交付を請求する行為は，詐欺罪にいう人を欺く行為にほかならず，これによりその交付を受けた行為が刑法246条1項の詐欺罪を構成することは明らかである。被告人の本件各行為が詐欺罪の共同正犯に当たるとした第1審判決を是認した原判断は正当である」。

　この問題は，近時の判例においてもしばしば扱われているものです。たとえば，他人に預金通帳を譲渡する目的を秘して銀行口座を開設し，預金通帳の交付を受ける行為や，同じく，他人に譲渡する目的を秘して航空会社のカウンターで搭乗券の交付を受ける行為（すぐ前に見た判例です），あるいは，暴力団構成員であることを秘してゴルフ場でプレーする行為などが代表的です。これらにおいて，詐欺罪の成立を肯定する判例の結論が理論的にも正当なものであるか，みなさんもじっくり考えてみて下さい。

3.2.6.4.2 処分（交付）行為
　詐欺罪は交付罪ですから，被害者による財物ないし財産上の利益の**処分（交付）行為**が必要です。これが欠ければ窃盗罪等にしかなりません。もっとも，厳密に考えると，被害者が処分する財物等の実体を完全に認識して処分行為に出ているのであれば，被害者の同意がありそもそも不法とはいえないでしょう。そこで，処分行為といっても，被害者には処分する客体について一定の認識が欠如していることになるはずです。問題は，どこまで欠如してよいかです。

この点につき**処分意思必要説（意識的処分行為説）**は，詐欺罪の不法は処分の動機に瑕疵があることによって基礎づけられるのであり，処分する客体そのものについては完全に認識が及んでいなければならない，といいます。その結果，たとえば，旅館に宿泊したのち手持ちのないことに気づいた行為者が，旅館の主人に「ちょっと散歩に出かけてくる」と嘘をつき，そのまま逃走した場合には2項詐欺罪（詐欺利得罪，利益詐欺罪）が成立しないことになります。

> ◆最決昭和30・7・7刑集9巻9号1856頁
>
> 「刑法246条2項にいわゆる『財産上不法の利益を得』とは，同法236条2項のそれとはその趣を異にし，すべて相手方の意思によつて財産上不法の利益を得る場合をいうものである。従つて，詐欺罪で得た財産上不法の利益が，債務の支払を免れたことであるとするには，相手方たる債権者を欺罔して債務免除の意思表示をなさしめることを要するものであつて，単に逃走して事実上支払をしなかつただけで足りるものではないと解すべきである。されば，原判決が『原（第1審）判示のような飲食，宿泊をなした後，自動車で帰宅する知人を見送ると申欺いて被害者方の店先に立出でたまま逃走したこと』をもって代金支払を免れた詐欺罪の既遂と解したことは失当であるといわなければならない」。

しかし，この見解は妥当性と理論的一貫性の点で疑問があります。まず，このような場合に詐欺罪として処罰しないのは明らかに不当です。「財布を家に忘れたから取りに戻る」と嘘をつき，そのまま逃走した場合と比べても，当罰性が低いとは到底思えません。また，1項詐欺罪のケースですが，**魚箱事例**というものがあります。すなわち，魚屋である被害者をだまし，魚箱のなかには魚が10匹しか入っていないと誤信させ，安値で買い取ったが，実は，そのなかには100匹も魚が入っていたという事例です。ここでは論者も詐欺罪の成立を認めますが，90匹分の魚については被害者の認識がまったく及んでいませんよね。

そこで，むしろ，処分する客体の一応の外形について，緩やかな認識が及んでいれば足りるものと解すべきです。これを**処分意思不要説（無意識的処分行為説）**といいます。

$$\begin{cases} 処分意思必要説 \longrightarrow 債務免除等の意思表示 \\ 処分意思不要説 \longrightarrow 単なる外形的認識 \end{cases}$$

　学説には，この見解が妥当するのは（利益窃盗が不可罰であるため詐欺の成立範囲を拡張しておく必要のある）2項詐欺だけであり，窃盗との棲み分けが問題となるにすぎない1項詐欺においては，あくまで処分意思必要説を採用すべきだ，というものもあります。しかし，1項詐欺と2項詐欺の違いは客体だけであるといいながら，窃盗罪という他の犯罪類型の形態により，処分意思の要否という詐欺固有の論点が影響を受けるのはおかしいでしょう。また，先の魚箱事例を見れば分かるように，1項詐欺においても，処分意思必要説を貫徹するのは現実的ではありません。

3.2.6.4.3 電子計算機使用詐欺罪

　本罪は，いわばコンピューターに対する2項詐欺のようなものです。具体的には，2つの類型が規定されており，虚偽の情報または不正な指令を与え，財産権の得喪・変更にかかる不実の電磁的記録を作成すること（**作成型**），および，財産権の得喪・変更にかかる虚偽の電磁的記録を人の事務処理の用に供すること（**供用型**），です。そして，それらによる不法利得行為が本罪を構成することになるわけです。

　実は，判例において問題となるほとんどのケースは作成型のほうです。実際，みなさんがコンピューター詐欺と聞いてイメージするのもこちらですよね。もっとも，近年ではいわゆる**キセル乗車**において，乗車区間を偽った電磁的記録を自動改札機等に入力する行為が，供用型の本罪に該当するものとして処罰されています。かつて，キセル乗車といえば有人改札を前提に，駅員に（詐欺罪にいう）処分行為があるかという問題が議論されたものです。しかし，今日では本罪のほうが主として問題となるわけです。

3.2.6.5 恐喝罪
3.2.6.5.1 総説

　財物ないし財産上の利益に対する交付罪の2つ目は，恐喝罪（249条）です。これは，相手方の反抗を抑圧するに足らない程度の暴行・脅迫によりこれを畏怖させ，その瑕疵ある意思に基づいて財物ないし財産上の利益を交付させる罪です。客体や処分行為，それによる利益移転の認定などは，詐欺罪のところでお話ししたことと基本的に共通しています。それでは，詐欺罪との適用関係がどうなるのかですが，たとえば，脅迫の内容に虚偽が含まれており，相手方が錯誤に陥ったとしても，それが原因で畏怖している限り，詐欺罪ではなく恐喝罪のほうが成立するものとされています。

3.2.6.5.2 権利行使と恐喝

　恐喝罪の成否に関し，最もさかんに議論されている論点が**権利行使と恐喝**とよばれるものです。これは，たとえば，30万円の債権を有する行為者が債務者である被害者に対し，暴行・脅迫を用いて30万円を交付させた場合において，行為者にどのような犯罪が成立するかを扱うものです。厳密にいうと，この論点も詐欺罪と共通しているのですが，ふつう，借金の取立てに用いられるのは欺罔ではなく脅迫等のほうですから，主として恐喝罪のほうで議論されているわけです。

　さて，判例はこのような場合において，30万円を喝取したものとして，恐喝罪の構成要件に該当するといいます。ただ，その方法が社会通念上，一般に受忍すべきものと認められる範囲を超えなければ，違法性が阻却されるものと解されています。学説にもこれを支持するものがあります。

　◆最判昭和30・10・14刑集9巻11号2173頁
　「他人に対して権利を有する者が，その権利を実行することは，その権利の範囲内であり且つその方法が社会通念上一般に忍容すべきものと認められる程度を超えない限り，何等違法の問題を生じないけれども，右の範囲程度を逸脱するときは違法となり，恐喝罪の成立することがあるものと解するを相当とする（昭和26年（れ）2482号同27年5月20日第三小法廷判決参照）。本件に

おいて，被告人等が所論債権取立のために執つた手段は，原判決の確定するところによれば，若し債務者Mにおいて被告人等の要求に応じないときは，同人の身体に危害を加えるような態度を示し，且同人に対し被告人O及び同U等は『俺達の顔を立てろ』等と申向けMをして若しその要求に応じない時は自己の身体に危害を加えられるかも知れないと畏怖せしめたというのであるから，もとより，権利行使の手段として社会通念上，一般に忍容すべきものと認められる程度を逸脱した手段であることは論なく，従つて，原判決が右の手段によりMをして金6万円を交付せしめた被告人等の行為に対し，被告人EのMに対する債権額のいかんにかかわらず，右金6万円の金額について恐喝罪の成立をみとめたのは正当であつて，所論を採用することはできない」。

　しかし，よく考えると，これは奇妙なことではないでしょうか。被害者はもともと行為者に30万円を支払わなければならなかったわけですから，その点に関する財産侵害はありません。したがって，かりに行為者を処罰するにしても，財産犯ではなく，暴行罪や脅迫罪などといった手段のみを処罰する犯罪を用いるべきではないでしょうか。そして，このような発想は，煎じ詰めると，民事法上適法な権原に基づく占有のみを恐喝罪等，占有移転罪で保護すべきであるという，**本権説**の考え方に帰着するように思われます。裏を返せば，判例は**所持説**的な発想を，ここでも一貫させているといえるでしょう。

3.2.6.6 横　領　罪
3.2.6.6.1 総　　説
　横領罪にはいくつかの種類がありますが，単に横領罪というときには，委託物横領罪（252条），すなわち，委託信任関係に基づき他人の物を占有する者が，これを領得してしまう罪を意味しています。ここには242条の準用がありませんから，横領罪は（占有ではなく）**所有権に対する罪**であることになります。

　横領罪も窃盗罪と同様，財物のみを対象としています。しかも，未遂犯を処罰する規定がありません。しかし，横領のように古くから犯罪とされてきた行為類型について，ここまで可罰範囲を縮減する現行法が妥当であるかには若干の疑問もあります。むろん，さまざまな事情を総合的に考慮し，そのように可

罰範囲を限定するのが適切だと立法者が判断したのであれば，それはそれで尊重に値する判断といえるでしょう。しかし，実際には可罰範囲を拡張するために，厳密にいうと**利益の横領**にすぎない行為や実質的には**横領の未遂**に相当する行為を，裁判所が解釈によって横領罪その他の財産犯で処罰しているのが実情です。

3.2.6.6.2 客　体

　先ほどもお話ししたように，横領罪の客体は財物に限られています。もっとも，窃盗罪とは異なり不動産も含まれます。そして，占有の意義についても，これを濫用して財物を着服しえさえすればよいわけですから，本性的に**法律的支配**でも足りることになります。たとえば，倉荷証券を保有しているとか，不動産の所有権の登記名義を有しているなどといった事情があれば，客体に対する占有があるといってよいでしょう。問題は，銀行等に対して預金債権を有していることを根拠として，預金相当額の金銭という財物に対する占有を認めてよいかです（**預金による金銭の占有**）。これを争う少数説もありますが，通説・判例はこれを認めています。銀行預金は金庫と同じだというわけですが，厳密にいうと，ここでは横領罪の客体が解釈によって拡張されていることになります。

　つづいて，他人が物の所有権を有しているというのは，いったいどのような意味を有するのでしょうか。具体的には，たとえば，その他人，すなわち，被害者が行為者の占有する財物に**譲渡担保権の設定**を受けている場合などが問題となりえます。そのほか，他人から**使途を定めて寄託された金銭**，他人から**不法原因に基づき給付**を受けた財物なども，さかんに議論されています。ここでは，民法の解釈論上は必ずしも所有権侵害が認められないかもしれないけれども，刑法上はこれを認めてよいのではないか，という問題が俎上に載せられているわけです。よく，「**民法と刑法の関係**」という表現を聞くと思いますが，まさにそれですね。あるいは，「**刑法上の所有権**」という論点名が付されることも多いです。

3.2 個人的法益に対する罪

◆ 最判昭和 26・5・25 刑集 5 巻 6 号 1186 頁

「原判決は所論金銭は製茶買受資金として被告人に寄託されたものであることを認定している。即ち，右金銭についてその使途が限定されていた訳である。そして，かように使途を限定されて寄託された金銭は，売買代金の如く単純な商取引の履行として授受されたものとは自らその性質を異にするのであつて，特別の事情がない限り受託者はその金銭について刑法 252 条にいわゆる『他人ノ物』を占有する者と解すべきであり，従つて，受託者がその金銭について擅に委託の本旨に違つた処分をしたときは，横領罪を構成するものと言わなければならない」。

これは非常に難しい問題ですが，財産犯というくらいですから，そこで保護されるべき財産的内容も，基本的には民法に従って決するべきでしょう。ただ，第三者の信頼保護等，民法特有の考慮のみに基づいて特別な扱いが要請される場合には，例外的に，刑法が民法から離れることも許されてよいかもしれません。具体的には，金銭につき民法上，**所有と占有が一致**するとされているのは，もっぱら取引の安全のためです。しかし，これは刑法上の当罰性判断とは異質ですから，刑法上の横領罪の成否を検討するにあたっては，寄託された金銭もまた，依然として他人の所有物と評価してよいように思われます。

3.2.6.6.3 領得行為

つづいて，実行行為である領得行為です。もっとも，ここでは当然のように領得行為といいましたが，実は，以前は横領罪の実行行為を越権行為ととらえる見解も有力でした。これを**越権行為説**といいます。これによると，他人の物の占有者が，その他人から与えられた物に関する権限を逸脱することが，横領の実行行為だということになります。一見すると明快な基準なのですが，基準というものは，明快でありさえすればよいというわけではありません。たしかに，権限の逸脱は必要かもしれませんが，それだけでは，毀棄罪を超えた横領罪の当罰性の高さはとらえきれないでしょう。こうして，横領罪の実行行為は不法領得の意思を客観的に発現させる行為である，という**領得行為説**のほうが妥当です。

もっとも，ここで注意すべき点があります。不法領得の意思は窃盗罪のとこ

ろで出てきましたよね。それは権利者排除意思と利用処分意思の2つから構成されているというお話です。しかし、このうち権利者排除意思のほうが必要なのは当然であるとしても、判例によると、横領罪に限っては利用処分意思のほうが不要であるというのです。その結果、他人から物の保管を頼まれた者がこれを勝手に捨ててしまっても、横領罪だということになります。

　しかし、このような結論は妥当とはいえません。そんなことを認めたら結局は越権行為説に帰着してしまうのであって、何のために領得行為説を採用したのか分かりません。むしろ、利用処分意思から導かれる責任の高さこそが、毀棄罪より重い横領罪の法定刑を基礎づけると解すべきではないでしょうか。学説でも、このように考えるほうが一般的です。

　ところで判例は、行為者が**もっぱら本人のために処分する意思**であった場合には、不法領得の意思が欠け横領罪は成立しないと解しています。学説でも、このように解するのが一般的です。

◆最決平成13・11・5刑集55巻6号546頁＝國際航業事件

「原判決の上記3の判断のうち、(3)の第1段において述べるところは、是認することができない。当該行為ないしその目的とするところが違法であるなどの理由から委託者たる会社として行い得ないものであることは、行為者の不法領得の意思を推認させる1つの事情とはなり得る。しかし、行為の客観的性質の問題と行為者の主観の問題は、本来、別異のものであって、たとえ商法その他の法令に違反する行為であっても、行為者の主観において、それを専ら会社のためにするとの意識の下に行うことは、あり得ないことではない。したがって、その行為が商法その他の法令に違反するという一事から、直ちに行為者の不法領得の意思を認めることはできないというべきである」。

　問題は、ここで欠ける不法領得の意思が何であるかですが、これは権利者排除意思のことだと思われます。したがって、たとえ本人に経済的損失を加える目的であったとしても、財物を処分する、その効果を本人に帰属させる意図であるときは、本人のためにするものとして権利者排除意思を否定し、横領罪の成立を否定すべきでしょう。たしかに、本人をもうけさせようとする場合と異なり、この行為者はけしからん人間ですが、そのことは背任罪等による処罰によって問題とすべきではないでしょうか。

3.2.6.6.4　横領罪の他の類型

横領罪には委託物横領罪のほかに，その加重類型である業務上横領罪と，委託信任関係に基づく占有という要素をもたない遺失物等横領罪が存在します。

$$
\begin{aligned}
&\text{所有権侵害} &&\to \S 254 \\
&\quad + \\
&\text{委託信任関係侵害} &&\to \S 252 \\
&\quad + \\
&\text{業務者} &&\to \S 253
\end{aligned}
$$

まずは業務上横領罪（253条）ですが，この業務はもちろん業務上過失致死傷罪等の業務とは異なり，委託を受けて物を管理する事務のことです。問題は，なぜそのような業務者であることが刑を加重するかです。一部の学説は責任が重いからだと説明しますが，行為者がそのような事務に就いているという客観的な事実が，なぜ責任を重くするのかはまったく不明です。むしろ，違法性が重いからだと説明するほうが妥当ではないでしょうか。すなわち，業務者に対しては社会生活上，往々にして物を預けざるをえないことが多く，業務者はその信頼にこたえることで社会が回っているともいえます。典型的には銀行がそうですが，銀行にお金を預けることなく，まともな社会生活を送ることは困難でしょう。こうして，被害者が行為者に財物を預けたことに関する帰責性が低く，それゆえ，財物を着服することの違法性が高いということになるわけです。

次に遺失物等横領罪（254条）ですが，この犯罪は法定刑の上限が懲役1年と，きわめて軽くなっているのが特徴的です。同じく所有権に対する罪である器物損壊罪（261条）と比べてもずっと軽いです。しかし，これは奇妙ですよね。だって，遺失物等横領罪も利用処分意思を要求する領得罪であり，単なる故意的な所有権侵害より刑が重いはずなのに，器物損壊罪よりも法定刑が軽いわけですから。この矛盾は原理的に解決不可能であり，やや技巧的ですが，被害者の占有を離れた物を損壊する行為は器物損壊罪ではありますけれども，遺失物等横領罪の法定刑を超えては処断しえないと解すべきではないでしょうか。

3.2.6.7 背任罪

3.2.6.7.1 総　説

　背任罪（247条）は，財産犯のなかでも非常に特徴的な犯罪です。それは，背任罪が**全体財産に対する罪**だということです。すなわち，実行行為の前後を比較して，被害者の全体としての財産状態が悪化していることが必要とされるのです。

　また，この背任罪の基本的な構造に関しても大きな考え方の対立があります。まず，**権限濫用説**は，本人から与えられた権限（代理権）の濫用が本罪の本質であると解します。これに対して，**背信説**は本人との信任関係違背に着目します。通説・判例はこの背信説とされており，その理由は，権限濫用説では処罰範囲が狭くなりすぎてしまうところに求められています。もっとも，のちにも詳しくお話ししますが，背信説をそのままのかたちで貫徹したのでは，反対に処罰範囲が拡大しすぎるおそれもあります。そこで近年では，権限濫用説的な発想もあわせて考慮する見解が有力になりつつあります。

3.2.6.7.2 主　体

　背任罪の主体は「他人のためにその事務を処理する者」です。これを略して**他人の事務処理者**とよんでいます。まあ，あまり短くなっていませんが……。

　ここでのポイントは，あくまで「その」事務，すなわち，他人の事務を処理する者であることが要請されているのであって，他人のために「自己の」事務を処理する者というのでは足りない，ということです。先ほどお話しした権限濫用説の発想は，この主体の限定方法に着目したものといえるでしょう。

　もっとも，判例はいわゆる**二重抵当**の事案において，背任罪の成立を認めています。この二重抵当というのは，自己の所有する不動産に対し，まずAのために抵当権を設定し，つづいてBのために同じことをしたが，Bのほうを先順位として抵当権の設定登記を行ってしまった，というケースです。これ，もし不動産の**二重売買**（あるいは，Aに譲渡したのち，登記が未移転なのを奇貨としてBのために抵当権を設定登記した）なら横領罪になるところですが，不動産そのものは行為者の所有物のままだから，それは無理ですよね。しかし，行為者を無罪放免というのも少し引っかかります。そこで，判例は行為者を他

人（A）の事務処理者ととらえ，背任罪で処罰しようと考えるわけです。

◆最判昭和 31・12・7 刑集 10 巻 12 号 1592 頁
「論旨第 1 は，背任罪の成立要件たる事務は他人の事務であることを要件とする。しかるに本件第 1 番抵当権者たるべき S に対する被告人の抵当権設定の登記義務は設定者である被告人固有の事務であつて他人の事務ではないのに，原審が被告人の所為を背任罪に問擬したのは刑法 247 条の解釈適用を誤つた違法があり，且つ憲法 31 条，11 条違憲の判決であると主張する。しかし抵当権設定者はその登記に関し，これを完了するまでは，抵当権者に協力する任務を有することはいうまでもないところであり，右任務は主として他人である抵当権者のために負うものといわなければならない。この点に関する原判決の判示はまことに正当である。所論はひつきよう登記義務の性質に関し独自の見解を主張するものであつて，違憲の主張はその前提を欠く，論旨は採用できない」。

しかし，そこにいう事務って何でしょうか。それは A のために抵当権の設定登記をしてやることですよね。そして，それは A の事務を行為者が処理するというよりも，まさに行為者自身の事務というべきではないでしょうか。このように，判例は他人の事務処理者の範囲を拡張し，処罰の間隙を埋めようとしています。そして，それは理論的に表現すると，もともと権限濫用説的な発想に親和的な主体の要件に，背信説的な発想を混入させていることになります。

たしかに，先ほどの事例で行為者を不可罰にすることには抵抗があるかもしれません。しかし，背信説的な発想を無制限に混入させると，たとえば，単に借りたものを返さないという，純然たる債務不履行までもが背任罪として処罰されてしまいます。そこで，一定の限定をかけることが必要になってきますが，残念ながら，その限定方法については通説とよべるものが存在しません。難しいところですが，特定された客体に対する物権的事務について，その任務違背を背任罪とするのが限界ではないでしょうか。

◆最決平成 15・3・18 刑集 57 巻 3 号 356 頁
「原判決が是認する第 1 審判決の認定によれば，被告人は，A 株式会社の代表取締役として，B 生命保険相互会社から合計 1 億 1800 万円の融資を受け，

その担保として同社のために株式を目的とする質権を設定し，同社に株券を交付していたところ，返済期を過ぎても融資金を返済せず，A株式会社の利益を図る目的で，質入れした上記株券を紛失したとの虚偽の理由により除権判決の申立てをし，同判決を得て上記株券を失効させ，質権者に財産上の損害を加えたというのである。株式を目的とする質権の設定者は，株券を質権者に交付した後であっても，融資金の返済があるまでは，当該株式の担保価値を保全すべき任務を負い，これには，除権判決を得て当該株券を失効させてはならないという不作為を内容とする任務も当然含まれる。そして，この担保価値保全の任務は，他人である質権者のために負うものと解される。したがって，質権設定者がその任務に背き，質入れした株券について虚偽の申立てにより除権判決を得て株券を失効させ，質権者に損害を加えた場合には，背任罪が成立するというべきであるから，これと同旨の見解の下に，被告人が刑法247条にいう『他人のためにその事務を処理する者』に当たるとして背任罪の成立を認めた原判決の判断は，正当である」。

3.2.6.7.3 図利加害目的

　背任罪には特別な主観的要件が課されています。それが「自己若しくは第三者の利益を図り又は本人に損害を加える目的」であり，一般に図利加害目的とよばれています。なぜこのような目的が要求されるかですが，それは，当該目的が不法へと向かう行為者の強度の傾向性をあらわしているからでしょう。利益を得たいとか，本人を積極的に傷つけたいなどといった動機は，任務違背へと向かう非常に強いエンジンになります。

　もっとも，ここで重要なのは，本当にそのような積極的動機までなければ，任務違背による財産的損害の惹起が当罰性を欠くのか，ということです。先ほどからお話ししているように，背任罪の主体は相当程度限定されています。そして，任務違背に加え，財産的損害の発生という法益侵害も要求されています。もちろん，故意もあります。このとき，図利加害の積極的な目的がなければ当罰的でないというのは，横領罪等が当然に当罰的とされていることに比してバランスを欠くのではないでしょうか。こうして判例・通説は，行為者に本人図利の積極的な目的がない限り，この図利加害目的の要件は常にみたされるものと解しています。これを消極的動機説といいます。

3.2　個人的法益に対する罪

◆**最決平成 10・11・25 刑集 52 巻 8 号 570 頁＝平和相銀事件**

「被告人及びIらは，本件融資が，Tクラブに対し，遊休資産化していた土地を売却してその代金を直ちに入手できるようにするなどの利益を与えるとともに，K及びSに対し，大幅な担保不足であるのに多額の融資を受けられるという利益を与えることになることを認識しつつ，あえて右融資を行うこととしたことが明らかである。そして，被告人及びIらには，本件融資に際し，Tクラブが募集していたレジャークラブ会員権の預り保証金の償還資金を同社に確保させることにより，ひいては，Tクラブと密接な関係にある平和相互銀行の利益を図るという動機があったにしても，右資金の確保のために平和相互銀行にとって極めて問題が大きい本件融資を行わなければならないという必要性，緊急性は認められないこと等にも照らすと，前記一6のとおり，それは融資の決定的な動機ではなく，本件融資は，主として右のようにTクラブ，K及びSの利益を図る目的をもって行われたということができる。そうすると，被告人及びIらには，本件融資につき特別背任罪におけるいわゆる図利目的があったというに妨げなく，被告人につきIらとの共謀による同罪の成立が認められるというべきであるから，これと同旨の原判断は正当である」。

3.2.6.7.4　財産上の損害

冒頭にもお話ししたように，背任罪は全体財産に対する罪ですから，任務違背の前後を比較して，本人の全体としての財産状態が悪化させられていなければなりません。条文上は，**財産上の損害**として規定されている要件ですね。

ただし，ここで注意を要するのは，財産状態の悪化は**経済的見地**から評価されなければならない，ということです。でも，少し考えれば，これは当たり前のことですよね。背任（というより，特別背任）の典型例として不良貸付けをイメージする方も多いと思いますが，あれだって，1億円を貸したら，手元から1億円が出て行く代わりに同額の債権を有することになるわけです。しかし，だからといって，信用状態の悪化した人に対して1億円の債権をもっていても，経済的見地からは意味がないですよね。こうして，不良貸付けにおいても財産上の損害が認められることになるわけです。

3.2.6.7.5　横領と背任の関係

最後に，ここまで勉強してきた横領罪と背任罪の関係が問題となります。両者とも他人ないし本人に対する背信的な行為を処罰していますが，成立要件は微妙にズレているためその適用関係が問題となるわけです。そして，従来の学説は，両者の成立範囲を完全に切り分ける，いわば，完全な棲み分けを図るために，さまざまな方途を考え出してきました。たとえば，物に対する背信行為が横領であり財産上の利益に対するそれが背任であるとか，権限の逸脱が横領であり権限の濫用が背任であるなどといった具合です。

もっとも，近時の通説的見解は，このような完全な棲み分けなどそもそも図る必要がない，という点ではほぼ一致しています。すなわち，両者の成立要件がともにみたされる場合には，より重いほうが成立すると解すれば足りるのであり，無理やり棲み分けを図るために，当該犯罪の構造に照らして不自然な限定をかけるのは望ましくないというわけです。そして，特別背任罪（会社法960条）等，特別法における加重類型を除けば横領罪のほうが重いのですから，まずは他人の物の受託者による当該物の領得行為があったかを判断し，これが肯定されれば横領罪が成立する，もし否定されれば改めて背任罪の成立要件を検討する，という思考順序になるでしょう。

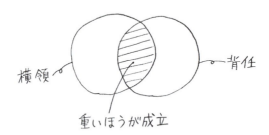

3.2.6.8　盗品等に関する罪
3.2.6.8.1　総　　説

これは，盗品その他，財産に対する罪にあたる行為によって領得された物（盗品等）について，これを譲り受ける等の行為を処罰するものです。問題は，なぜそのような行為が処罰されているかです。

この点につき通説および判例は，当該盗品等の占有を被害者が回復する権利，すなわち，追求権を保護するためであると説明します。これを追求権説といいます。もっとも，これだけでは，本罪の本質を完全に明らかにしたものとはいえないでしょう。というのも，本罪の行為類型には，その法定刑が窃盗罪等よりも重いものが含まれているからです。物の占有を直接的に侵害する行為よりも，占有回復を困難化するにとどまる行為のほうが刑が重い，というのは明らかに不合理です。

そこで，追求権説は，次のようにその内容が補充されています。すなわち，本罪は単に占有回復を困難化するだけでなく，そのような行為のなされることが窃盗罪等，本犯の犯行を助長するという特別な不法を有しており，それゆえにこそ刑が重くなっている，と。みなさんも泥棒の気持ちになれば分かると思いますが，キャッシュを盗むだけであればともかく，貴金属とか高級時計，骨董品を盗むことまで考えれば，これを売却してキャッシュに換えることのできる，いわばブラックマーケットがあるからこそ窃盗に走るわけですよね。だって，仏像を蒐集している特殊な窃盗犯人でもない限り，誰も買い取ってくれる見込みがないのに仏像を盗んでも仕方がないでしょう。このような，追求権侵害に加え，本犯の遂行を誘発する本罪の性質のことを本犯助長性とよんでいます。

こうして，追求権侵害があっても，この本犯助長性が認められなければ本罪は成立しないことになります。たとえば，盗品等保管罪というのがありますが，本犯の意思に反し，あるいは，その知らないうちに勝手に盗品等を保管していたという場合には，同罪は成立しないことになるでしょう。

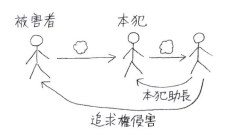

3.2.6.8.2 客体と行為類型

これは先ほど説明したとおりですが，まず，客体は財物に限られています。そして，被害者がこれに対して追求権を行使しうるものであることが必要です。さらに，財産犯によって領得されていることも必要となります。

このようなことを前提とすれば，即時取得されてしまった物や不法原因給付物については，本罪による保護の対象外ということになるでしょう。また，盗品等が交換されるなどして同一性を失ってしまった場合も同様です。もっとも，判例は，詐取した小切手により支払いを受けた金銭につき盗品性を肯定しています。

つづいて，本罪の行為類型ですが，無償譲受け，運搬，保管，有償譲受け，有償処分あっせん，が規定されています。このうち，特筆すべきは無償譲受けの法定刑が軽いことです。もっとも，これは先ほどお話しした本罪の性格から理解できるでしょう。盗品をただでもらうという行為は本犯助長性をほとんどもっていません。

また，判例が有償処分あっせんにつき既遂時期をあっせん時とし，さらに，相手方が本犯の被害者であっても本罪の成立を肯定していることに対しては疑問も投げかけられています。あっせんだけでは追求権の行使を困難化する度合いが低いですし，また，本犯の被害者に物を返す手伝いともいえる行為を追求権侵害と評価するのは不自然だからです。

◆最決平成 14・7・1 刑集 56 巻 6 号 265 頁

「盗品等の有償の処分のあっせんをする行為は，窃盗等の被害者を処分の相手方とする場合であっても，被害者による盗品等の正常な回復を困難にするばかりでなく，窃盗等の犯罪を助長し誘発するおそれのある行為であるから，刑法 256 条 2 項にいう盗品等の『有償の処分のあっせん』に当たると解するのが相当である（最高裁昭和 25 年（れ）第 194 号同 26 年 1 月 30 日第三小法廷判決・刑集 5 巻 1 号 117 頁，最高裁昭和 26 年（あ）第 1580 号同 27 年 7 月 10 日第一小法廷決定・刑集 6 巻 7 号 876 頁，最高裁昭和 31 年（あ）第 3533 号同 34 年 2 月 9 日第二小法廷決定・刑集 13 巻 1 号 76 頁参照）。これと同旨の見解に立ち，被告人の行為が盗品等処分あっせん罪に当たるとした原判断は，正当である」。

3.2.6.8.3　本犯と盗品等関与罪との関係

　本犯や本犯の共同正犯者には本罪が成立しないものと解されています。自分で自分を助長するというのもおかしな話ですからね。

　もっとも，判例によれば，本犯の狭義の共犯は本罪の適用対象と解されています。まさに本犯を助長したことにつき処罰される行為者が，改めて，本犯助長的性格をもつ本罪で処罰されるというのはかなり奇妙ですね。実際には本犯の共犯と本罪のうち，犯情の重いどちらか一方だけで処罰するのが妥当でしょう。

3.2.6.8.4　親族間の特例

　本罪にも親族間の特例が設けられています。もっとも，これは親族相盗例のように，財産に関する紛争が家庭内に収まっていることに着目した規定ではありません。そうではなく，本罪が犯人庇護的性格を有することに着目し，「身内をかばうために盗品を隠すのは仕方がない」という責任の減少を根拠とするものです。そこで判例・通説は，この親族関係が本犯と盗品等関与者の間に存することが必要であると解しています。

3.2.6.9　毀棄・隠匿罪
3.2.6.9.1　毀棄の概念

　毀棄罪の不法は物の毀棄ですが，そこにいう毀棄の具体的な内容に関しては争いがあります。

　物理的損壊説は，物がまさに物理的に壊れてしまうことが毀棄であるといいます。このような考え方は，毀棄ということばの日常用語的な意味に合致しますし，その限界も比較的明確といえるでしょう。しかし，それだけで十分な可罰範囲を確保できるかは疑問です。たとえば，食器に放尿して心理的に利用不可能にしてしまう行為や，養魚地の鯉を逃がして行方不明にしてしまう行為などは，やはり，毀棄罪で処罰するのが妥当ではないでしょうか。しかし，食器自体はきれいに洗って滅菌すればいいわけですし，鯉に至っては，養魚地から逃げられてむしろ元気になっているかもしれませんよね。

　こうして，現在の通説・判例は効用侵害説を採用しています。すなわち，物

の所有者がそこから享受しうる効用を，容易には回復不可能な程度に喪失させてしまったことが毀棄だ，と解するわけです。このように解すると，先ほどの行為も器物損壊罪で処罰することが可能です。また，毀棄と並んで隠匿が処罰されることも容易に説明しうるでしょう。というより，この効用侵害説を採用しておかないと，物をきれいな状態で保管しておきさえすれば，所有者が絶対に見つけられない場所にこれを隠しても，器物損壊罪で処罰しえなくなってしまうのです。これは非常に不当な帰結といわざるをえません。

3.2.6.9.2　物の他人性

　建造物損壊罪（260条前段）や器物損壊罪（261条）は所有権に対する罪であり，条文上も「他人の」という限定がかかっています。そして，横領罪におけるのと同様，242条は準用されませんから，客体が他人物であるという点を緩めることはできません。もちろん，横領罪のところでお話ししたように，取引の安全等，民事法に特有の考慮が妥当する場合には，民事法上の所有権の所在と関わりなく，「他人の」という要件の中身を定めることは許されるでしょう。しかし，裏返していえば，あくまで原則的には，所有権の所在に関する民事法上の規律が「他人の」の解釈にも及んでくるはずです。

　ところが，判例は必ずしもこのことを認めず，民事法から独立して「他人の」を定めようとしています。現に，建造物の所有権の所在につき行為者・被害者間に争いがあった事案において，当該建造物を損壊した行為者を建造物損壊罪で処罰するにあたり，被害者の所有権が将来，民事訴訟において否定される可能性があってもかまわないと述べる判例もあります。こうして，判例は242条の準用がない建造物損壊罪においても，242条に関する中間説を採用するかの口吻を示していることになります。

　　◆最決昭和61・7・18刑集40巻5号438頁
　　「所論は，被告人が損壊した本件建物は刑法260条の『他人ノ』建造物には当たらない旨主張するものであり，この点について，1，2審判決が判断を異にしているので，検討する。まず，被告人が昭和50年5月10日長崎県漁業協同組合連合会（以下「県漁連」という。）の職員2名と自ら交渉した結果，県

3.2 個人的法益に対する罪

漁連に対するあわびの売買代金債務の担保のため，被告人所有の本件建物に根抵当権を設定することを承諾し，同月13日本件建物の県漁連を根抵当権者とする根抵当権設定登記が経由されたこと，その後，県漁連が長崎地方裁判所壱岐支部に対し，本件建物の任意競売（民事執行法附則2条による廃止前の競売法に基づく。）の申立をし，同競売手続において，県漁連が最高価の競買申出をしたため競落許可決定を受け，その代価を同支部に支払い，昭和55年1月4日本件建物につき，右競落を登記原因とし，所有者を県漁連とする所有権移転登記が経由されたこと，同年3月12日同支部執行官が先に発せられた本件建物等についての不動産引渡命令の執行のため本件建物に臨んだ際，被告人が本件建物を損壊する所為に及び，更に，執行官が立ち去つた後も同様の所為を続けたこと，以上の事実は，1，2審判決がともに認定するところであり，所論も争つていない。また，本件当日被告人が執行官に対し『今すぐ出てくれと言われても困る。今年の10月まで待つてくれ』と申入れたことは，原判決が認定するところであり，記録に照らし，右認定は是認することができる。ところで，被告人は，本件建物に対する根抵当権設定の意思表示は，県漁連職員が根抵当権の設定は形式だけにすぎず，その実行はありえないかのような言辞を用いたため，その旨誤信してなしたものであり，本件損壊以前にその取消の意思表示をしたから，本件建物の所有権は本件損壊当時も依然として被告人にあつた旨主張しているところ，第1審判決は，被告人の主張するような詐欺が成立する可能性を否定し去ることはできず，その主張にかかる取消の意思表示をした事実も認められるから，本件損壊当時本件建物が刑法260条の『他人ノ』建造物であつたことについて合理的な疑いを容れない程度に証明があつたとはいえない旨判断し，被告人を無罪とした。これに対し，原判決は，被告人の本件建物に対する根抵当権設定の意思表示は県漁連側の詐欺によるものではなく，本件損壊当時本件建物は県漁連の所有であつたと認められる旨詳細に説示して第1審判決を破棄したうえ，建造物損壊罪の成立を認め，被告人を懲役6月，執行猶予2年に処した。所論は，要するに詐欺の成立を否定した原判決は事実を誤認したものであり，第1審判決が正当であるというのである。しかしながら，刑法260条の『他人ノ』建造物というためには，他人の所有権が将来民事訴訟等において否定される可能性がないということまでは要しないものと解するのが相当であり，前記のような本件の事実関係にかんがみると，たとえ第1審判決が指摘するように詐欺が成立する可能性を否定し去ることができないと

しても，本件建物は刑法260条の『他人ノ』建造物に当たるというべきである」。

もっとも，よく考えてみると，これは判例を悪く読みすぎているのかもしれません。だって，「他人の」を原則として民事法の解釈に従って定めるべきことと，将来，所有権の所在につき異なる民事裁判が確定するかもしれないこととは，厳密にはまったく関係ありませんよね。何しろ，刑事裁判ののちに新たな証拠が出てくるかもしれないわけですから。そこで，あくまで判例も民事法からかい離して「他人の」を定めるつもりはないのだ，と善意解釈する余地もあるかもしれません。

3.2.6.9.3 毀棄罪の諸類型

毀棄罪にはいくつかの類型があります。すなわち，客体に応じて，公用文書等毀棄罪（258条），私用文書等毀棄罪（259条），建造物等損壊罪（260条前段），器物損壊罪（261条），信書隠匿罪（263条），境界損壊罪（262条の2）です。

まず，文書は重要な社会的機能を有していますから，文書毀棄罪の存在意義は分かります。また建造物等も，その価値が類型的に高いことに加え，これを損壊すると人の死傷結果が生じるおそれの強いことが重罰化の根拠といえるでしょう。現に，建造物等損壊罪には致死傷の結果的加重犯が設けられています（260条後段）。

問題は，なぜ信書隠匿罪の刑が軽いかです。学説には，信書の価値が類型的に低いからだと説明するものもありますが，本当にそのようにいえるかには大きな疑問があります。また，信書はこれを損壊することにつき期待可能性が低いからだというものもありますが，これはますます疑問です。そこで，信書をわずかの間，隠しておく行為をとらえて，違法性の低さから軽く処罰したものととらえるのが妥当でしょう。

最後に，境界損壊罪は，形式上は毀棄罪の一種に含めることが可能ですが，むしろ，土地の権利関係の明確性を保護するものと解するのが妥当です。したがって，かりに境界標を損壊しても，なお境界を認識することが容易なのであ

れば，器物損壊罪は格別，境界損壊罪は成立しないものと解すべきでしょう。

3.3 社会的法益に対する罪

3.3.1 公共危険罪

3.3.1.1 総　説

　公共危険罪とは，個人の生命，身体，自由，財産等が一括して危険にさらされることの多い行為類型について，これらの被害を束ねてひとつの法益にまとめた犯罪を意味しています。これに対して，同じく社会的法益に対する罪であっても，公共財的法益を「ただ乗り」によって脅かす，いわゆる**蓄積犯**とはその本質的な構造を異にしています。要するに，同じ社会的法益に対する罪といっても，たとえば，放火罪と偽造罪とでは性質がまったく異なるということですね。

3.3.1.2 騒乱罪

　騒乱罪（106条）は，多衆で集合して暴行または脅迫をする犯罪です。過激派の活動や学生運動を取り締まるために用いられましたが，今日では，本罪が現実に適用される事態はほとんど考えられません。したがって，この講義では扱いませんが，歴史的には重要な意味をもつ犯罪であるということを覚えておいて下さい。

3.3.1.3 放火罪

3.3.1.3.1 現住建造物等放火罪

　放火罪は典型的な公共危険罪ですが，それは客体ごとにさまざまに類型化されています。そのなかでも，最も重いのが現住建造物等放火罪です。すなわち，108条は「放火して，現に人が住居に使用し又は現に人がいる建造物，汽車，電車，艦船又は鉱坑を焼損した者は，死刑又は無期若しくは5年以上の懲役に処する」と規定しています。

　本罪は典型的な**抽象的危険犯**であり，その種の客体に火を放ったら往々にして危ないという理由から，裁判所に対し，ことさらに公共の危険の認定を要求していません。その「危なさ」は2種類から構成されており，居住者や現在者

に対する危険と，火災から直接，あるいは，延焼を通じて他の者に及ぶ危険です。本罪においてはいずれの危険もそろっているからこそ，このように具体的な危険の認定が省略されているのだと思われます。

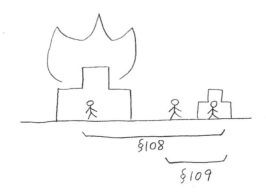

　学説・判例においては，いわゆる**複合建造物**の現住性をいかにして判断すべきかも議論されています。そして，両建物が物理的に一体化していなくても，機能的にみて2つで1つの役割を果たしているときや，一方から他方へと延焼する可能性の存するときは，一体として現住建造物と扱うべきだというものもあります。しかし，建造物の一体性は最終的には外形上のつながりによって判断されざるをえないですから，このような要素を考慮するにしてもおのずから限界があるように思われます。

　他方，**難燃性**の集合住宅をどのように位置づけるかも議論されています。おそらく，各戸どうしの延焼可能性がほぼ皆無であったとしても，現住戸の存する限り，全体をひとつの現住建造物と評価せざるをえないでしょう。しかし，そのことと現住建造物放火罪が成立することとは別の話であって，およそ建物内部の者ないしそこの居住者に危険が及ばないのであれば，本罪は成立しえないものと解すべきです。

　次に，これは他の放火罪に関しても妥当することですが，「**焼損**」の意義です。判例・通説は**独立燃焼説**を採用しており，火が媒介物を離れ，目的物が独立に燃焼を継続するに至った状態をいうものと解しています。むろん，小さな火が燃え続けるだけでは足りないでしょうから，燃焼の継続というのは，どんどん拡大して燃え広がっていくおそれがある，という趣旨に理解すべきでしょ

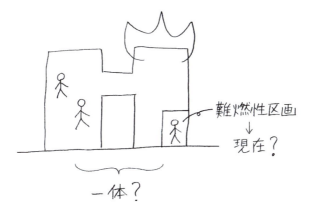

う。

　問題は、難燃性建造物に特殊な物質が使用されており、火が出るわけではないが、酸化作用により**有毒ガス**が発生するというとき、なんらかのかたちで放火罪の成立を認めうるかです。そして、一部の学説は、このような場合であっても火力により公共の危険が発生していることは疑いがないから、建造物を重要な程度に損壊したと評価しうる段階に至れば、放火もまた既遂に達するものと解しています。しかし、火力による公共の危険の発生といっても、立法者が着目したのはあくまで火が燃え広がるという点でしょうから、このような放火概念の拡張にはやや疑問があります。

3.3.1.3.2 非現住建造物等放火罪

　これは108条に規定する以外の建造物に放火する罪ですが、ここで決定的に重要なのは、当該建造物が自己の所有にかかる場合には刑が軽いうえに、**公共の危険の発生**が明文で要求されていることです（109条2項）。これはなぜでしょうか。

　まず、刑が軽い根拠は**所有権侵害**がないところに求めざるをえないでしょう。いいかえれば、109条1項は所有権侵害という法益侵害をもあわせて処罰していると解されます。これに対して公共の危険のほうは、なかなか説明が困難です。建物内部の者やそこに訪ねてくる者への危険がないからだ、という説明もあるかもしれませんが、そうであるとすれば、109条1項のほうでも公共の危

険の発生を要求しなければ一貫しないでしょう。やはり，自己の所有物の処分は原則として自由であることにかんがみ，例外的にこれを制限すべき場合には，他者への危害を慎重に認定すべきことを要請する趣旨と解するほかないように思われます。

次に，判例および学説においては，109条2項のように公共の危険の発生が要求されている場合に，行為者がそのことを認識している必要があるかも議論されています（**公共の危険の認識**の要否）。判例はこの点につき不要と解していますが，学説では要求する見解のほうが有力だと思います。それは，いかに公共の危険の発生につき重大な過失があったとしても，自己物を処分する認識しかない行為者に対し，同条同項に定める重い刑を科すことは正当化されえないからです。

◆**最判昭和60・3・28刑集39巻2号75頁**
「刑法110条1項の放火罪が成立するためには，火を放つて同条所定の物を焼燬する認識のあることが必要であるが，焼燬の結果公共の危険を発生させることまでを認識する必要はないものと解すべきであるから，これと同旨の見解に立ち，被告人に本件放火罪の共謀共同正犯の成立を認めた原判断は，記録に徴し正当として是認することができる」。

3.3.1.3.3 その他の放火罪

放火罪には以上のほかに，建造物等以外放火罪（110条），延焼罪（111条），消火妨害罪（114条），（業務上，重）失火罪（116条，117条の2）等があります。この講義では詳細を省略しますが，択一式の試験ではこの点に関する細かな知識が問われることもありますから，この入門講義を聞いたあとで，もう少し分厚い教科書などを読んで勉強しておいて下さい。

3.3.1.4 出水罪

水力による公共危険罪が出水罪です（119条以下）。試験にも出ませんし，実務的にも重要性の低い犯罪類型ですが，火力と水力のいかなる違いに着目して立法者が刑法典を起草したかを調べてみると，興味深い事実が見つかるかもしれませんね。

3.3.1.5 往来妨害罪

　これは交通の安全を妨害する罪です。道路を損壊したり閉塞したりする狭義の往来妨害罪（124条1項）のほか，置石や標識の損壊などによる往来危険罪（125条）が含まれています。また，汽車等転覆破壊罪（126条1・2項）もあり，それに致死の結果的加重犯が設けられているほか（126条3項），往来危険罪そのものにも汽車等転覆破壊の結果的加重犯が設けられています（127条）。さらに，往来危険罪は過失による場合にも処罰されます（129条）。

3.3.2 取引等の安全に対する罪
3.3.2.1 総　　説

　それでは，ここからホンモノの社会的法益に対する罪に入っていきたいと思います。と，その前に，「ホンモノ」というのはどういう意味でしょうか。「ニセモノ」の社会的法益に対する罪なんてあるのでしょうか。

　実は，ここまで勉強してきた**公共危険罪**は，いわばニセモノの社会的法益に対する罪です。すなわち，公共危険罪は究極的には個人の利益を攻撃する犯罪であって，ただ，それが多数人に及びうることから，一括してひとつの社会的法益にまとめているにすぎないのです。裏からいうと，公共危険罪を解体し，個人的法益に対する罪に還元してしまうことは，立法技術として望ましいかどうかは別として，原理的に不可能というわけではありません。

　これに対して，これから勉強する偽造罪をはじめとする犯罪は，原理的に個人的法益に対する罪に還元しえないものです。というのも，たとえば，文書に対する公共の信用などという法益は典型的な**公共財**であって，「自分以外のみんなが偽造しないことで維持されている『文書に対する公共の信用』にただ乗りし，自分だけが文書を偽造して利益を得る」という典型的な「**ただ乗り**」により危険にさらされる法益だからです。ここでは，個々人に対する攻撃として行為を切り取ろうとすると，単体では合理的であるため処罰根拠が欠けてしまいます。そこで，こうした「ただ乗り」を一括して禁止し，その禁止への違反をもって処罰するのです。むろん，このような犯罪（**蓄積犯**といいます。覚えていますか？）もまた，究極的には個人のために設けられているものです。ただ，個人に対する攻撃としてとらえないことにより，かえって個人のためにな

るという逆転した関係が最大の特徴となっています。

　それでは，この蓄積犯の具体例として，刑法典に存在する個々の犯罪を見ていきましょう。

3.3.2.2　通貨偽造罪

　通貨偽造罪（148条1項）は，行使の目的，すなわち，真正な通貨として流通におく目的で通貨を偽変造する罪です。その保護法益については争いがあり，通貨の真正に対する公共の信用であるという説と，国家の通貨発行権であるという説とが対立しています。もっとも，なぜ国家に通貨発行権を専有させなければならないかといえば，それは通貨に対する公共の信用を維持し，取引手段として実効性をもたせるためですよね。したがって，両説は本質的には対立しておらず，ただ，究極的には通貨の真正に対する公共の信用が保護の対象である，という関係が存在するだけです。

　通貨偽造罪と大きく括られる犯罪類型のなかには，詳しくいうと，通貨偽造罪（148条1項），偽造通貨行使罪（148条2項。具体的には，行使，行使目的による交付，行使目的による輸入を含みます），外国通貨偽造・同行使罪（149条），偽造通貨収得罪（150条），収得後知情行使罪（152条），通貨偽造準備罪（153条）があります。法益を直接的に攻撃するのは行使罪のほうですが，そうするつもりで通貨を偽造する行為についても，前倒しして処罰しているわけです。さらに，通貨偽造には独自の予備罪があり，それが準備罪です。ここでは器械または原料の準備に限定されていますが，時々，択一式試験などで聞かれることですね。他方，収得後知情行使罪の法定刑は非常に軽くなっています

が（152条は「その額面価格の3倍以下の罰金又は科料に処する。ただし，2000円以下にすることはできない」と規定しています），これは，自分だけが損をするのを回避しようとするのは世の常であるとして，期待可能性の低さから説明するのが一般的です。もっとも，そうであるとすれば，本来，あわせて成立しそうな詐欺罪もまた，成立しないと解するのが一貫するでしょう。

3.3.2.3　文書偽造罪
3.3.2.3.1　総　説

文書とは，文字またはこれに代わるべき可視的符号により，一定期間永続すべき状態において，物体のうえに記載された人の意思・観念の表示をいいます。したがって，単に頭のなかで考えているだけのアイデアや，自分しか読めない暗号で表記した日記，海岸の砂のうえに書いた文章などは文書とはいえません。さらに，そこに表示されている意思・観念の主体（これを**名義人**といいます）が読み取れるものでなければ，これまた文書とはいえないでしょう。

そして，この文書を偽造することが文書偽造罪の基本です。ここにいう偽造には2種類あって，名義人が実際に文書を**作成**している（文書に意思や観念を表示している）けれども，その内容が真実に合致していない**無形偽造**と，そもそも名義人以外の者が文書を**作成**してしまっている**有形偽造**です。そして，わが国の刑法は有形偽造のほうを偽造罪の基本とし，無形偽造は公文書や公務所に提出する診断書など，とくに重要な文書に限りこれを処罰することにしています。以下でもとくに断らない限り，偽造は有形偽造の意味に用いています。

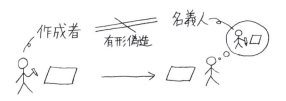

さて，問題はこのような文書偽造罪の処罰根拠，具体的な保護法益です。そもそも，名義人以外の者が文書を作成する有形偽造が基本であるということは，文書内容の正しさがことの本質ではないことを示唆しています。すなわち，た

とえ文書の内容が真実に合致していなくても，それが名義人の意思・観念の表示でありさえすれば，その文書が証明手段として使用されることにつき名義人が責任を負ってくれることになります。だからこそ，文書が**証明手段**として使用される典型的な状況である民事裁判においては，文書の証拠としての許容性を決するにつき，それが有形偽造されていないことを基礎においているのです。

　これに対して，無形偽造が処罰されるのはあくまで補充的な趣旨にとどまります。すなわち，文書内容が誤りでも名義人が責任をとってくれるとはいっても，実際には名義人が全責任を負いきれないほどその文書の社会的重要性が高い場合には，例外的に，そもそも文書内容を誤らせることそのものを処罰すべきです。これこそが，例外的に無形偽造が処罰されている実質的な根拠といえるでしょう。

　以上をまとめると，私文書偽造は原則として有形偽造だけが処罰され（159条），無形偽造は虚偽診断書作成罪（160条）のみが規定されています。これに対して公文書については，有形偽造も無形偽造もともに処罰されています（155・156条）。さらに，これらとは別に，公正証書原本不実記載等罪（157条）は一定の文書について，私人が公務員に虚偽内容の申告をなし，内容虚偽の公文書を作成させる行為につき（虚偽公文書作成罪の教唆犯よりも）軽い刑で処罰しています。

　なお，先ほどもお話ししたように，文書は可視的符号により書かれていなければなりません。もっとも，文書の代わりにデータファイルを用いることも，今日においては一般化しています。そこで，文書偽造とは別に，電磁的記録不正作出・同供用罪（161条の2）も設けられています。

3.3.2.3.2　写真コピーと文書偽造

　今はどうか知りませんが，私の若かったころは，大学を卒業したことの証明として卒業証書のコピーを提出させられることがしばしばありました。このとき，たとえば，友人から卒業証書を借り，大学名も，卒業者の名前も，卒業年度も，すべて修正テープで隠したうえ，自分の好きなように書き換えてコピーし，先方に提出したとしたらどうなるでしょうか。

　判例は，このような場合にも文書偽造罪の成立を肯定します。すなわち，た

とえ**原本の写し**であっても，原本と同一の意識内容を保有し，証明文書としてこれと同様の社会的機能と信用性を有するものと認められる限り，偽造の対象となる**文書**に含まれるというのです。

◆**最判昭和 51・4・30 刑集 30 巻 3 号 453 頁**
　「おもうに，公文書偽造罪は，公文書に対する公共的信用を保護法益とし，公文書が証明手段としてもつ社会的機能を保護し，社会生活の安定を図ろうとするものであるから，公文書偽造罪の客体となる文書は，これを原本たる公文書そのものに限る根拠はなく，たとえ原本の写であつても，原本と同一の意識内容を保有し，証明文書としてこれと同様の社会的機能と信用性を有するものと認められる限り，これに含まれるものと解するのが相当である。すなわち，手書きの写のように，それ自体としては原本作成者の意識内容を直接に表示するものではなく，原本を正写した旨の写作成者の意識内容を保有するに過ぎず，原本と写との間に写作成者の意識が介在混入するおそれがあると認められるような写文書は，それ自体信用性に欠けるところがあつて，権限ある写作成者の認証があると認められない限り，原本である公文書と同様の証明文書としての社会的機能を有せず，公文書偽造罪の客体たる文書とはいいえないものであるが，写真機，複写機等を使用し，機械的方法により原本を複写した文書（以下「写真コピー」という。）は，写ではあるが，複写した者の意識が介在する余地のない，機械的に正確な複写版であつて，紙質等の点を除けば，その内容のみならず筆跡，形状にいたるまで，原本と全く同じく正確に再現されているという外観をもち，また，一般にそのようなものとして信頼されうるような性質のもの，換言すれば，これを見る者をして，同一内容の原本の存在を信用させるだけではなく，印章，署名を含む原本の内容についてまで，原本そのものに接した場合と同様に認識させる特質をもち，その作成者の意識内容でなく，原本作成者の意識内容が直接伝達保有されている文書とみうるようなものであるから，このような写真コピーは，そこに複写されている原本が右コピーどおりの内容，形状において存在していることにつき極めて強力な証明力をもちうるのであり，それゆえに，公文書の写真コピーが実生活上原本に代わるべき証明文書として一般に通用し，原本と同程度の社会的機能と信用性を有するものとされている場合が多いのである。右のような公文書の写真コピーの性質とその社会的機能に照らすときは，右コピーは，文書本来の性質上写真コピーが原本と

同様の機能と信用性を有しえない場合を除き，公文書偽造罪の客体たりうるものであつて，この場合においては，原本と同一の意識内容を保有する原本作成名義人作成名義の公文書と解すべきであり，また，右作成名義人の印章，署名の有無についても，写真コピーの上に印章，署名が複写されている以上，これを写真コピーの保有する意識内容の場合と別異に解する理由はないから，原本作成名義人の印章，署名のある文書として公文書偽造罪の客体たりうるものと認めるのが相当である。そして，原本の複写自体は一般に禁止されているところではないから，真正な公文書原本そのものをなんら格別の作為を加えることなく写真コピーの方法によつて複写することは原本の作成名義を冒用したことにはならず，したがつて公文書偽造罪を構成するものでないことは当然であるとしても，原本の作成名義を不正に使用し，原本と異なる意識内容を作出して写真コピーを作成するがごときことは，もとより原本作成名義人の許容するところではなく，また，そもそも公文書の原本のない場合に，公務所または公務員作成名義を一定の意識内容とともに写真コピーの上に現出させ，あたかもその作成名義人が作成した公文書の原本の写真コピーであるかのような文書を作成することについては，右写真コピーに作成名義人と表示された者の許諾のあり得ないことは当然であつて，行使の目的をもつてするこのような写真コピーの作成は，その意味において，公務所または公務員の作成名義を冒用して，本来公務所または公務員の作るべき公文書を偽造したものにあたるというべきである」。

しかし，これは奇妙ではないでしょうか。もちろん，非常に精巧なコピーであるため，そもそもコピーであること自体が分からないというのであれば，文書の内容を勝手に書き換えてコピーする行為もまた，文書偽造罪として処罰してよいでしょう。しかし，そうでない限り，その文書を作成した者がコピーした人であることは明らかです。そして，そうであるとすれば，少なくとも，そこでは有形偽造とよべる事態が発生していません。だからこそ，コピーでは足りないと判断される重要な局面においては，原本作成者による認証文言を要求するのがふつうなのです。

こうして，このコピーの偽造に関しては，判例の立場は適切とはいえません。これを支持する学説も，ほとんどないというのが現状です。

3.3.2.3.3 名義人の承諾と文書偽造

これまで述べてきたところに照らせば，**名義人の承諾**を得て文書を作成しさえすれば，もはや有形偽造を問題とする余地は存在しないようにも思われます。ところが，判例はこれに対する一定の例外を認めています。すなわち，無免許運転中，取締りを受けた際，あらかじめ承諾を得ていた他人の氏名等を用いて交通事件原票の供述書を作成したという事案において，有印私文書偽造罪の成立を肯定しているのです。

> ◆**最決昭和 56・4・8 刑集 35 巻 3 号 57 頁＝交通事件原票事件**
> 「交通事件原票中の供述書は，その文書の性質上，作成名義人以外の者がこれを作成することは法令上許されないものであつて，右供述書を他人の名義で作成した場合は，あらかじめその他人の承諾を得ていたとしても，私文書偽造罪が成立すると解すべきであるから，これと同趣旨の原審の判断は相当である」。

それでは，このような判例の立場をどのように評価すべきでしょうか。一部の学説は，このような判例に反対します。当該文書に名義人の意思・観念が表示されている以上，もはやそれは名義人と作成者の不一致という意味での有形偽造ではなく，もしこれを処罰したければ，交通取締り妨害にかかる特別の規定を設け，これによって捕捉するほかないというわけです。

たしかに，これは有形偽造の定義をそのまま素直にあてはめたものといえますが，問題は，なぜ有形偽造がそのように定義され，（無形偽造とは異なって）原則的な処罰形態とされているかです。それは，まさに，有形偽造が文書の証明手段としての資格自体を損なうものだからですよね。そして，そうであるとすれば，交通事件原票のような特殊な文書，つまり，特別な文書使用，証明手続きが用意されており，違反者自身が名義人となるのでなければ当該文書を証拠として用いることができないものについては，そのような限定された証拠機能を害することをもって，有形偽造と評価しうるのではないでしょうか。

ちょっと屁理屈っぽいですか？　しかし，このような行為が有印私文書偽造罪になるという結論は，われわれの当罰性感覚によく適合します。そして，その感覚の背後にある発想を精緻に観察すると，やはり，交通事件原票のような特殊な文書は民事裁判以前に，特別な事実認定手続きにおいて，証拠として用

いられるという事実が重要なものとして浮き上がってくるのではないでしょうか。

3.3.2.4　有価証券偽造罪

有価証券偽造罪（162・163条）は，文書偽造罪の特別規定です。こと財産権に関わるものであるために，法定刑が重くなっています。

3.3.2.5　支払用カード電磁的記録に関する罪

クレジットカード，プリペイドカードなどの偽造が社会問題化し，これに対応するために，平成13年の刑法改正で導入された犯罪類型です（163条の2以下）。いわゆるスキミングなども処罰しており，刑罰の介入時期がかなり前倒しされています。

3.3.2.6　不正指令電磁的記録に関する罪

いわゆるコンピューターウィルス対策のために，平成23年の刑法改正で導入された犯罪類型です（168条の2以下）。もっとも，その罪質については争いがあります。

立案担当者によると，本罪はコンピュータープログラムに対する公共の信用を保護するものだとされます。ちょうど文書偽造罪がそうであるように，コンピュータープログラムがきちんと動作することへの社会の信頼にただ乗りし，自分だけ利益をかすめ取ろうとする行為を処罰するものと解するわけです。すなわち，そのような行為は単体でみれば合理的であり，処罰する根拠に欠けますが，同様の行為が蓄積すると前記信頼が著しく損なわれ，結局は全員の利益状態が悪化するという不合理な事態が生じます。そこで，このことを防止するために，そのような行為を一括して禁止しておくわけです。

さて，このような説明で納得されましたか？　この説明は，文書偽造罪に関してはうまく機能します。しかし，本罪ではどうも流れがよくありません。何しろ，コンピューターウィルスを作成，提供するような行為は，単に多くのユーザーに害悪をまき散らすだけであり，単体としてみても合理的とは到底いえないですよね。したがって，本罪の構造を説明するのに蓄積犯などという法形

象は無用の長物です。むしろ，多数のユーザーへの危険を一括して処罰する，公共危険罪ととらえるほうが適切ではないでしょうか。

3.3.3 風俗に対する罪
3.3.3.1 わいせつの罪
3.3.3.1.1 総　説

　わいせつの罪のうち**個人の性的自由**を侵す罪については，すでにご説明しました。ここで問題となっているわいせつの罪とは**性風俗**に対する罪のことです。しかし，みなさんの多くは，風俗などという先人たちの決めた「善い生き方」にすぎないものを，なぜ刑罰で保護しなければならないのか，自分がいやらしい動画を見て楽しいなら，それを国家が止めに入るのはおかしい，と感じるのではないでしょうか。

　実は，そのような考え方には十分な根拠があります。私も，国家が個々人の価値観，ライフスタイルに介入し，「いやらしい本ではなく文学的価値の高い小説を読め。そうしないと刑務所に入れるぞ」などと脅すのは，憲法違反の疑いが非常に強いと思っています。もっとも，わいせつの罪を正当化するにあたり，善良な性風俗という価値観の押しつけ以外にまったく説明方法がないというわけでもありません。

　まず考えられるのは**青少年の保護**です。青少年はまだ自分のライフスタイルを自律的に形成する能力をもっていませんから，偏った人格形成のなされるおそれがある情報から隔離しておくことは正当化される余地があるでしょう。

　次に，**見たくない，聞きたくない人の自由**を守ることも考えられます。いやらしい本や写真，動画を見るために友人たちで集まって，それを鑑賞するというのであればよいでしょうが，たとえば，大都市のビル群の側壁に設置された大スクリーンにいやらしい動画を流したりすれば，反対に，これを絶対に見たくないという人たちの価値観を著しく害してしまいます。

　このように，わいせつの罪を正当化する方法がないわけではありませんが，それは実際には，条文から想定される可罰範囲を大きく縮減するものであることに注意すべきでしょう。したがって，本来は刑法改正が望ましいと思われます。

3.3.3.1.2 わいせつの罪の諸類型

わいせつの罪にはさまざまな種類のものがあります。具体的には，公然わいせつ罪（174条），わいせつ物頒布等罪（175条），淫行勧誘罪（182条），重婚罪（184条）が定められています。

まず，わいせつの意義について，判例は，いたずらに性欲を興奮または刺激させ，かつ，普通人の正常な性的羞恥心を害し，善良な性的道義観念に反するものをいうと解しています。まあ，こういう堅苦しい定義しかないのでしょうが，「善良な」とか「道義観念」というのは国家による価値観の押しつけを想起させますから，あまり適当な表現とはいえないでしょうね。

ところで，みなさんはわいせつなものと聞いて何を思い浮かべますか。今日においては，おそらく，インターネット上のいやらしい画像や動画を思い浮かべるのではないでしょうか。ところが，かつて，刑法上のわいせつの罪は有体物に限って規制を敷いていました。そして，判例もこのような刑法の規定を前提としつつ，たとえば，わいせつデータが蔵置されたハードディスクをわいせつ物ととらえるなどして，無理やりにインターネット上のわいせつ情報を規制してきたわけです。もっとも，このような裁判所による解釈には限界がありますし，何より，本来は立法府の仕事であることは明らかでしょう。そこで，近年になって刑法が改正され，わいせつな電磁的記録もまた処罰の対象とされるようになりました。

3.3.3.2 賭博罪

賭博罪（185条以下）の保護法益は，従来，**勤労の美風**と解されてきました。お金というものは額に汗して働くことによって手に入れるべきであり，ギャンブルで一発当ててやろうなどと考える輩が増えると風紀が乱れる，というのです。

しかし，当然ですが，このような価値観，ライフスタイルを，国家が刑罰を用いて個人に押しつけることは許されません。そこで近年では，賭博により胴元に生じる利益が暴力団等，**反社会的勢力の資金源**となってしまいがちであることが，賭博罪の不法を構成するものと解されています。こうして，競馬や競輪，競艇などの，いわゆる**公営競技**が適法である実質的な根拠もうまく説明す

ることができます。

　もっとも、ひるがえって考えてみると、なぜ暴力団が博打場を開いてお金を儲けようとするかと問えば、それは賭博が犯罪化されているからではないでしょうか。犯罪を商売にするなんて、これはもう反社会的勢力しかできませんよね。そうすると、賭博罪はむしろ非犯罪化したほうが、反社会的勢力の資金源を断つという観点からは望ましいのではないか、という根本的な疑問もあるところです。

　さて、賭博に関する罪としては、単純賭博罪（185条）、常習賭博罪（186条1項）、賭博場開帳等図利罪（186条2項）、富くじ罪（187条）があげられます。このうち、最初の2つは「ギャンブルで稼ごうなどというのはけしからん」という発想と不可分ですから、可罰性の根拠を説明することは困難です。これに対してあとの2つは、反社会的勢力の資金源を断つという観点からうまく説明できそうにみえます。また、先ほどお話しした公営競技は大半が赤字ですからあまり意味はありませんが、特区を設けてカジノを解禁し、観光客を誘致するなどといった政策を合理的に正当化しうる点も特筆に値すると思います。

3.3.3.3　礼拝所および墳墓に関する罪

　国民の宗教的感情や死者に対する敬虔感情を保護する犯罪です（188条以下）。もっとも、実際に適用されているのは死体遺棄等（190条）だけです。

　総論の講義でもお話ししましたが、抽象的事実の錯誤の一例として、「死体だと思って遺棄したら生体だった（主観的には死体遺棄罪を犯すつもりで客観的には遺棄罪を実現した）」というものがありましたよね。そして、そこでは「保護法益が共通しないから軽いほうの故意犯も成立しない」といいました。その実質的な根拠はこの各論の講義に出てくるわけです。

3.4　国家的法益に対する罪

3.4.1　国家の存立に対する罪

　実際上の重要性はほとんどありませんが、ここには内乱の罪（77条以下）と外患の罪（81条以下）が含まれます。外患というのは聞き慣れないことばですが、日本国に対し、外国に武力行使させることを意味しています。

3.4.2 国交に関する罪

これまた実際上の重要性は低いですが、ここには外国国章損壊罪（92条）、私戦予備・陰謀罪（93条）、中立命令違反罪（94条）が含まれています。いずれについても、日本の外交上の利益を保護法益とすると解するのが通説です。

3.4.3 国家の作用に対する罪
3.4.3.1 公務の執行を妨害する罪

ここには一般的な処罰規定である公務執行妨害罪（95条1項）および職務強要罪（同条2項）のほか、強制執行に関する一連の犯罪（96条以下）、公契約にかかる競売等に関する一連の犯罪（96条の6）が含まれています。

まず公務執行妨害罪は、公務員が職務を執行するにあたり、これに対して暴行または脅迫を加える罪です。暴行は、いわゆる**間接暴行**を含むと解されています。公務員その人ではなく、あくまで公務が保護法益ですから、当該職務は適法なものでなければなりません。また、公務員の範囲、職務行為の範囲ともさまざまな議論があります。

◆**最決平成元・3・10 刑集43巻3号188頁＝熊本県議会事件**

「原判決の認定によれば、熊本県議会公害対策特別委員会委員長Sは、同委員会の議事を整理し、秩序を保持する職責を有するものであるが、昭和50年9月25日同委員会室で開催された委員会において、水俣病認定申請患者協議会代表者から陳情を受け、その事項に関して同委員会の回答文を取りまとめ、これを朗読したうえ、昼食のための休憩を宣するとともに、右陳情に関する審議の打切りを告げて席を離れ同委員会室西側出入口に向かおうとしたところ、同協議会構成員らが右打切りに抗議し、そのうちの1名が、同委員長を引きとめるべく、その右腕などをつかんで引つ張る暴行を加え、同委員長がこれを振り切つて右の出入口から廊下に出ると、右構成員らの一部や室外で待機していた同協議会構成員らも加わつて合計約2,30名が、同委員長の退去を阻止すべく、同委員長を取り囲み、同委員会室前廊下などにおいて、同委員長に対し、押す、引くなどしたばかりか、体当たりし、足蹴りにするなどの暴行を加えたというのである。右の事実関係のもとにおいては、S委員長は、休憩宣言により職務の執行を終えたものではなく、休憩宣言後も、前記職責に基づき、委員

3.4 国家的法益に対する罪

会の秩序を保持し，右紛議に対処するための職務を現に執行していたものと認めるのが相当であるから，同委員長に対して加えられた前記暴行が公務執行妨害罪を構成することは明らかであり，これと同旨の原判断は正当である（最高裁昭和51年（あ）第310号同53年6月29日第一小法廷判決・刑集32巻4号816頁参照）」。

そのほかの罪も実践的には非常に重要ですが，もっぱら特定の国家的手続きの局面で問題となるため，試験にはあまり出題されません。とはいえ，少なくとも，どのような犯罪類型が規定されているかくらいは六法をめくって確認しておいて下さい。

3.4.3.2 逃走の罪

これは国家の**拘禁作用**を保護法益とする罪です。裁判の執行により拘禁された既決または未決の者が逃走することを処罰する単純逃走罪（97条），これらに加えて勾引状の執行を受けた者が，拘禁場もしくは拘束のための器具を損壊し，暴行もしくは脅迫をし，または，2人以上が通謀して逃走することを処罰する加重逃走罪（98条），法令により拘禁された者を奪取することを処罰する被拘禁者奪取罪（99条），法令により拘禁された者を逃走させる目的で，一定の援助行為に出ることを処罰する逃走援助罪（100条），看守者等が逃走させる場合にかかる看守者等逃走援助罪（101条），が規定されています。

3.4.3.3 犯人蔵匿および証拠隠滅の罪

これらの罪は，いずれも**刑事司法作用**を保護法益としています。

まず犯人蔵匿等罪（103条）は，罰金以上の刑にあたる罪を犯した者，または拘禁中に逃走した者を**蔵匿**し，または**隠避**させることを処罰するものです。条文上は「罪を犯した者」となっていますが，判例によれば，犯罪の嫌疑によって捜査中の者を含み，真犯人でなくてもかまわないと解されています。

蔵匿とは隠匿場の供給であり，隠避とは，蔵匿以外の方法により官憲の発見・逮捕を免れさせるいっさいの行為をいいます。しかも，判例によれば，すでに身柄が確保された犯人の身代わり出頭であっても，犯人隠避罪を構成するも

のとされています。

そのほか，これは総論の講義でもお話ししましたが，犯人自身が自分をかくまってくれと行為者に頼んだ場合，犯人に犯人蔵匿罪の教唆犯が成立しうるかも問題とされています。判例は防御の濫用であるとしてこれを肯定していますが，犯人自身が逃げ隠れすることは「被告人は検察官の協力者となる必要はない」という大原則に照らし，そもそも刑事司法作用に対する侵害性を有しないように思われます。そして，そうであるとすれば，因果的共犯論を基礎とする限り，犯人自身に犯人蔵匿罪の教唆犯は成立しないものと解すべきでしょう。

次に証拠隠滅等罪（104条）は，他人の刑事事件に関する証拠を隠滅し，偽造し，もしくは変造し，または，偽造もしくは変造の証拠を使用することを処罰しています。先ほどの議論と同様に，因果的共犯論を基礎とする限り，犯人が第三者に対し，自己の刑事事件に関する証拠を隠滅してくれと頼んでも，証拠隠滅罪の教唆犯は成立しないものと解すべきでしょう。

そのほか，近年では，参考人の虚偽供述が証拠偽造罪を構成しうるかが議論されています。何が問題なのか，なかなかピンとこないかもしれませんが，まず，参考人が警察によばれ，取調べにおいて嘘をいってしまった，その結果として調書が作られた，という場合において，ただちに証拠偽造罪になるというのは不当な気がしますよね。ところが，たとえば，捜査官とグルになって被疑者に不利な調書を作り上げた場合には，なんとなく証拠偽造罪になるような気がしなくもありません。それでは，いったいどのような理論的根拠に基づき，どこに可罰性の限界線を引けばよいのでしょうか。

実は，この点に関する議論は緒についたばかりなのですが，最近の判例が，架空の事実に関する令状請求のための証拠を作り出す意図で，参考人と捜査官がグルになって虚偽内容の供述調書を作成したという事案において，証拠偽造罪の成立を肯定しているのが参考になります。

◆最決平成28・3・31刑集70巻3号58頁

「他人の刑事事件に関し，被疑者以外の者が捜査機関から参考人として取調べ（刑訴法223条1項）を受けた際，虚偽の供述をしたとしても，刑法104条の証拠を偽造した罪に当たるものではないと解されるところ（大審院大正3年

（れ）第1476号同年6月23日判決・刑録20輯1324頁，大審院昭和7年（れ）第1692号同8年2月14日判決・刑集12巻1号66頁，大審院昭和9年（れ）第717号同年8月4日判決・刑集13巻14号1059頁，最高裁昭和27年（あ）第1976号同28年10月19日第二小法廷決定・刑集7巻10号1945頁参照），その虚偽の供述内容が供述調書に録取される（刑訴法223条2項，198条3項ないし5項）などして，書面を含む記録媒体上に記録された場合であっても，そのことだけをもって，同罪に当たるということはできない。

しかしながら，本件において作成された書面は，参考人AのC巡査部長に対する供述調書という形式をとっているものの，その実質は，被告人，A，B警部補及びC巡査部長の4名が，Dの覚せい剤所持という架空の事実に関する令状請求のための証拠を作り出す意図で，各人が相談しながら虚偽の供述内容を創作，具体化させて書面にしたものである。

このように見ると，本件行為は，単に参考人として捜査官に対して虚偽の供述をし，それが供述調書に録取されたという事案とは異なり，作成名義人であるC巡査部長を含む被告人ら4名が共同して虚偽の内容が記載された証拠を新たに作り出したものといえ，刑法104条の証拠を偽造した罪に当たる。したがって，被告人について，A，B警部補及びC巡査部長との共同正犯が成立するとした原判断は正当である」。

もちろん，判例は詳細な理論的根拠を述べていないので確たることはいえませんが，もしかすると次のように考えているのかもしれません。すなわち，大前提として，参考人の虚偽供述に基づき供述調書が作成された場合には証拠偽造罪に該当しうる。もっとも，偽証罪（169条）が限定された要件のもとにおいてのみ処罰されていることに照らし，その趣旨が及ぶ限りで証拠偽造罪の可罰性も制限される。そして，捜査官とグルになっている場合には偽証と本質的構造を異にするため，前記趣旨が及ばず証拠偽造罪として可罰的である，と。そうすると，あとは，前記趣旨が具体的にどのようなものであり，どこまで及ぶべきかが議論されることになるでしょう。

なお，犯人蔵匿罪や証拠隠滅罪には**親族間の特例**が設けられています。すなわち，犯人または逃走した者の親族がこれらの者の利益のために犯したときは，その刑を免除することができるものとされています（105条）。期待可能性の

程度が類型的にみて低いためだと解されていますが，それだけではなく，いわば「親族を警察に売る」ことによる親族関係の亀裂を避ける，という政策的な意義も含まれているように思われます。

そのほか，この章の罪としては，証人等威迫罪（105条の2）があります。刑事事件の証人やその親族に対し，面会を強請したり，強談威迫の行為をしたりすることを処罰するものです。

3.4.3.4　偽証の罪

偽証罪（169条）は，法律により宣誓した証人が虚偽の陳述をなすことを処罰するものです。**国家の審判作用の適正**が保護法益とされています。

もっとも，ここにいう「虚偽」の意味については争いがあります。すなわち，**客観説**によれば，証言内容が真実に合致する限り正しい事実認定を阻害するおそれはないから，虚偽とは客観的な事実と異なることを意味するものとされます。しかし，証言を含めたさまざまな証拠を斟酌することによって，はじめて客観的な事実を認定することができるわけですから，このような考え方は倒錯しているのではないでしょうか。こうして通説的な見解は，虚偽とは記憶に反することを意味するものとする**主観説**を支持しています。

偽証罪には**自白による刑の減免**に関する特別な規定が設けられています。すなわち，偽証罪を犯した者がその証言をした事件について，その裁判が確定する前，または，懲戒処分が行われる前に自白した場合には，刑が任意的に減免されるのです（170条）。これは，裁判所における証拠に基づく事実認定が法治国家の根幹を形成していることにかんがみ，できる限り適切な証拠を確保しようとする政策的考慮に基づくものといえるでしょう。

なお，本章には偽証罪のほかに虚偽鑑定罪（171条）が規定されています。それに関わる諸論点は基本的に偽証罪と共通しています。

3.4.3.5　虚偽告訴の罪

虚偽告訴罪（172条）は，人に誤った刑事または懲戒の処分を受けさせる目的で，虚偽の告訴等の申告をすることを処罰するものです。その保護法益については争いがあり，**適正な刑事司法・懲戒作用**と，虚偽申告される**個人の利益**

のいずれにウェイトがあるのかが問題の本質です。判例は，当該個人の承諾を得て虚偽告訴しても本罪は成立するとしており，もっぱら前者が保護法益だと解しているようです。

また，申告事実が虚偽であることについて，どの程度の認識があれば足りるのかも議論されています。むろん，故意の一般理論によれば，それは未必的な認識で十分だということになるでしょう。しかし，いまだ確たる証拠をつかんでいない状態で告訴をなさねばならない被害者としては，「もしかしたらこの人は真犯人ではないかもしれないが，それは警察が調べてくれるだろう」と考えたというだけで，本罪が成立するといわれたらたまったものではないでしょう。そこで，学説では**確定的認識**を要求する見解も有力ですが，判例はあくまでも未必的認識で足りると解しています。

なお，ここでも偽証におけるのと同様，自白による刑の減免規定が設けられています（173条）。

3.4.3.6 職権濫用罪

公務員職権濫用罪（193条）は，公務員がその職権を濫用して人に義務のないことを行わせ，または権利の行使を妨害することを処罰するものです。保護法益は職務の適正な執行と個人の利益と解されています。

みなさんが職権の濫用と聞いてまず思い浮かべるのは，自分の強大な権限をちらつかせ，本来は職務でもなんでもないことを強制するというパターンでしょう。判例には，裁判官が私的な交際を求める意図で，女性被告人を被害賠償のことで会いたいなどといって喫茶店に呼び出した行為につき，本罪の成立を認めたものがありますが，これなどは典型例といえるでしょうね。

ところが，よく考えてみると，職権の濫用はこのようなパターンには限られません。たとえば，公安警察が組織的に違法な盗聴を行ったという場合には，「被害者は当該公務員の権限におびえて権利侵害された」という関係が存在しません。しかし，これだって，職権を濫用して私人の正当な利益を侵害した点で，立派な職権濫用罪といえるのではないでしょうか。判例は，こちらのパターンについて本罪の成立を否定していますが，妥当とはいえないように思われます。

◆**最決平成元・3・14 刑集 43 巻 3 号 283 頁**

「刑法 193 条の公務員職権濫用罪における『職権』とは，公務員の一般的職務権限のすべてをいうのではなく，そのうち，職権行使の相手方に対し法律上，事実上の負担ないし不利益を生ぜしめるに足りる特別の職務権限をいい（最高裁昭和 55 年（あ）第 461 号同 57 年 1 月 28 日第二小法廷決定・刑集 36 巻 1 号 1 頁参照），同罪が成立するには，公務員の不法な行為が右の性質をもつ職務権限を濫用して行われたことを要するものというべきである。すなわち，公務員の不法な行為が職務としてなされたとしても，職権を濫用して行われていないときは同罪が成立する余地はなく，その反面，公務員の不法な行為が職務とかかわりなくなされたとしても，職権を濫用して行われたときには同罪が成立することがあるのである（前記昭和 57 年 1 月 28 日第二小法廷決定，最高裁昭和 58 年（あ）第 1309 号同 60 年 7 月 16 日第三小法廷決定・刑集 39 巻 5 号 245 頁参照）。

これを本件についてみると，被疑者らは盗聴行為の全般を通じて終始何人に対しても警察官による行為でないことを装う行動をとつていたというのであるから，そこに，警察官に認められている職権の濫用があつたとみることはできない。したがつて，本件行為が公務員職権濫用罪に当たらないとした原判断は，正当である」。

なお，職権濫用関連では，ほかに，特別公務員職権濫用罪（194 条），特別公務員暴行陵虐罪（195 条），特別公務員職権濫用等致死傷罪（196 条）が規定されています。判例は国家的法益のほうを決定的なものと解しており，たとえば，看守が被拘禁者と同意のうえわいせつな行為を行っても，特別公務員暴行陵虐罪が成立するものとされます。

3.4.3.7　賄　賂　罪
3.4.3.7.1　保護法益

賄賂罪というのは，公務員の職務の対価として利益を受け取ったり贈ったりすることです。問題は，なぜそのような行為が処罰されるのか，賄賂罪の保護法益です。

ひとつの考え方は，賄賂がからむと職務の適正が損なわれるおそれがあるか

らだ，というものです。しかし，そのようにいうだけでは，完全に適切な職務の対価として賄賂を贈っても，なお贈賄罪が成立しうることを説明できません。そこで，職務の適正に対する**国民の信頼**が保護法益だ，という見解もあります。しかし，職務の適正が害されていない場合にもなお処罰を肯定する方便として，単に，情報不足に基づいて国民が抱くであろう不信感を持ち出すのでは理論的に後退しています。

　こうして，賄賂罪の保護法益は（やや同義反覆には近いのですが）**職務の不可買収性**ととらえるべきでしょう。公務とはまさに，市場原理によって調達不可能な役務を国家が強制的に徴収した税金を元手に供給する，という仕組みを背景にもっています。したがって，これを私的な取引の対象として買うことは公務の本質を害する行為です。そして，職務行為後に賄賂を授受した，つまり，厳密には職務を買ったわけではない場合にも賄賂罪が成立しうるのは，そのようなことが横行すると，公務員がのちの賄賂授受を期待して職務を行うようになり，実質的には職務が買収されているのと同じことになるからだ，と説明することができるでしょう。

3.4.3.7.2　職務行為の意義

　このような説明によると，賄賂は職務の対価でなければならないことになります。問題は，そこにいう職務が具体的にはどのようなところにまで及ぶかです。

　この問題を考えるについて，判例・通説は2つの概念を用いてきました。その1つ目が**一般的職務権限**論です。これは，当該公務員が現に担当している職務でなくても，その権限規定に照らし，原理的に担当可能な職務であれば一般的職務権限の範囲内のものといえ，その対価として賄賂を授受すれば賄賂罪が成立する，という考え方です。これは当然でしょうね。たとえば，ある課に担当者が2人いて，たまたまその一方が担当しているというケースであっても，わずかな事情変更でそのケースは他方の担当となりうるわけですから，その2人のいずれが賄賂を受け取っても収賄罪になるというべきです。

　つづいて，2つ目の概念が**職務密接関連行為**論です。これは，問題となる行為が一般的職務権限さえ逸脱する（厳密にいえば私的な）ものであるが，その

職務の影響力を行使できるとか、往々にしてその職務に随伴するなどといった事情が存在することにより、賄賂罪の対象とすべき場合をいいます。もっとも、こちらは限界設定を厳しく行わなければならないでしょう。賄賂罪は私生活において不道徳な公務員を懲らしめる規定ではなく、あくまで当該公務の不可買収性を守る規定です。したがって、厳密には私的な行為を職務に含めるには、単に公務員として影響力を行使できるというだけでは足りず、当該行為の性質それ自体が準公的なものである必要があるでしょう。

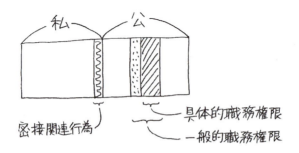

3.4.3.7.3 賄　賂

賄賂とは有形・無形を問わず、人の需要・欲望をみたすに足りるいっさいの利益を含むものと解されています。したがって、現金を包んだというだけでなく、接待供応や就職のあっせん、異性間の情交も賄賂に該当しえます。

一方、**社交儀礼**、お中元やお歳暮ですね、これらが賄賂にあたりうるかも議論されています。これらは社会的に相当だから賄賂にあたらないという人もいますが、それでは問いをもって問いに答えているにすぎないでしょう。おそらく、社交儀礼が賄賂にあたらないのは、それが一般的な礼儀の趣旨を超えておらず、それゆえ、職務と対価関係をもたないからではないでしょうか。そうすると、職務の対価として、しかし、お歳暮の名目で商品券を贈ったという場合には、もちろん贈賄罪が成立しうるでしょうね。

3.4.3.7.4 賄賂罪の諸類型

賄賂罪には、単純収賄罪（197条1項前段）、請託を要件とする受託収賄罪

(同条同項後段),公務員になろうとする者に成立する事前収賄罪(197条2項。ただし,公務員になったときに処罰されます),第三者供賄罪(197条の2),不正な行為等を要件とする加重収賄罪(197条の3第1・2項),公務員であった者に成立する事後収賄罪(197条の3第3項),具体的な職務を超え,公務員としての地位を利用してあっせん行為をすることを処罰するあっせん収賄罪(197条の4),贈賄罪(198条),が規定されています。

なお,犯人または情を知った第三者が収受した賄賂は**必要的に没収・追徴**されます(197条の5)。問題は,賄賂の価額を追徴するときその価額をどのように定めるかです。判例は,賄賂を収受した時点を基準に追徴すべき価額を算定するものとしています。

講義の終わりに

　以上で刑法入門の講義は終了です。
　みなさんは，先輩方から「刑法は抽象的で難しいよ」と繰り返し聞かされてきたことと思います。私が大学に入りたてのころもそうでした。では，なぜそう感じるのでしょうか。それは他の分野と比べて，考え方の基本的な枠組みが共通する部分が大きいからでしょう。たとえば，不法と責任を区別するという刑法体系の基本的な発想に反対する人は，ほとんどいないと思います。
　では，基本的な考え方の枠組みが共通していると，具体的にはどうなるのでしょうか。それは簡単なことで，論者によって見解の対立するポイントが細かくなり，しかも，そういった見解の対立を生み出す基本的な背景が同じわけですから，あるポイントを解決しても，その先にどんどん対立するポイントが自生的に現れてくるのです。
　うまい例をあげるのが難しいのですが，刑法学界の議論というのは，ラーメン職人とカレー職人の議論というよりも，ラーメン職人どうしの議論に近いということでしょうかね。ラーメン職人とカレー職人であれば，多少なりとも議論にちぐはぐな点が生じるでしょうが，お互いに刺激を与え合い，想像もしない新たな視点を得られることが多い半面，まったく意思疎通できずにけんか別れすることもあるでしょう。これに対してラーメン職人どうしであれば，基本的な調理法が共通しているだけに，議論を進めるとどんどん先に論点が現れ，その解決策は，もはや他の分野の料理人には理解不可能なものとなっているかもしれません。これが刑法を学んだことのない人にとって，刑法の議論が難しく感じられてしまう理由です。
　「なんだ，やっぱり刑法を勉強するのは嫌だな」と思いましたか？　たしかに，最初のうちはとっつきにくいかもしれません。しかし，いったん入り込んで刑法仲間になってしまえば，あとは身につけた基本的な考え方を応用していくだけで，最新，最先端の議論まで理解できるようになります。そうなると，自分で新たな論点を発見し，みなに問題提起していくことも可能です。はじめ

て見る判例であっても，自分の視点に立って，きちんと分析できることが多いでしょう。みなさんにおかれては，したがって，この講義で満足することなく，ぜひほかの，もっとハイレベルな刑法の教科書を手にとって，勉強を続けていってほしいと思います。

事項索引

ア　行

アジャン・プロヴォカトゥール　107
あわせて一本　80
安全体制　70
安全な場所に解放　162
安全に対する罪　161
安否を憂慮する者　161
安楽死　50

遺棄の罪　153
意思活動の自由　159
意識的処分行為説　198
意思連絡　117
意思を抑圧　99
一部執行猶予　148
一部露出説　151
一体性　117
一般的職務権限　239
一般予防論　4
意図　54
移動の自由　159
囲繞地　164
違法性　15, 32
違法性が減少　43
違法性阻却　34
違法性阻却事由　16
違法性阻却事由（正当化事情）の錯誤　56
違法性の意識の可能性　71
違法身分　118
違法要素　161
医療観察法　5, 76
因果関係　21
因果経過　67
因果性遮断説　127
因果的共犯論　193, 234
隠匿罪　213

隠避　233

受け皿　159

営業秘密　182
役務（サービス）　185
越権行為説　203

応報　3
応報刑論　3
往来妨害罪　221
横領罪　201
横領罪と背任罪の関係　210
横領の未遂　202

カ　行

害悪の告知　159
外部的名誉　165
各則　1
確知　54
拡張的正犯論　97
確定的故意　54
確定的認識　237
科刑上一罪　139
加減的（不真正）身分　118
瑕疵ある同意　48
過失　64
過失運転致死傷罪　158
過失構造論　65
過失致死傷罪　158
過失犯処罰規定　64
過失犯の共同正犯　129
過失犯の共犯　129
過剰避難　47
過剰防衛　42
可能的自由説　160

事項索引

科料　147
監護権者　161
間接正犯　99
間接的安楽死　50
間接暴行　232
監督過失　70
観念的競合　139
管理過失　70

毀棄罪　170, 179, 213
危険運転致死傷罪　158
危険創出　26
危険犯　20
偽証の罪　236
キセル乗車　199
偽装心中　49
規範的構成要件要素　55
規範的責任　51
欺罔　49
欺罔行為　195
客体　66
客体の錯誤　57
客観説　236
客観的危険説　89
客観的牽連性　141
旧住居権説　163
急迫性　40
恐喝罪　200
凶器準備集合罪　158
教唆犯　96, 106
強制医療　76
強制力をともなう権力的公務　169
共同正犯　97, 113
共同で占有　175
脅迫　48, 188
脅迫罪　159
共犯　81, 96
共犯関係の解消　126
共犯の因果性　105
共犯の限定性　102

共犯の従属性　102
共犯の処罰根拠　101
共謀共同正犯　115
業務上過失　64
業務妨害罪　167
供用型　199
強要罪　159
虚偽告訴の罪　236
極端従属性説　103
魚箱事例　198
虚名　165
寄与，役割が重要　117
緊急状態に関する錯誤　50
緊急避難　45
禁錮　147
勤労の美風　230

偶然防衛　38
具体的危険説　88
具体的危険犯　20
具体的事実の錯誤　56
具体的法定符合説　59
熊本水俣病　152
クレジットカード，プリペイドカードなど
　　の偽造　228

経過規定　145
刑が廃止　144
傾向犯　31
経済的見地　209
経済的理由　152
形式的客観説　85
刑事司法作用　233
刑事政策説　92
継続　167
継続犯　21, 160
刑の変更　144
刑罰　3
刑罰の種類　147
刑罰の適用および執行　148

刑罰目的説　92
刑罰論　147
刑法　1
刑法各論　1
刑法各論の意義　149
刑法上の所有権　202
刑法総論　1
刑法体系　15
刑法の時間的適用範囲　144
刑法の適用範囲　144
刑法の場所的適用範囲　145
結果　20
結果回避可能性　21
結果行為　77
結果時説　84
結果的加重犯　12
結果無価値論　33, 53
原因行為　77
原因において自由な行為　77
厳格故意説　74
厳格責任説　56
権限濫用説　206
現実的自由説　160
限時法の理論　145
現住建造物等放火罪　217
限縮的正犯論　97
限定責任能力　75
原本の写し　225
権利行使と恐喝　200
権利者排除意思　178
牽連犯　141

故意　52
故意犯　31
故意犯処罰の原則　64
行為　19
行為共同説　114
行為時説　84
行為無価値論　32, 53
公営競技　230

公共危険罪　217, 221
公共危険犯　149
公共財　221
公共の危険の認識　220
公共の危険の発生　219
拘禁作用　233
攻撃的緊急避難　46
強取　188
構成的（真正）身分　118
構成要件該当性　15
構成要件該当性阻却の原理　35
構成要件モデル　77
構成要件要素　17
交通関係業過　158
強盗罪　185
強盗致死傷罪　194
交付（処分）行為　190, 197
交付罪　170
交付の判断の基礎となる重要な事項　196
公務と業務の関係　168
公務の執行を妨害する罪　232
効用侵害説　213
拘留　147
国外犯　145
国内犯　145
国民の信頼　239
個人　38
個人的法益に対する罪　149, 150
個人の性的自由　229
個人の利益　236
誤想過剰防衛　43
国家的法益に対する罪　150, 231
国家の作用に対する罪　232
国家の審判作用の適正　236
国家の存立に対する罪　231
国交に関する罪　232
異なる罪名間の共同正犯　113
個別財産に対する罪　170
混合惹起説　102
混合的方法　76

昏酔強盗罪　193
コンピューターウィルス　228

サ　行

サービス（役務）　185
罪刑均衡　13
罪刑法定主義　8
財産上の損害　209
財産上の利益　170
財産に対する罪　170
財産犯　170
最小限度従属性説　104
罪数　135
罪数論　135
再犯　148
財物　170
罪名従属性　103
詐欺罪　195
作為　24
作為義務の発生根拠　25
作為による中止　94
作成　223
作成型　199
殺人罪　150
殺人の罪　150
参考人の虚偽供述　234
三段階犯罪論体系　15

時間的適用範囲　144
自救行為　38，176
死刑　147
死刑廃止論　147
事後強盗罪　191
事後法（遡及処罰）の禁止　9
自殺関与・承諾殺人罪　151
事実的因果関係　21
事実的な支配　172
事実の錯誤と法律の錯誤の区別　55
事実を摘示　165
死者の占有　175

自然人　18
死体　150
実行共同正犯　115
実行行為に密接する行為　87
実行従属性　103
実行の着手　82
実行の着手時期　83
実行（終了）未遂　83
執行を猶予　148
実質的客観説　86
自動車運転死傷行為処罰法　158
使途を定めて寄託された金銭　202
自白による刑の減免　236
支払用カード電磁的記録に関する罪　228
支払いの一時猶予　190
支払能力や意思　167
社会契約説　5
社会生活上の地位　158，167
社会的相当性　34
社会的法益に対する罪　149，217
社交儀礼　240
写真コピー　224
惹起説　102
自由意思　51
重過失　64
住居侵入罪　163
住居の平穏説　163
自由主義的基礎　8
修正された客観的危険説　90
重大な錯誤説　49
自由に対する罪　159
終了（実行）未遂　83
主観説　236
主観的違法要素　179
主刑　147
主体　17
手段　194
出水罪　220
主役（いわば〔共同〕正犯）としての役割　95

事項索引

純粋な惹起説　102
傷害罪　156
障害未遂　91
傷害を生じさせる危険性　155
消極的属人主義　146
消極的動機説　208
承継的共犯　122
条件関係的錯誤説　49
証拠隠滅の罪　233
使用窃盗　178
焼損　218
状態犯　21
譲渡担保権の設定　202
情報　185
情報窃盗　182
情報の窃取　182
証明手段　224
条例　9
職務の対価　238
職務の適正　238
職務の不可買収性　239
職務密接関連行為　239
所持説　176, 201
処断刑　148
職権濫用罪　237
処分　5
処分意思必要説　198
処分意思不要説　198
処分（交付）行為　190, 197
処分の必要性を基礎づける責任　52
所有権侵害　219
所有権に対する罪　201
所有権の登記名義　183
所有と占有が一致　203
自力救済の禁止　37, 176
侵害犯　20
人格的法益に対する罪　165
人工妊娠中絶　152
真実性の証明　166
真摯に努力　94

新住居権説　163
真正不作為犯　24
真正（構成的）身分　118
真正身分犯　19
心臓死説　151
親族　159
親族間の特例　184, 235
親族相盗例　184
身体に接触　155
身体に対する罪　155
身体の完全性説　156
身体の枢要部分を不可逆的に損なう傷害　47
信用および業務に対する罪　167
信用毀損罪　167
信頼の原則　68
心理学的要素　75
心理的因果性　105

請願作業　147
制御能力　75
制限従属性説　103
制裁　4, 51
青少年の保護　229
精神の障害　75
性的自由に対する罪　162
正当化事情（違法性阻却事由）の錯誤　56
正当化事由　16
正当防衛　37
（共同）正犯としての役割　95
正犯の背後の正犯　98
性風俗　229
生物学的要素　75
生命ないしこれに比肩する重要な利益　46
生命に対して重大な危険をはらむ傷害　47
生命に対する罪　150
生理的機能説　156
世界主義　146
責任　16, 51
責任共犯論　101

事項索引

責任減少　43
責任主義　11, 51, 64, 67, 71, 113, 156
責任説　71
責任能力　75
責任身分　118
責任無能力　75
責任要素　180
積極的（直接的）安楽死　50
積極的属人主義　146
積極的な加害意思　40
窃盗罪　171
窃盗の機会　192
宣告刑　148
全体財産に対する罪　170, 206
占有　172
占有の意思　172
占有の事実　172
占有補助者　175

臓器移植法　151
相互闘争状況における正当化の制限　40
総則　1
蔵匿　233
騒乱罪　217
遡及処罰（事後法）の禁止　9
促進　105
即成犯　21
尊厳死　50

タ　行
胎児　150
胎児性致死傷　152
退避義務の不存在　39
対物防衛　38
逮捕・監禁罪　159
他行為可能性　17, 51
堕胎罪　152
堕胎の罪　152
ただ乗り　221
奪取罪　170

他人の刑事事件　234
他人の事務処理者　206
単純一罪　136

蓄積犯　20, 149, 217, 221
着手（未終了）未遂　86
中間説　178
中止犯　91
中止犯の減免根拠　91
中止未遂　91
抽象的危険犯　20, 217
抽象的事実の錯誤　56, 59
抽象的符合説　59
抽象的法定符合説　57
中立（日常）的行為による幇助　107
懲役　147
超法規的な違法性阻却事由　36
超法規的な責任阻却事由　72
直接正犯　99
直接的（積極的）安楽死　50
治療義務の限界　50

追求権説　211
追徴　147
通貨偽造罪　222

適正な刑事司法・懲戒作用　236
適法行為を利用する違法行為　104
電気　171
電子計算機使用詐欺罪　199
伝播性の理論　165

同時傷害の特例　156
逃走の罪　233
盗品等に関する罪　210
特殊な主観的要素　31
特定委任　10
特別の規定　167
特別予防の観点から要請される責任　52
特別予防論　5

事項索引

独立燃焼説　218
賭博罪　230
図利加害目的　208
取引等の安全に対する罪　221

ナ　行

難燃性　218

二重抵当　206
二重売買　206
日常（中立）的行為による幇助　107
任意性　95
認証文言　226

脳死説　151

ハ　行

背信説　206
背任罪　206
場所的適用範囲　145
罰金　147
早すぎた構成要件の実現　61
反抗を抑圧　188
犯罪共同説　114
犯罪の中止　93
犯罪論の体系　15
反社会的勢力の資金源　230
犯跡隠ぺい目的　181
犯人蔵匿の罪　233
犯人庇護的性格　213
反覆継続性　158

被害者の同意　47
非現住建造物等放火罪　219
非故意行為に対する教唆犯　106
必要的に没収・追徴　241
人の自由意思を制圧するに足る勢力　168
人の生命・身体への危険性　158
非難可能性　11
非犯罪化　152

秘密に対する罪　165
表現犯　32
標準　66
比例原則　14

風俗に対する罪　229
付加刑　147
複合建造物　218
不作為　24
不作為による関与　133
不作為による中止　93
不真正不作為犯　24, 154
不真正（加減的）身分　118
不真正身分犯　19
不正競争防止法　182
不正指令電磁的記録に関する罪　228
不正の先行行為　40
物理的因果性　105
物理的損壊説　213
物理的に管理可能　171
物理力の行使　155
不動産　183
不動産侵奪罪　182
不能犯　88
部分的犯罪共同説　114
不法共犯論　101
不法原因に基づき給付　202
不法阻却根拠　47
不法領得の意思　178
不保護　154
不要説　72
文書　223, 225
文書偽造罪　223

併合罪　143
併合の利益　143
弁識能力　75
片面的共同正犯　121
片面的共犯　121

事 項 索 引

防衛の意思　39
法益関係的錯誤説　49
法益保護主義　8
放火罪　217
包括一罪　136
包括してひとつの行為　80
防御的緊急避難　46
防御の濫用　234
暴行　188
暴行罪　155
暴行によらない傷害　156
法条競合　136
幇助犯　97, 107
法人　18
法人処罰　17
法定刑　148
法定的符合説　60
法的因果関係　22
法と道徳の峻別　8
法は家庭に入らず　184
方法の錯誤　57
法律主義　9
法律上の支配　183
法律的支配　202
法令・正当行為　36
保健師助産師看護師法　165
保護主義　146
保護責任者　154
保護法益　175
補充性　45, 96
保障人　26
母体保護法　152
没収　147
本権説　178, 201
本犯助長性　211
本来の用法　180

マ 行

未終了（着手）未遂　86
未遂犯　81

未遂犯処罰規定　82
見たくない，聞きたくない人の自由　229
未必の故意　54
身分　18
身分犯　18
身分犯の共犯　19, 117
民主主義的基礎　9
民法と刑法の関係　202

無意識的処分行為説　198
無形偽造　223

明確性の原則　9
名義人　223
名義人の承諾　227
名誉に対する罪　165
命令　9
免訴　144

目的的行為論　56
目的犯　31
もっぱら本人のために処分する意思　204
物の他人性　214

ヤ 行

優越利益　50
優越利益原理　35, 45
有価証券偽造罪　228
有形偽造　223
有体性　171
有毒ガス　219
許された危険　66

容易化　105
要素従属性　103
予期　40
預金による金銭の占有　202
予見可能性　65
予備罪　81

ラ 行

利益欠缺原理　34, 47
利益衡量　108
利益の横領　202
離隔犯　83
略取・誘拐・人身売買罪　161
利用可能性　178
利用処分意思　179
領得行為　203
領得行為説　203
領得罪　170

類推解釈の禁止　9

例外モデル　78

礼拝所および墳墓に関する罪　231

労役上に留置　147

ワ 行

わいせつの罪　229
賄賂　240
賄賂罪　238
忘れ物　173

数 字

242条　175
35条　166

判例索引

大審院

大判明治 36・5・21 刑録 9 輯 874 頁＝電気窃盗事件……………………………… 171
大判大正 7・11・16 刑録 24 輯 1352 頁 … 84
大判昭和 12・6・25 刑集 16 巻 998 頁 …… 95

最高裁判所

最判昭和 25・3・31 刑集 4 巻 3 号 469 頁
………………………………………… 13, 22
最大判昭和 26・1・17 刑集 5 巻 1 号 20 頁
………………………………………………… 79
最判昭和 26・5・25 刑集 5 巻 6 号 1186 頁
……………………………………………… 203
最判昭和 26・9・20 刑集 5 巻 10 号 1937 頁
………………………………………………… 13
最決昭和 30・7・7 刑集 9 巻 9 号 1856 頁
……………………………………………… 198
最判昭和 30・10・14 刑集 9 巻 11 号 2173 頁 ……………………………………… 200
最決昭和 31・8・22 刑集 10 巻 8 号 1260 頁 ……………………………………… 179
最判昭和 31・12・7 刑集 10 巻 12 号 1592 頁 ……………………………………… 207
最判昭和 32・9・13 刑集 11 巻 9 号 2263 頁 ……………………………………… 191
最決昭和 33・3・19 刑集 12 巻 4 号 636 頁 ………………………………………… 160
最判昭和 33・11・21 刑集 12 巻 15 号 3519 頁＝偽装心中事件 ………………… 49
最判昭和 41・4・8 刑集 20 巻 4 号 207 頁 ……………………………………………… 175
最大判昭和 44・6・25 刑集 23 巻 7 号 975 頁＝夕刊和歌山事件 …………………… 166
最判昭和 45・1・29 刑集 24 巻 1 号 1 頁
………………………………………………… 32
最決昭和 45・7・28 刑集 24 巻 7 号 585 頁
………………………………………………… 87
最大判昭和 49・5・29 刑集 28 巻 4 号 114 頁 ……………………………………… 140
最判昭和 51・4・30 刑集 30 巻 3 号 453 頁 ………………………………………… 225
最決昭和 52・7・21 刑集 31 巻 4 号 747 頁＝内ゲバ事件 …………………………… 40
最決昭和 53・7・28 刑集 32 巻 5 号 1068 頁＝びょう打ち銃事件 ………………… 58
最決昭和 56・4・8 刑集 35 巻 3 号 57 頁＝交通事件原票事件 …………………… 227
最決昭和 59・3・23 刑集 38 巻 5 号 2030 頁 ……………………………………… 168
最決昭和 59・4・27 刑集 38 巻 6 号 2584 頁＝マジックホン事件 ……………… 168
最判昭和 60・3・28 刑集 39 巻 2 号 75 頁
……………………………………………… 220
最大判昭和 60・10・23 刑集 39 巻 6 号 413 頁＝福岡県青少年保護育成条例事件
………………………………………………… 10
最決昭和 61・6・9 刑集 40 巻 4 号 269 頁
………………………………………………… 61
最決昭和 61・7・18 刑集 40 巻 5 号 438 頁 ………………………………………… 214
最決昭和 62・3・24 刑集 41 巻 2 号 173 頁 ………………………………………… 162
最決昭和 62・3・26 刑集 41 巻 2 号 182 頁＝勘違い騎士道事件 ………………… 44
最決昭和 62・7・16 刑集 41 巻 5 号 237 頁＝百円札模造事件 …………………… 72
最決昭和 63・2・29 刑集 42 巻 2 号 314 頁＝熊本水俣病事件 …………………… 153
最決平成元・3・10 刑集 43 巻 3 号 188 頁＝熊本県議会事件 …………………… 232
最決平成元・3・14 刑集 43 巻 3 号 262 頁＝荷台事件 ……………………………… 67

最決平成元・3・14 刑集 43 巻 3 号 283 頁
……………………………………… 238
最決平成元・7・7 刑集 43 巻 7 号 607 頁＝
自動車金融事件 ……………… 176
最決平成 2・11・20 刑集 44 巻 8 号 837 頁
＝大阪南港事件 ………………… 23
最決平成 6・7・19 刑集 48 巻 5 号 190 頁
……………………………………… 185
最決平成 10・11・25 刑集 52 巻 8 号 570 頁
＝平和相銀事件 ……………… 209
最決平成 11・12・9 刑集 53 巻 9 号 1117 頁
……………………………………… 183
最決平成 12・2・17 刑集 54 巻 2 号 38 頁
……………………………………… 169
最決平成 12・12・20 刑集 54 巻 9 号 1095
頁＝生駒トンネル事件 ……………… 68
最決平成 13・10・25 刑集 55 巻 6 号 519 頁
……………………………………… 100
最決平成 13・11・5 刑集 55 巻 6 号 546 頁
＝國際航業事件 ……………… 204
最決平成 14・7・1 刑集 56 巻 6 号 265 頁
……………………………………… 212
最決平成 15・3・18 刑集 57 巻 3 号 356 頁
……………………………………… 207
最判平成 15・7・10 刑集 57 巻 7 号 903 頁
＝新潟監禁事件 ……………… 144
最決平成 16・3・22 刑集 58 巻 3 号 187 頁
＝クロロホルム事件 ……………… 62
最決平成 16・8・25 刑集 58 巻 6 号 515 頁
＝ポシェット事件 ……………… 173
最決平成 16・11・30 刑集 58 巻 8 号 1005
頁 ……………………………………… 180
最判平成 16・12・10 刑集 58 巻 9 号 1047
頁 ……………………………………… 192
最判平成 17・4・14 刑集 59 巻 3 号 283 頁
……………………………………… 142
最決平成 17・7・4 刑集 59 巻 6 号 403 頁＝
シャクティパット事件 ……… 27, 115
最決平成 20・4・11 刑集 62 巻 5 号 1217 頁
＝立川反戦ビラ事件 ……………… 164

最決平成 20・5・20 刑集 62 巻 6 号 1786 頁
＝ラリアット事件 ……………… 41
最決平成 21・6・30 刑集 63 巻 5 号 475 頁
……………………………………… 127
最決平成 22・3・17 刑集 64 巻 2 号 111 頁
＝街頭募金詐欺事件 ……………… 138
最決平成 22・7・29 刑集 64 巻 5 号 829 頁
……………………………………… 196
最決平成 23・12・19 刑集 65 巻 9 号 1380
頁＝Winny 事件 ……………… 108
最決平成 24・11・6 刑集 66 巻 11 号 1281
頁 ……………………………………… 123
最決平成 28・3・24 刑集 70 巻 3 号 1 頁
……………………………………… 157
最決平成 28・3・31 刑集 70 巻 3 号 58 頁
……………………………………… 234
最決平成 28・5・25 裁時 1652 号 1 頁＝温
泉施設ガス爆発事件 ……………… 28
最決平成 28・7・12 裁時 1656 号 5 頁 … 131

高等裁判所

広島高判昭和 36・7・10 高刑集 14 巻 5 号
310 頁＝死体殺人事件 ……………… 89
福岡高判昭和 58・2・28 判時 1083 号 156
頁 ……………………………………… 173
東京高判平成 2・2・21 判タ 733 号 232 頁
＝宝石商殺害事件 ……………… 105
札幌高判平成 12・3・16 判時 1711 号 170
頁 ……………………………………… 134
東京高判平成 20・3・19 判タ 1274 号 342
頁 ……………………………………… 189
東京高判平成 21・11・16 判時 2103 号 158
頁 ……………………………………… 186

地方裁判所

大阪地判昭和 37・7・24 下刑集 4 巻 7＝8
号 696 頁 ……………………………… 20
長崎地判平成 4・1・14 判時 1415 号 142 頁
……………………………………… 81

著者紹介

小林　憲太郎
（こばやし　けんたろう）

1974 年　大阪生まれ
1997 年　東京大学法学部卒業
現　在　立教大学教授

主要著書

『因果関係と客観的帰属』（単著，弘文堂，2003）
『刑法的帰責——フィナリスムス・客観的帰属論・結果無価値論』（単著，弘文堂，2007）
『刑法総論』（単著，新世社，2014）
『重要判例集　刑法総論』（単著，新世社，2015）
『刑法総論〔第2版〕』（共著，有斐閣，2012）
『刑法各論〔第2版〕』（共著，有斐閣，2013）
『事例から刑法を考える〔第3版〕』（共著，有斐閣，2014）

ライブラリ 法学ライブ講義―4
ライブ講義 刑法入門

2016年11月25日©　　　　初版発行

著　者　小林憲太郎　　　発行者　森平敏孝
　　　　　　　　　　　　印刷者　山岡景仁
　　　　　　　　　　　　製本者　米良孝司

【発行】　　　　株式会社　新世社
〒151-0051　東京都渋谷区千駄ヶ谷1丁目3番25号
編集 ☎ (03) 5474-8818（代）　サイエンスビル

【発売】　　　　株式会社　サイエンス社
〒151-0051　東京都渋谷区千駄ヶ谷1丁目3番25号
営業 ☎ (03) 5474-8500（代）　振替 00170-7-2387
FAX ☎ (03) 5474-8900

印刷　三美印刷　　　　製本　ブックアート
《検印省略》

本書の内容を無断で複写複製することは，著作者および出版者
の権利を侵害することがありますので，その場合にはあらかじ
め小社あて許諾をお求め下さい．

ISBN978-4-88384-246-9
PRINTED IN JAPAN

サイエンス社・新世社のホームページのご案内
http://www.saiensu.co.jp
ご意見・ご要望は
shin@saiensu.co.jp まで．